경제와
민주주의의
하모니

경제와 민주주의의 하모니

펴 낸 날 | 2017년 7월 12일 초판 1쇄

지 은 이 | 이홍규
펴 낸 이 | 이태권

펴 낸 곳 | (주)태일소담
　　　　　서울특별시 성북구 성북로8길 29 (우)02834
　　　　　전화 | 02-745-8566~7 팩스 | 02 -747-3238
　　　　　등록번호 | 1979년 11월 14일 제2-42호
　　　　　e-mail | sodam@dreamsodam.co.kr
　　　　　홈페이지 | www.dreamsodam.co.kr

ISBN 979-11-6027-019-8 03320

이 도서의 국립중앙도서관 출판예정도서목록(CIP)은 서지정보유통지원시스템 홈페이지
(http://seoji.nl.go.kr)와 국가자료공동목록시스템(http://www.nl.go.kr/kolisnet)에서
이용하실 수 있습니다. (CIP제어번호 : CIP2017015655)

경제와 민주주의의 하모니

The Harmony of Economy and
Democracy in Korea

이홍규 지음

소담출판사

추천의 글

한국은 지난 20세기 세계에서 가장 빠르게 경제적 성공을 이룬 기적의 나라였다. 그 성공은 무역이라는 대외적 개방체제와 정부라는 대내적 동원체제를 통하여 가능하였다. 그러나 세상은 변하기 마련이고 경제 시스템도 변하기 마련이다.

지금 한국경제는 대전환의 기로에 서 있다. 대외적으로는 경제가 장기침체의 저성장 구조에서 벗어나지 못하고 있고, 대내적으로는 경제에 큰 영향을 미치는 정치 민주주의의 심화와 복지 요구의 폭발적 증가라는 사회적 압박 속에 봉착해 있다. 특히 현재 세계가 당면하고 있는 경제적 불평등의 심화 문제 또한 우리도 예외가 아니다. 향후 예상되는 초연결, 초지능의 제4차 산업혁명에서 이러한 불평등의 문제는 더욱 심화될 수 있다. 세계는 지금 격동 속에 있고, 미래는 고도의 불확실성 속에 있다.

이 책 속에서 저자인 이홍규 교수는 이런 변화의 조류를 심층적으로 분석하며 우리가 가야하는 미래를 조망하고 있다. 자유와 경쟁의 원리에 기반을 둔 시장경제는 우리가 갈 수밖에 없는 길이다. 그러나 그 시장에 절제와 배려가 깃들어야 한다는 것 또한 시대적 요구라 할 것이다. 이런 시장원리의 민주주의적 수용 문제를 경제철학적, 산업구조적 측면에서 접근하고 있는 것이 이 책이다.

민주주의는 과연 이런 경제의 모습이 어떠한가를 결정해주는 시스템이다. 그런 점에서 저자는 지속가능한 경제발전이라는 측면에서 민주주의가 과연 어떤 모습이어야 하는가를 경험적 지식인의 입장에서 기술해나가고 있다. 경제가 작동되려면 제도가 필요하고, 그 제도를 만드는 것은 정치이고, 그 제도를 운영하는 것은 정부이다. 경제가 잘되려면 정치와 정부가 그런 방향으로 작동되어야 한다. 그러기에 경제 메커니즘을 제대로 이해하려면 정치와 정부에 대한 이해가 필요하다. 경제학의 역사적 뿌리가 정치경제학이라는 점이 이를 반증하고 있다.

그런 점에서 저자가 지난 40년간 통상 및 산업부서, 청와대 비서실, 대학 등의 경험에서 얻은 다양한 지식과 정보는 그 어느 누구도 갖기 힘든 귀중한 지적 자산일 것이다. 특히 그는 청와대 비서실에서 다양한 국정개혁 조치들을 추진해본 경험을 가지고 있다. 아마 이 책에서의 논의도 이러한 지적 자산이 그 밑거름이 되었으리라 생각된다. 더구나 저자가 가진 독특한 학문의 세계, 즉 경영학, 경제학, 정치학 등 다양한 학문 분야의 다학제적 지식에 관심을 가져온 저자의 지적 특성이 이 경제와 민주주의의 관계를 분석하는 데 매우 유용하였으리라 생각된다. 비록 전통적 학문의 입장에서는 비판의 소리가 있을 수 있겠으나, 경제 현상을 전일적, 통합적으로 바라보아야 제대로 알 수 있다는 점에서는 매우 긍정적이라 할 것이다.

　저자와 함께 경제 관료를 지냈었고, 또한 과거 국무총리로서 정부의 규제개혁위원장을 역임한 본인으로서는 특히 정부 개혁, 그중에서도 규제개혁의 중요성에 공감한다. 시장과 정부는 대립적이면서도 불가분의 보완관계 속에 있다. 정부의 규제가 조악하면 시장이 숨을 쉴 수 없을 것이다. 정부의 역량이 취약하면 정부의 역할은 시장을 살리기보다 죽이게 될 것이다. 그런 점에서 규제의 개혁, 정부의 개혁은 가장 먼저 선행되어야 할 개혁 과제이다. 이런 개혁은 일조일석에 이룰 수 있는 것이 아니다. 오랜 시간, 여러 정부를 넘어 지속적인 노력이 있어야 성과가 날 수 있는 일이다.

　수개월 전 저자로부터 정년을 앞두고 이 책을 집필하고 있다는 이야기를 듣고 저자에게 격려의 말을 건넨 적이 있다. 물론 경제, 정치, 정부를 포괄하는 하나의 국가 시스템 전체를 논한다는 것은 지식인의 입장에서는 매우 위험한 도전일 수 있다. 개인이 가지는 지식적, 정보적 한계가 있기 때문이다. 저자 또한 그 위험성을 충분히 알고 있었다. 그러나 사회는 이러한 지적 도전 속에 발전하는 것이다. 우리 사회가 이런 지적 도전을 격려하는 사회가 되기를 바란다. 저자의 말대로 이성과 품격을 가진 담론, 그것이 민주주의의 기초이기 때문이다.

한덕수
전 국무총리

서문

1807년 12월 요한 고틀리프 피히테는 4개월에 걸쳐 '독일 국민에게 고함'이라는 연속 강연을 한다. 그 강연을 통해 그는 나폴레옹의 군대에 짓밟힌 독일이 나라를 찾기 위해 무엇을 해야 하는가를 국민들에게 말한다.

내가 이 책을 쓰게 된 동기도 이런 피히테의 생각과 궤를 같이한다. 비록 피히테 같은 철학자도 아니고 그만큼의 지적 능력이 있다고 생각지도 않지만, 나라가 정말 위기에 서 있다는 절박함 때문이다.

1년 전 학교 교정을 이른 아침 거닐며 교수로서의 마지막 할 일이 문득 가슴속에 치밀어 올라왔다. 박삭미리(撲朔迷离 : 암수구별이 어려울 만큼 상황이 복잡함)의 상황, 한마디로 대한민국의 상황이 그렇다고 나는 본다. 작금의 상황은 1997년의 위기 상황을 떠올리게 한다. 경계의 실패, 지식의 실패, 정부의 실패, 리더십의 실패가 바로 그것이다. 당시 청와대 비서실에 있던 나는 한 외국 투자가로부터 이런 이야기를 들어야 했다. "국가가 부도를 맞는다는 것이 어떤 건지 아느냐. 마치 한겨울 시베리아의 광야에 발가벗고 서 있는 것 같은 아픔을 느낄 것이다." 국가의 심장이 점점 멈춰 서고 있다는 그 두려움을 다시 느끼며, 지난 1년 나는 이 책을 쓰기 위해 달려왔다.

국민에 대한 국가의 1차적 책임은 의식주에 달려 있다. 항산(恒産)에 항심(恒心) 있는 것이다. 그러나 한국경제는 지금 벼랑 끝에 서 있다. 1400조 원의 가계부채, 1600조 원의 기업 부채, 1000조 원이 넘는 공공부채라는 숫자가 지금의 상황을 압축하고 있다. 그 수많은 기업 중 몇 개 기업만 제대로 돌아가고 있는 형국이다. 잠재성장률은 제로에 가까워졌고 제4차 산업기술혁명의 파고가 조만간 우리의 산업 기반인 대량생산 시스템을 무너뜨릴 기세다. 거기다 북한이란 위험비용은 가히 계량하기 어렵고 미-중의 틈바구니에 낀 상황은 조선 말기로 돌아간 느낌이다.

경제는 정치와 불가분의 관계를 갖는다. 자본주의는 민주주의의 영향 속에 있다. 경제가 지속가능하려면 옳은 의사결정이 있어야 한다. 민주주의는 그 의사결정 시스템이고 그 결정의 주체는 정치와 정부이다. 좋은 민주주의는 지속가능한 경제를 만들고, 나쁜 민주주의는 경제를 지속불가능하게 한다. 지난 50년 성장의 시대를 살아온 우리 세대는 경제가 저절로 굴러갈 것이란 착각 속에 빠져 있다. 그러나 경제는 잘 가꾸어야 살아남는 것이다. 정치와 정부에 그 가꾸는 노력이 있어야 한다. 그럼에도 정치와 정부는 종종 합리적 결정보다 비합리적 결정을 하게 된다. 대리인인 정치와 정부가 주인인 국민을 배반하는 '대리인 문제'를 일으키는 것이다. 이 대리인 문제의 대표적인 것이 시장과 사회의 게임규칙을 왜곡시키거나 포퓰리즘에 영합하는 것이다. '재-정-관-언(財-政-官-言)'의 소수 지배 엘리트들이 게임규칙의 왜곡에 앞장서는 것, 대중이 지역, 집단, 진영의 이기심에 쏠리는 것, 모두 대리인 문제를 초래한다. 이들에 경종을 울려야 할 학계, 언론, 법조의 지식인들의 침묵 또한 대리인 문제를 키우는 일이다. 이것이 대한민국의 국가경영을 실패하게 하는 메커니즘인 것이다.

피히테는 독일을 패망으로 이끈 원인을 이기심에서 찾는다. 이기심이 문제인 것은 대의와 대리를 잊고 소의(少義)와 소리(小利)를 탐하게 하기 때문이다. 노블리스 오블리제가 없는 지배계층이 게임규칙을 왜곡시키면 서민계층은 분노하지 않을 수 없다. 그러나 그 분노 또한 문제를 발생시킨다. 분노가 문제인 것은 반(反)경제적 결정이 이루어지도록 정치와 정부를 몰고 가기 때문이다. 분노의 결과는 폭정을 부르거나 포퓰리즘을 양산하기 쉽다. 분노를 버려야 이성과 지혜가 그 자리에 심어진다. 국가경영이란 이성과 지혜의 산물이어야 한다. 나라의 운명은 공업(共業)이다. 지배층도 서민층도 그 운명으로부터 예외일 수 없다. 머리를 맞대고 힘을 합쳐야 하는 이유이다. 그럼에도 그 둘 사이에는 불신의 강이 흐르고 있다. 불신은 상호 배반의 '죄수의 딜레마' 상황을 만들게 된다. 이 딜레마가 경제를 벼랑으로 몰고 있는 것이다.

벼랑으로 떨어진 다음에는 회복이 어렵다. 벼랑으로 떨어지면 더욱 어려워질 계층이 서민층이다. 국민이 깨어나지 않으면 안 되는 이유이다. 좋은 민주주의가 되려면 국민이 깨어나야 한다. 이 책을 쓴 목적도 국민을 깨어나게 하기 위함이다. 정치 탓만, 정부 탓만 할 일이 아니다. 바로 국민 자신이 제대로 알고 행동하는 노력이 필요하다. 벼랑으로 떨어지지 않기 위해서는 심층적 개혁이 선행되어야 한다. 시장이 원하는 개혁, 공동체가 원하는 개혁이 이루어져야 한다. 시장과 공동체가 부딪히는 것에는 조정과 타협이 이루어져야 한다. 자유로우면서도 공정한 시장, 포용적이면서도 혁신적인 공동체라는 중도 개혁의 길을 찾아야 하는 것이다. 중도의 길에는 시중(時中)의 지혜가 필요하다. 자기 주장만 옳다고 하는 독선에 맞설 용기도 필요하다.

경제 관료, 청와대 비서실, 대학 교수 등 지난 40년의 사회생활을 통해 나에게 떠나지 않았던 주제는 국가였다. 비록 전공을 정치학에서 경영학으로 바꾸었지만, 나의 한결같은 주제는 국가였고, 그 국가를 말할 때 나에게는 에너지가 솟는 것 같았다. 어쩌면 지난 1년은 그런 국가가 무너져 내리는 것 같은 충격의 시간이었다. 그러나 그 충격은 이미 오래전부터 준비되어 있었다. 대한민국은 어느 순간엔가 길을 잃었다. 나라의 기반이 되는 정신이 사라졌다. 과거의 빛은 사라져 캄캄한데 새로운 빛은 켜지지 않았다.

대한민국을 요동치게 한 소위 촛불혁명에 대해서는 역사가 평가를 내릴 일이다. 그 평가가 어떻든 이 땅은 국민이 한시도 떠날 수 없는 땅이다. 이 땅을 보다 살기 좋은 땅으로 만드는 일, 그것은 지금 이 땅 위에 살고 있는 모두에게 주어진 소명이다. 촛불이 이 시대에 던진 메시지는 그 소명을 밝히라는 메시지이다. 우리에 필요한 것은 '진리의 정치'가 아니라 '정상의 정치'이다. 보수도 진보도 예외일 수 없다. 광화문에 있었든 대한문에 있었든 무엇보다 나라가 우선이라는 소명만 확인하면 되는 것이다. 피히테는 그 소명을 독일 국민을 교육시키는 일에서 발견하였다. '올바른 것에 대해 마음속으로 기쁨을 느끼게 하는 교육'이 그것이다. 이 책은 그런 의미에서 나에게 주어진 소명을 받드는 일이다. 이 책을 통해 어느 한 사람이라도 자신에 주어진 소명을 확인할 수 있었으면 하는 바람이다.

터키의 시인, 나짐 히크메트는 '어느 길로 가야 할지 더 이상 알 수 없을 때, 그때가 비로소 진정한 여행의 시작이다'라고 하였다. 우리 사회에는 이 사회를 묵묵히 지켜내는 수많은 사람들이 있다. 양반보다 평민이, 조정의 고관대작보다 지방의 이름 없는 선비가 왜군의 침략에 맞서 조선을 구했던 것처럼 그들 또한 말없이 이 사회를 구하고 있다. 그들이 새로운 짐을 싸서 새로운 여행을 시작하기를 바란다. 그들이 촛불이 아닌 이성의 불을 밝히기를 원한다.

이 글은 바로 그들에게 존경을 표하기 위해서이다. 두 달 후면 정년을 맞이하는 나는 글로나마 이 사회에 속죄를 하고 싶어졌다. 이 책 속에 쓰여진 비판과 비난은 지난 나에 대한 비판과 비난이기도 하다. 이제는 이 모든 잘못을 고쳐야 할 때가 되었다는 점에서 용기를 낸다. 멈춰 서버린 지금의 한국을 우리의 사랑스러운 자식들에게 물려줄 수는 없는 노릇이다.

이 책을 쓰는 데 아낌없이 유익한 코멘트를 하여주신 동국대 장오현 명예교수님을 비롯한 여러 동료 교수님들과 지인들, 그리고 이 책을 낼 기회를 주신 소담의 이태권 사장님과 편집자분들께 큰 감사를 드린다. 항상 옆에서 응원을 보내주는 아내와 가족들에게도 감사와 함께 최고의 사랑을 보낸다. 이 책 속의 분석과 해석, 인용에 잘못이 있다면 그것은 오로지 필자의 부족함과 우둔함 때문이다. 큰 용서를 바란다.

2017년 6월 연구실에서

이홍규

CONTENTS

2장. 제4차 산업혁명과 창조적 파괴

3장. 국가경영과 민주주의의 실천

1장

한국경제,
벼랑 끝에 서다

01

피와 땀으로 쓴
'한강의 기적'

1) 세계 유일의 성공사례

1000만 관객을 훌쩍 넘긴 〈국제시장〉이란 영화 속 덕수의 삶은 지금은 60, 70대가 돼버린 이 땅 위의 근대화 세대가 이 세상에 하고 싶은 이야기를 담고 있다. 눈보라 휘날리는 흥남부두에서, 마지막 떠나는 화물선에 겨우 올라탄 그 소년이 겪어야 했던 혹독한 60, 70년의 한 많은 삶이 한 편의 영화 속에 녹아 있다.

2차 세계대전 이후 등장한 신생독립국들 중 최초로 산업화와 민주화에 성공한 국가 대한민국의 스토리는 그만큼 극적이었기에 의미가 있는지 모른다. 그 어느 삶들보다 혹독했고, 그 어느 시대의 변화보다 압축적이었기에. 1953년 13억 달러에 불과했던 국내총생산이 60여 년 만인

2015년 1조 3779억 달러로 1000배 이상 급증해 GDP규모로는 세계 9위, 수출규모로는 세계 6위가 되었다. 국민 1인당 소득은 66달러에서 2만 7931달러로 400배 이상 증가했으며, 이를 OECD 통계상의 구매력 평가 기준(2015년)으로 보면 미국 5만 2704달러, 일본 3만 5804달러, 한국 3만 4387달러로 나타나 이미 일본 수준에 근접했다.

산업적으로도 보릿고개를 겪던 절대빈곤의 농업국에서 제조업과 서비스업이 총부가가치의 30%와 60%에 달하는 산업선진국이 되었다. 특히 제조업은 UNTAD 보고서에 의하면 세계 41위(1970년)의 국가에서 2013년 세계 5위로 뛰어올랐다. 메모리 반도체산업은 세계 선두에 올라선 지 오래고, 자동차산업은 세계 5위 수준이 되었다. 식민지로서 일제의 악랄한 수탈과 참혹히 부서졌던 전쟁의 폐허 위에서 이룬 성과이기에 그만큼 값진 것이었다.

2) 압축성장의 성공신화

이런 압축성장은 우호적인 외부환경과 숨어 있던 내부 역량이 결합되었기에 가능했다. 경기의 부침, 오일쇼크, 금융위기들이 있었지만 세계시장은 지속적인 확장국면에 있었고 교역질서는 자유화와 개방화의 물결 속에 있었다. 한국경제가 외환위기라는 심각한 구조조정 상황에 처한 2000년대조차 중국경제의 개방으로 한국기업들은 나름대로 돌파구를 찾을 수 있었다. 한마디로 한국경제의 외부환경은 성장에 유리한 구조였으며, 한국은 그 성장의 마차에 편승할 기회를 가질 수 있었다. 만약 10년만 우리의 성장단계가 지체되었더라도 과연 오늘의 경제단계에 도달할 수 있었을까. 지금 우리를 위협하는 중국 같은 신흥경제들은 당시 깊은 잠 속에 있었고 공산주의의 열기 속에 취해 있었다.

외부환경이 아무리 좋다 하더라도 내부 역량이 뒷받침되지 않으면 목표를 성취할 수 없다. 자원이라곤 사람밖에 없는 나라에서 성장동력을 만들려면 사람이란 자원을 잘 활용하는 수밖에 없는데, 다행히도 우리 부모들의 DNA에는 자식교육에 대한 열망이 깔려 있었고 자식이 잘된다면 자신의 삶을 기꺼이 내던질 의지까지 있었다.

1979년 흑인으로 노벨상을 받은 아서 루이스(W. A. Lewis) 교수는 지식(기술)의 증가, 자본(자원)의 증가와 함께 '경제하려는 의지'를 경제발전의 주요 요소로 꼽았다. 애덤 스미스의 '시장', 카를 마르크스의 '자본', 조지프 슘페터의 '혁신'과 같이 루이스는 '의지'를 경제를 설명하는 주요 변수로 여겼다. 경제개발의 관건은 투입자원이 아니라 그 사회 구성원들의 의지라는 것이다. 절약하고 아끼려는 사람들의 마음이 경제발전을 가져왔다는 것인데, 그런 의미에서 한국은 가장 모범적인 사례에 속한다.

관건은 이런 국민들에게 기회를 주고 이들을 움직이게 할 리더십이다. 다행히 우리는, 정치적으로는 문제가 있었지만 경제적으로는 의미 있는 지도자들을 만날 수 있었다. 정부 수립과 전쟁을 이끈 이승만 대통령은 토지 개혁이란 중요한 성과를 이루었다. 경제구조적으로 기득권층의 기반을 없애는 개혁을 통해 근대화의 중요한 걸림돌을 제거한 것이다. 당시 우리보다 앞서 있던 필리핀의 근대화가 지체된 사례를 보면 이 문제가 얼마나 중요한지 알 수 있다. 토지 개혁을 통한 평준화사회로의 진보는 사회적 계층 이동을 쉽게 하는 기반을 마련하는 것이다. 다시 말해 개천에서 용 날 기회가 만들어진 것이다.

그런데 사람이 움직이려면 또 하나의 리더십, 기회를 만드는 리더십이 필요하다. 박정희 대통령은 그런 기회를 만든 사람이다. '잘 살아보세'라는 슬로건 아래 수출 중심, 경공업, 중화학공업의 순차별 공략으로 목표의 선택과 자원의 집중이 잘 이루어졌다. 또한 도전정신으로 무장한 기업가와, 경제발전 열망으로 뭉쳐진 정부 관료의 연대로 투자위험은 분산되었다.

미래의 기회가 보이면서 사람들 속에 감추어진 교육 열망, 출세 열망이 고개를 들고 그들 스스로 산업성장에 필요한 인재를 만들어냈다. 그들은 사회 전반에 기대 상승의 혁명을 만들며 보다 높은 계층으로 사회적 이동을 해갔다. 자본주의가 유교적 문화, 권위적 동원체제와 결합된 '박정희식 발전 모델'이 실천된 것이다.

이 모델로 우리 경제는 그 어느 개도국 경제보다 친경제적, 친기업적 인프라를 구축할 수 있었다. 2017년 세계은행 평가보고서(Doing Business 2017)에 의하면 우리는 세계 190개국 중 비즈니스하기 쉬운 나라로서는 5위, 창업하기 쉬운 나라로서는 11위다. 비록 1978년 석유위기, 1997년 외환위기, 2008년 금융위기로 경제적 부침이 극심하던 때도 있었지만 한 국가가 이처럼 오래 성장궤도를 벗어나지 않았다는 것은 실로 매우 드문 일이다.

한국경제의
위기와 원인

1) 한국경제, 이카로스의 날개를 달다

이카로스(Icaros)는 그리스 신화에 나오는 인물이다. 기술의 거장 다이달로스는 크레타 섬에서 탈출하기 위해 깃털로 2개의 날개를 만들어 아들 이카로스에게 주며 말한다. '태양에 너무 가까이 가지 말라'고. 날개를 단 이카로스는 섬을 떠나 상공으로 힘차게 날아오른다. 날아오르는 재미에 이카로스는 아버지의 경고를 잊는다. 태양에 가까이 가자 깃털을 이어붙인 밀랍이 녹아내리기 시작한다. 마침내 이카로스는 추락한다.

근래 한국경제도 밀랍날개를 달았던 이카로스처럼 추락하고 있다. 기성세대가 쌓아 올렸던 성공신화를 뒤로하고 성장률이란 태양을 쫓기만하던 한국경제가 선진경제의 문턱에서 그 성장동력의 날개를 잃는 것이 아닌가 하는 우려의 목소리가 높아지고 있다.

경제성장률의 급속한 하락

|

한국경제의 연평균 성장률이 1970년대 9.1%, 1980년대 9.7%, 1990년대 6.6%, 2000년대 4.8%에서 2008년 금융위기 이후 3%대로 떨어졌다. 그나마 성장의 1/3도 정부의 지출에 따른 결과다. 1인당 GDP도 2007년 2만 달러대에 진입한 후 8년 넘게 3만 달러 문턱을 넘지 못하고 있다. 선진국의 사례를 보아 아직 큰 문제가 아니라 할 수는 있어도, 한국경제에 우려를 하지 않을 수 없는 것은 이것이 성장동력의 고갈 징후로 보이기 때문이다.

경제학의 수렴이론이 소득이 올라갈수록 성장률이 떨어진다는 것을 말하고 있지만, 특히 한국의 잠재성장률 하락은 너무 가파르게 진행되고 있다. 1970년대 10%대, 1980년대 9%대, 1990년대 6%대, 2000년대 4%대였던 잠재성장률이 2008년 금융위기 이후 3%대로 떨어지더니 이제는 3% 이하를 보이고 있다. 서울대 김세직 교수의 연구에 의하면 지난 20년 동안 우리의 잠재성장률이 5년마다 1%씩 하락했고, 이 추세가 지속되면 6~7년 후 0%대에 진입할 것이라 한다.

성장률의 하락은 특히 제조업을 위협하고 있다. 세계시장의 장기 침체와 중국의 급속한 부상은 GDP 대비 수출 비율이 50%를 넘나들 정도로 해외시장 의존도가 큰 한국산업으로서는 존립을 위태롭게 하는 일이라

하지 않을 수 없다. 글로벌 소싱의 확대, 해외로의 생산기지 이전 또한 국내 제조업 기반을 위협하는 일이다. 일부 부품산업의 경쟁력 향상으로 상대적으로 선전하고 있는 부분이 있어서 당장 전체 수출규모가 줄어들고 있지는 않으나, 규격화된 제품기술의 보편화로 후발개도국과의 경쟁은 점점 더 치열해지고 있다. 소위 낙수효과인 '수출 호조-내수 증가'의 선순환 고리도 더 이상 작동되지 않고 있다.

이러니 일자리도 늘어날 수가 없다. 일자리 문제는 저성장, 공장 자동화, 대기업 중심 구조 등 구조적 문제도 있지만 임시방편으로 노동시장에 비정규직을 양산함으로써 만들어진 이중구조의 문제가 심각한 상황이다.

성장률 하락은 투자와 소비의 위축을 의미한다. 기업이나 가계 모두 미래의 불안으로 투자를 기피하고 소비를 줄이고 있다. 정부가 돈을 풀어도 실제 투자는 늘지 않고 단기 부동자금만 늘어나는 유동성 함정에 빠져 있다. 부동산 경기 활성화로 경제 회복을 노린 정부의 조급증은 결국 부동산 투기와 건설업 의존형 경제만 심화시킨 꼴이 되었다.

소비 또한 위축되기는 마찬가지다. 가계부채 및 실업의 증가, 고령화에 따른 불안, 내수 중소기업의 침체, 주식시장의 침체 등으로 수요 하락이 불가피한 국면이다. 부채 버블로 인해 중산층까지도 소비를 줄이는 상황이다. 2016년 한국의 가계부채/가처분소득 비율은 170%에 달하고 있어 OECD 평균 138%, 일본 141%에 비해 높고 앞으로도 계속 빠르게 높아질 것 같다는 데 문제의 심각성이 있다.

KDI에 의하면 2008년 위기 이후 대부분 주요국들이 부채의 축소조정을 이루었으나 한국은 축소조정이 이루어지지 않았다고 한다. 부채가 과잉이면 자체 붕괴로 위기를 유발하거나, 글로벌 충격 발생 시 위기 증폭의 요인이 될 수 있다. 특히 현재 많은 가계가 막대한 부채를 지고 있는 상황을 고려할 때 저성장이 지속되면 가계의 연쇄도산 문제에 봉착할 수 있다.

2) 한국경제에 불어닥칠 퍼펙트 스톰(Perfect Storm)

|

문제는 과연 이런 잠재성장률의 하락 추세를 막을 수 있느냐는 것이다. 대답은 지극히 회의적이다. 그 이유에는 외부요인도 있고 내부요인도 있다. 외부요인으로는 세계 경기의 지속적 침체, 중국의 산업경쟁력 강화, 제4차 산업기술혁명에 대한 대응태세 미비를 들 수 있다. 이 모두 우리의 수출을 감소시킬 요인이고 우리의 영향력이 미치지 않는 외부의 외생변수들이다. 특히 제4차 산업기술혁명은 지금 가시화되고 있지만 조만간 세계산업구조의 지형을 바꿀 심대한 충격파를 예고하고 있다.

한편 내부적 요인은 우리의 경제발전이 가져온 일종의 성공의 함정들이다. 산업의 고비용 저효율 구조, 사회의 소득 불평등 심화, 저출산·고령화 현상 등을 들 수 있다. 이 또한 우리의 GDP를 위협하고 우리의 소득과 소비를 위축시킬 요인들이다. 수출, 생산, 소비, 투자 모두에 적신호가 켜지고 있는 것이다.

제4차 산업기술혁명, 시장에 협력, 융합, 신뢰를 요구한다

|

인류의 역사에서 가장 큰 사건을 꼽으라고 한다면 '절대빈곤으로부터의 탈피'가 아닌가 생각된다. 굶주림의 탈피는 그만큼 오랫동안 인간의 숙원이었다. 이를 가능케 한 것이 기술발전이고 산업혁명이다. 인간의 삶을 바꾼 산업혁명은 1차의 기계 혁명, 2차의 생산 시스템 혁명, 3차의 디지털(IT) 혁명을 거친 후 제2차 디지털 혁명이라 할 제4차의 혁명단계로 옮겨 가고 있다.

2016년 스위스 다보스 포럼은 사이버-물리적 시스템을 근간으로 하는 4차 혁명을 선언했다. 4차 혁명이 산업적으로 의미하는 바는 만물인터넷, 소셜 네트워킹이 만들어내는 초연결화 혁명, 빅데이터·인공지능·3D 프린팅 등이 만들어내는 초지능정보 혁명이 그것이다.

새로운 산업혁명은 수많은 새로운 기술과 산업의 탄생을 의미한다. 새로운 시대는 언제나 새로운 발전원리를 필요로 한다. 초연결과 초지능의 제4차 산업혁명 시대의 발전원리는 생태계적 발전이다. 산업·지식·비즈니스·사회 등 모든 영역에서 전개되는 생태계 혁명이다. 우리의 미래산업은 경쟁의 단순구조보다는 경쟁과 협력이 동시에 진행되는 복합구조가 될 것이며, 그 역량도 우리의 재벌같이 모든 필요 역량을 내부화하는 것이 아니라 외부의 역량들을 필요에 따라 조합하되 그 조합에서 중추 역할을 하는 플랫폼 형태가 될 것이다. 지식 역량도 한 분야에 특화되어 적층식으로 발전하는 구조에서 이제는 다양한 영역의 지식융합을 통해 새로운 지식을 창조하는 구조가 중심을 이룰 것이다.

이러한 새로운 생태계의 작동원리는 기본적으로 경쟁과 협력, 융합과 창조, 신뢰와 소통에 기반하고 있다. 이러한 능력은 우리 기업들에겐 아직 생소하고 취약하다. 우리 기업이 새로운 도전 앞에 서 있는 것이다.

| 외부요인 2 |

세계경제, 저성장 시대로 들어가다

|

경기에 부침은 있었지만 세계경제가 구가해온 지난 2차 세계대전 이후 약 60년의 고성장 기조가 2008년 금융위기를 기점으로 막을 내리고 있다. 선진국, 신흥국 모두 성장세가 둔화되는 가운데 최근에는 신흥국의 성장세가 더 빠르게 하락하고 있다.

세계가 저성장 시대로 들어간 후 그 끝을 아무도 모르는 상황이 되고 있다. 1929년의 대공황이 미국의 대규모 경기 진작 노력에도 불구하고 결국 2차 세계대전을 통해서나 벗어날 수 있었다는 학자들의 지적은 저성장의 위험이 얼마나 큰가를 보여주는 것이다.

로런스 서머스 전 미국 재무장관은 현재의 세계경제 침체가 일시적 현상이 아니라 일본의 장기 침체와 같은 '뉴노멀(new normal)' 현상일 수 있다고 했다. 그는 이 시대를 이자율이나 물가상승률이 낮지만 소비와 투자도 낮아 과거의 정상적 성장으로 돌아가지 못하는 장기 침체의 시대로 보고 있다.

크리스틴 라가르드 IMF 총재 또한 세계경제가 저성장의 덫에 빠져가고 있음을 경고한다. 그는 현재의 경제를 "조금씩 축소되면서 깨지기 쉽고 취약하며, 특히 무역이라는 '연료'를 제공받지 못하는 상황"으로 묘사하였다.

선진국경제에 어두운 그림자가 드리우기 시작한 것은 벌써 오래된 일이다. 올드 노멀(old normal) 시대에 이미 생산기지들이 개도국으로 이전되며 많은 선진국들의 제조업이 공동화되었다. 다만 실물과 유리된 금융 부문에서 파생상품의 위력이 기하급수적으로 커진 가운데 금융시장만이 위태로운 곡예를 하고 있었다. 2008년 금융위기는 이런 올드 노멀의 파열음이다. 서브프라임 모기지론의 부실화로 인한 금융권의 공멸을 막기 위해 투입된 양적 완화와 이에 따른 저금리로 시중의 유동성은 넘쳐나는데 정작 유동성을 소화해야 할 소비와 투자는 계속 얼어붙어 있다.

각국이 어렵다 보니 세계를 공멸로 이끌 수도 있는 보호주의의 망령이 되살아나고 있다. 전후 자유무역을 이끌어온 미국조차 보호주의로 회귀할 조짐을 보이며 세계에 자유무역을 끌고 나갈 동력이 상실되고 있다. 세계 교역질서가 얼어붙기 시작하고, 미래에 대한 불안이 커지고 있다. 세계경제에 파국과 경색의 신호는 울려졌고, 무역 의존도가 80%를 넘는 한국경제에는 쓰나미 경보가 울리기 일보 직전이다.

'헬리콥터 머니'라는 말처럼 2008년 금융위기 이후 세계 각국이 보여준 '돈 퍼붓기'(미국 3조 달러 등)에도 불구하고 세계경제는 아직 침체에서 탈출하지 못하고 있다. 문제는 경제가 화폐로서만 부를 창출할 수 없다는 점이다. 화폐는 거래의 수단일 뿐, 부의 창출을 말하지 않는다. 1972년 금본위제도의 종언에 따른 금융과 실물의 분리는 금융산업의 호황을 가져왔지만 그 호황은 실물과 금융의 괴리를 확대한 하나의 바벨탑에 지나지 않은 것이다.

2008년의 금융위기는 이러한 화폐자본의 한계를 보여준 사건이라 할 수 있다. 종이 화폐와 인간의 탐욕이 파생상품을 만들고 그 위에 세운 바벨탑이 무너져 내린 것이 이 위기의 본질임에도 아직 우리는 과거의 방식대로 이 문제를 풀려 하고 있다. 정부의 힘은 떨어지는데 금융위기의 원인제공자라 할 월스트리트의 힘은 그대로 유지되고 있다. 이렇게 하다 보면 경제가 다시 성장의 궤도로 돌아오리라는 미망에 사로 잡혀 있다.

부(富)는 소비와 투자의 결과로 창출되는 것이다. 특히 순투자, 즉 투자와 저축의 선순환적 증가가 이루어져야 한다. 화폐만 투입한다고 해서 실질적인 투자와 저축이 증가하지는 않는다. 투자는 미래의 기회가 올 것이라는 통찰력 있는 판단이 전제돼야 하고, 저축은 이런 투자가 성과로 나타나야 가능한 법이다.

케인스의 재정정책론이나 양적완화론자의 통화정책론은 화폐의 조절로 위기를 극복하자는 것이다. 물론 발등의 불을 끄는 데는 양적 완화가 필요할지 몰라도 이것이 소비와 투자의 종국적 해결책은 아니다. 미래가 불안하면 투자도, 소비도 위축될 수밖에 없다. 현재의 위기는 세계 시스템의 실패이고 이는 미래 불확실성의 위기다. 통화팽창의 양적완화론이 침체된 경제를 일으킬 만병통치약처럼 쓰이고 있지만 이는 달러의 실질적 발권력을 가진 미국을 제외한 대부분의 나라들에게 달러 의존성을 강화시키고 미 연방은행의 기침소리에도 깜짝 놀라야 하는 상태를 만드는 것이다.

적자재정으로도 소비와 투자를 일시 증가시킬 수는 있다. 그러나 대부분 국가의 경우 이미 정부부채가 상당히 많아서 이것이 지속가능하지 않다. 이 모두 일시적 처방일 뿐이다.

결국 대책은 구조 개혁뿐인데, 문제는 그 구조 개혁이 쉽지 않다는 것이다. 무엇보다 예상되는 기득권층의 저항을 넘을 리더십을 찾기 어렵다. 이는 지금 세계경제가 봉착하고 있는 구조적 문제들이 악화되면 악화됐지 해결되기는 어려운 과제임을 의미한다. 통화팽창과 국가부채를 키워 해결하려는 노력이 궁극적 해결책이 될 수 없다는 것이다.

저금리와 고부채 속에서 구조 개혁이 지지부진하면 경제적, 정치적 위험이 커질 수 있다. 소비 위축에 따른 산업붕괴의 위험이 커지며 경제적으로는 구조조정의 고통이 일상화되고 일자리가 줄어들며 사회적으로는 경쟁력이 있는 자와 없는 자의 양극화 그리고 계층 간, 세대 간의 갈등이 심화된다.

항산(恒産)에 항심(恒心)이 있다는 말이 있다. 자본주의경제에서 성장의 역할은 중요하다. 성장은 경제사회적 문제의 구조적 해결사라 할 수 있다. 성장이 있으면 모든 문제가 쉽게 풀리나 성장이 정체되면 사회에 긴장과 갈등이 증폭하게 된다. 삶이 넉넉지 못하면 사람들은 각박해지고 미래의 희망을 가질 수 없으니 갈등과 긴장이 커지기 마련이다.

그 실증적 사례가 지난 1929년의 대공황이다. 대공황은 주식시장의 폭락을 가져왔을 뿐 아니라, 시장수요의 위축, 산업생산의 과잉으로 실물경제에도 큰 상처를 남겼다. 그 결과 세계무역은 급속히 보호주의로 빠져들었고 세계정치에는 고립주의의 그림자가 드리우게 되었다. 결국 각국은 시장쟁탈전을 피할 수 없게 되었고 이는 군수산업과 군국주의의 기반을 강화시키며 세계를 2차 세계대전으로 밀어 넣었다.

전쟁은 비참하지만 문제를 청소하는 기간이기도 하다. 전쟁물자의 생산으로 과잉생산에 대한 근본적 구조조정을 이루며 세계는 대공황의 그림자를 지우고 1950~60년대의 고성장 시대를 열게 된다. 그로부터 반세기여 고성장의 시대를 살아온 세계는 이제 다시 그 한계에 부딪히고 있다.

오랫동안 고성장에 익숙해온 사람들에게 성장의 침체는 무척 견디기 어려운 고통이 된다. 이미 그러한 고통의 현상이 나타나고 있다. 우리가 습관적으로 해왔던 모든 것들에 제동이 걸리기 시작하고 있으며, 일자리를 잃는 직장인, 생계에 위협을 느끼는 서민, 미래를 암울하게 여기는 젊은이들이 늘어나고 있다. 이는 사회적 긴장이 빠른 속도로 높아지는 것을 의미한다.

어느 나라나 서민들의 삶이 어려워지고 실업은 넘쳐나고 있다. 정부 또한 부채의 압박 속에 허덕이기 시작했고 빈번하는 테러, 늘어나는 반이민 정서 등으로 몸살을 앓고 있다. 그동안 세계가 심으려 한 호혜와 공생의 정신보다 미움과 배척의 긴장과 갈등이 세계를 덮어가고 있다.

중국의 부상, 한국의 산업 기반을 위협하고 있다

|

자본주의의 수용이 중국의 경제적 잠을 깨게 하였다. 은둔과 연마의 도 광양회(韜光養晦) 시대를 지나며 20세기 말 중국은 다시 세계무대에 혜 성처럼 등장했다. 중국은 이제 세계의 가장 큰 경제주체 중 하나이며 동 시에 가장 역동적인 성장 지역이다.

하버드대 니얼 퍼거슨 교수는 차이메리카(Chimerica)라 하였다. 세계 의 성장동력이 미국과 유럽이 아닌 아시아의 신흥시장에서 찾아지고 있 는 지금 중국의 영향력을 의미하는 말이다. 중국의 1%의 경제성장이 한 국의 성장에 0.35%의 영향을 미친다는 분석처럼 우리는 이미 그 태풍의 영향권 안에 들어서 있다.

중국은 지금 우리에게 두 얼굴로 다가오고 있다. 하나가 기회의 얼굴이 라면, 다른 하나는 위협의 얼굴이다. 중국은 이미 우리의 최대 시장인 동 시에 400여 억 달러를 투자한 최대의 산업기지다. 기회와 위협은 언제나 양면의 얼굴이다.

우리는 과연 중국을 기회의 땅으로 만들 지혜와 능력을 갖고 있는가? 지금까지 한중관계가 협력적일 수 있었던 것은 우리가 그만큼 기술과 자 본을 중국에 주는 보완관계에 있었기 때문이다. 이제 그 관계가 경합관계 로 바뀌고 있다. 샤오미, 하이얼, BYD같이 경쟁력을 갖춘 중국기업들이 수없이 많아졌을 뿐 아니라 중국의 육성산업들이 우리의 주력산업들과 겹치고 있다. 더구나 중국은 우리의 산업전략과 산업기술력을 유사하게 모방하거나 따라잡고 있다는 점에서 가장 어려운 경쟁상대다. 우리에게 조립산업들을 넘겨주었던 일본처럼 우리가 부품소재에서 경쟁력을 갖지 못한다면 우리 산업은 공동화에 직면할 수도 있다.

중국경제의 의미는 과연 우리에게 무엇일까?

① 산업경쟁자로서의 중국

지금 다시 우리는 지난 1990년대 일본의 기술경쟁력과 중국의 가격경쟁력에 끼였던 넛크래커 상황을 맞고 있다. '신(新) 넛크래커 상황'으로, 일본의 기술과 가격의 복합경쟁력과 중국의 가격과 기술의 복합경쟁력에 끼인 상태다. 일본은 엔저로 인해 가격경쟁력을 회복하고 있고, 중국은 자체 연구 역량과 외국 첨단기업 M&A를 통해 기술력을 확보하고 있는 상황이다. 미래에는 미국, 독일과 같은 선진 경제들도 제조업의 경쟁력을 강화할 전망이다.

과연 우리의 자리는 어느 곳인가?

현재 형성되어 있는 일-한-중-미의 가치사슬은 보호주의가 강화되면 상당한 충격을 받을 가능성이 크다. 그런 상황에서 우리는 지금처럼 중간부품 공급자로서의 역할에 주력할 것인가, 아니면 중국 내수를 겨냥한 소비재 공급에 주력할 것인가?

앞으로도 중간부품 공급을 하려면 일본과 같은 과학기술력이 있어야 한다. 우리가 과연 지속적으로 부품 공급 역량을 유지할 수 있는가? 한국경제연구원의 한중 양국 상장기업에 대한 분석에 의하면 수익성, 성장성, 자산규모, 특허출원건수 등에서 모두 중국기업들에 뒤지고 있다고 한다. 이는 30대 기업들을 중심으로 봐도 마찬가지다. 더구나 중국은 우리보다 앞서 구조조정의 과정에 있다. 구조조정이 끝나면 우리보다 더 강한 경쟁력을 가질 것이다. 드론산업에서 보듯 제4차 산업혁명의 수용에 있어서도 우리보다 빠르게 움직이고 있다.

이제 양국 경제의 미래는 협력이냐 경쟁이냐는 갈림길에 서 있다. 지금까지는 협력의 국면에 있었다. 그러나 우리가 역량의 도약을 가져오지 않는다면 그것은 경쟁도 아닌 협력의 종말을 가져올 것이다.

② 버블과 부실의 위험을 가진 중국

압축적 경제성장의 성과는 항상 많은 버블과 부실의 위험을 만든다. 세계가 중국경제에 우려를 보내는 가장 큰 이유이다.

중국경제는 현재 매우 높은 레버리지(차입금 등 타인의 자본을 지렛대 삼아 자기자본의 비율을 높임) 구조를 갖고 있다. 무분별한 차입과 비효율적 투자에 기인한 지방 국영기업의 부실화, 지방 중소도시의 부동산 과잉투자에 따른 부실화, 그리고 이에 따른 금융기관의 부실화로 이어지는 문제점들이 누적돼왔다. 이에 대한 정부의 강력한 구조조정이 빠른 시일 내에 성공적으로 이루어지지 못한다면 매우 큰 위기가 중국경제에 닥칠 수 있다. 또한 중국은 이미 고령화와 고임금의 시기로 접어들고 있다. 도시와 농촌 간 불균형이 심각한 상황에서 너무 일찍 중국경제가 조로화할 수도 있다. 이는 우리 산업의 중국경제에 대한 과도한 의존이 그만큼 위험할 수 있다는 것을 의미한다.

③ 왕도(王道)와 패도(覇道)의 이중성을 가진 중국

겉으로는 왕도를 말하지만 패권을 지향하는 치술(治術)이 중국의 전통이다. 1990년대에서 2008년까지를 은둔의 도광양회(韜光養晦) 시대라 하면 그 이후는 역사적 소명인 대국굴기(大國屈起)의 시대를 만들고자 한다. 동방으로는 신형대국(新型大國), 서방으로는 일대일로(一帶一路)가 그 비전이다. 이는 중국 자체에는 역사적 꿈을 이루는 중국몽(中國夢)이지만, 주변 국가들에는 미중 지배구조 속의 하부구조화를 의미한다. 이는 필연적으로 중국과 주변 국가들 간에 갈등과 긴장을 갖게 만든다.

우리가 주목해야 할 것은 중국이 진정 인(仁)과 덕(德)으로 주변을 감화시키는 왕도의 길을 갈 것인가, 아니면 남을 힘으로 억누르는 패도의 길을 갈 것인가 여부다. 지난 역사에서 우리는 중국 패도정치의 희생양이었다. 21세기 중국은 과연 어떤 선택을 할 것인가? 그 첫 시험대가 한국 내 미국의 '사드 배치' 문제다. 지금까지 중국이 보인 반응에서는 패도의 길을 가는 것 아닌가 하는 우려를 지울 수 없다.

패도란 의미는 첫째, 양국의 경제적 협력이 언제든지 정치사회적 요인에 의해 훼손당할 수 있음을 의미한다. 사드 배치 문제로 중국 내의 롯데마트가 영업정지되는 것이 그 예다. 둘째는 중국정부의 눈에 보이지 않는 손이 그만큼 쉽게 작용할 수 있다는 의미다. 자본주의지만 시장의 제도화는 매우 미흡하고, 이해관계인의 권리보다 정부의 은밀한 의도가 중시되는 곳이 중국이다. 이는 경제적 거래관계가 그만큼 예측하기 어렵다는 것을 의미한다. 셋째는 중국이 겉은 명분을 강조하지만 속은 철저한 실리의 나라라는 점이다. 우리가 그들에게 줄 것이 있는 상태에서만 그들은 우리의 이웃이 되려 할 것이다. 한중관계에서 우리는 지속적으로 사대(事大)와 독자(獨自)의 갈림길에 놓일 것이다. 우리 자신을 지키려면 결기가 있어야 한다. 태도에 일관성도 있어야 한다. 중국의 위협은 피할 수 없을 것이다. 그들에게는 힘이 있고 시장의 광대함이 있다. 그렇지만 더 큰 문제는 우리가 먼저 알아서 기려는 것이다. 이는 더 빨리 중국의 패도적 자세를 부르는 것이다.

2008년 베이징올림픽. 한 편의 환상적 영화 같은 개막식에서 그들은 '먼 곳에서 친구가 찾아오니 어찌 즐겁지 아니하리오'라고 외쳤다.

한국인에게 중국은 수천 년간 관계를 가져온 특수한 나라다. 그러나 우리는 아직 중국에 문외한이다. 필자는 7년 전 한 신문 칼럼에 다음과 같이 썼다. "중국에 대한 이해는 '꽌시'란 문턱을 넘지 못하고 있고, 중국에 대한 전문성은 아직 어학 역량의 수준을 벗어나지 못하고 있다. 중국을 찾는 한국의 중소기업들은 준비 없이 오고, 대기업 직원은 본사 경영진의 일방적 결정으로 떠밀려 오고 있다. 결국 아는 만큼 이길 수 있는 것이다. 중국의 대한(對韓) 인식과 태도를 탓하기에 앞서 지중(知中)과 용중(用中)이 우리의 생존조건이란 인식이 필요하다. 더 많은 분야, 더 심층적인 지식과 정보를 가진 중국 전문가들이 나와야 한다. 세계의 일류기업, 일류국가들이 가진 비전과 전략보다 더 지혜로운 비전과 전략도 찾아내야 한다. 우리가 중국에게 유소작위(有所作爲 : 할 말은 함)를 하고자 한다면 우리 자신의 도광양회(韜光養晦 : 빛을 숨기고 어둠 속에서 실력을 키움)가 먼저 있어야 한다." 과연 우리는 지금 이런 길을 가고 있는가?

| 내부요인 1 |

고비용 저효율 구조, 산업의 경쟁우위를 지킬 수 없다

|

한국경제는 1993년 폴 크루그먼이 '아시아의 기적'이란 논문에서 지적한 것처럼 투입 위주의 경제이고, 아직도 그 연장선상에 있다. 자본집약적, 노동집약적 성장방식을 벗어나지 못하고 있다.

한국과 같은 투입 위주의 성장구조에서는 성장이 생산요소의 한계비용을 급속히 높일 수밖에 없다. 투입 증가에는 일정 시점을 지나면 수익보다 비용이 커지는 한계비용 체증의 법칙이 작동하기 때문이다. 자본, 노동, 토지, 기술이란 생산요소에서 현재 문제되는 것은 특히 노동, 토지,

기술의 한계비용이다. 자본시장이 개방되고 투자자본의 확대가 이루어지면서 자본의 한계비용은 낮아졌지만, 나머지 생산요소의 한계비용은 높아지는 현상이 나타나고 있다. 생산요소에 수확체감의 법칙이 작동하는 것이다.

문제는 이같이 한계비용을 높이는 한국경제의 구조다. 노동 부문에서는 임금 상승 압력은 높고 노동생산성은 낮은 데다 고령화로 생산 가능 인구가 감소하는 상황에 직면해 있으며, 토지 부문에서는 수도권으로의 과도한 인구집중이 매우 높은 비용구조를 만들어내고 있다. 자본 부문에서도 고정투자의 장기 부진이 지속되고 있어 성장 잠재력을 약화시키고 있으며, 국제 금리의 불안으로 언제 자본비용이 상승할지 알 수 없는 상황이다.

산업연구원의 보고서에 의하면 금융위기 이후(2008~2014년) 한국경제의 성장에서 노동투입의 기여도는 0.44%로 위기 이전(2001~2007년)의 0.04%보다 10배 이상 증가했으나 총요소 생산성의 경제성장 기여도는 3.42%에서 1.87%로 1.55% 감소하였다.

총요소 생산성이란 성장요인 중 노동과 자본으로는 설명할 수 없는 부분을 말하며, 이는 노동과 자본을 움직이는 기술, 시장, 제도, 사람의 문제라 할 수 있다. 즉, 국가의 기술 수준, 시장의 효율성, 사회제도의 효율성, 우수인재의 양성 시스템 등이 생산에 얼마나 기여했는지를 나타내준다. 즉 우리의 기술개발이나 경제사회 시스템의 효율성하고 관련돼 있는 부분이다.

기술 부문을 보면 우리 경제는 선진국 기술의 모방을 통해 발전해온 경제다. 모방은 싼 값으로 기술을 획득하는 방법이다. 그러나 기술이 고도화될수록 모방은 어려워지고 기술 획득의 한계비용은 높아지게 마련이다. 우리의 기술 능력이 보다 높은 고부가가치 제품을 만드는 것에서 한계에 부딪히고 있는 것이다. 이는 우리가 모방의 시대를 지나 창조의 시대로 들어가야 한다는 의미이다.

우리 시장이 저효율인 이유에는 시장 기능의 작동을 가로막는 독과점 구조, 신뢰 부재로 인한 과다한 거래비용, 조악하고 과잉인 정부의 규제, 권위적 경영문화와 지배구조 문제로 인한 기업 조직관리의 실패 등이 복합적으로 작용하고 있다.

사회제도 또한 비효율적이기는 마찬가지이다. 포퓰리즘과 진영논리가 시민사회를 넘어 정치권에까지 확산되면서, 재원을 고려치 않는 정치집단 간의 복지경쟁, 제도 개혁과 관련된 입법 및 정책 결정의 기피, 이념 혼란에 따른 경제논리와 복지논리 간의 정책 널뛰기 현상 등으로 제도와 정책의 실패가 일어나고 있다. 사회의 긴장과 갈등지수도 과도하게 높아져 서로가 서로의 발목을 잡고 있다.

고비용 저효율의 문제는 우리의 성장동력을 갉아먹는 가장 중요한 암적 요소이다. 이는 경제적 문제일 뿐 아니라 우리가 가진 정치사회적 시스템을 반영하고 있는 문제다. 그렇기에 우리가 진정 이 구조적 문제들을 개선하고자 한다면 우리의 전반적인 국가 시스템을 개조하려고 노력해야 할 것이다.

| 내부요인 2 |

피할 수 없는 인구절벽, 생산과 소비의 문제를 초래한다

|

저출산과 고령화의 동시 진행은 인구지진(Age-quake)을 일으킨다고 한다. 해리 덴트라는 경영 컨설턴트가 쓴 『2018』이란 책은 '인구절벽이 다가온다'는 부제를 달고 있다. 고령화로 '소비하고 생산하고 투자하는 사람들이 사라질 것'이라는 비관적 예언이 넘쳐난다. 고령화는 경제적으로 중요한 생산 가능 인구의 감소를 의미한다.

우리는 2017년부터 생산 가능 인구가 줄기 시작한다. 이는 구조적으로 노동집약산업의 경쟁우위를 갖기 힘들다는 것을 의미한다. 그러나 인구가 준다고 해서 실업률이 줄 것으로 보이지는 않는다. 고령화 선행국인 일본의 사례에 비추어보아 그렇다.

현재 한국과 일본의 청년실업률(2015년 OECD 평균 11.6%, 한국 9.2%, 일본 5.3%), 고용율(2015년 OECD 평균 66.3%, 한국 65.7%, 일본 73.3%)을 비교해보면 오히려 한국이 더 문제다. 여기에 임금 근로자의 비중(한국 74%, 일본 88%)도 낮으니 자영업으로 내몰릴 사람들은 한국에 더 많을 수밖에 없다.

인구구조가 소비성향이 낮은 노장년층이 중심이 되는 구조가 될 때 우려되는 것은 소비의 감소다. 인플레보다 더 무서운 것이 디플레라 한다. 소비절벽은 경제가 장기적이고 구조적인 디플레이션 시대로 접어드는 것을 의미한다. 경기 침체 시 임금 및 물가 하락, 수출 및 내수 확대 같은

선순환이 일어나기 어렵게 된다. 일본의 '잃어버린 20년'이 그것이다.

일본은 1994년 노인층이 인구의 14%를 넘는 고령화 사회에 진입했고, 2006년에는 그 비율이 20%를 넘어섰다. 우리는 2017년부터 고령화 사회에 진입하고 2026년에 20%를 넘어설 것으로 전망된다. 고령화는 불가피하게 복지 지출의 증가를 유발한다. 연금, 의료, 여가시설 등을 위해 많은 지출을 해야 하기 때문이다.

지금 우리의 고령화 사회 대비는 너무 취약한 것이 현실이다. 노인 2명 중 1명(2012년 기준 49.2%)은 상대적 빈곤 상태로, 노인 빈곤율이 경제협력개발기구 회원국 중 1위다. 그러나 새로운 복지재원의 마련은 쉽지 않아 보인다. 1400조 원 가계부채, 1600조 원 기업부채에 앞으로 산업구조조정, 미래 첨단기술개발, 군(軍) 현대화, 통일비용, 고령화에 따른 의료보험 및 연금 등에 들어갈 비용을 생각할 때 복지재원을 논하는 것은 오히려 사치스러워 보인다. 2060년경 국가부채는 GDP의 90%에 달할 것이고, 국민연금 등 사회보험은 고갈될 것이란 전망이 벌써 나오고 있다.

우리 경제가 획기적인 성장동력을 발견하지 않는 한 정부의 재정 능력은 한계에 부딪히지 않을 수 없다. 경제, 산업, 고용, 교육, 복지, 의료 등 우리의 경제사회정책 전반에 파괴적 혁신이 있지 않고서는 미래를 생각하기 어렵다. 지금부터라도 우리의 성장 모델이 과연 유효한 것인지, 우리가 그리는 복지 모델이 과연 가능한 것인지 솔직해져야 한다. 복지 지출 한 푼 쓰는 것까지 생산성을 하나하나 꼼꼼히 따지지 않으면 우리 사회는 붕괴될 수밖에 없다. 기획재정부가 최근 '재정건전화법'을 제정하여 국가채무를 GDP의 45% 이내로 관리하겠다고 나선 이유도 이런 점을 인식했기 때문일 것이다.

인구는 너무 과밀하지만 않는다면 미래의 희망이다. 고령화란 구조적으로 희망이 없어진다는 걸 뜻한다. 미래를 향한 사회동력이 소멸된다는 뜻이다. 세상은 도전과 혁신을 추구하기보다 안전을 선호하게 될 것이고, 사회에는 빠름과 활력보다 정체와 무기력이 넘쳐날 것이다.

그러나 세상의 일에는 언제나 빛과 그림자가 공존한다. 고령화는 사회를 느리게 하지만 지혜롭게 할 수도 있다. 더 장기적 안목, 긴 호흡의 의사결정, 현장경험에서 우러나오는 통찰력, 이러한 것이 커진다면 이는 축복이 될 것이다. 일의 형태와 작업과정을 바꿈으로써 직장에서 60대가 과거의 40대처럼 일하는 모습을 만들 수도 있다. 젊은이들을 대상으로 한 산업이 줄어들더라도 노장년층을 위한 산업은 커질 수 있다. 우리의 아이디어와 노력에 따라 새로운 희망을 발견할 수도 있는 것이다. 현상적으로는 고령화가 문제지만, 미래를 위해서는 저출산이 훨씬 큰 문제다. 저출산 문제는 '대한민국의 실종'을 우려하게 만든다.

저출산의 원인은 다양하다. 헬조선과 같이 미래 안정적 삶에 대한 희망 상실, 사교육비와 같이 자녀양육에 따르는 과잉비용, '나 홀로 즐기기'와 같은 라이프 스타일의 변화 등이 겹쳐져 일어나는 현상이다.

정부가 저출산 대책을 운위한 지는 오래되었다. 79개의 백화점식 대책이 추진 중이고, 2016년 예산 387조 원의 9% 가량이 고령화, 저출산 대책에 집중되고 있다. 그러나 문제는 정부의 대책이 이 사안이 가진 폭발적 위력에 비해 사회복지라는 매우 미시적 차원에서, 그리고 부처의 각개약진식으로 접근하고 있다는 것이다.

저출산은 우리 사회가 가진 모든 문제를 집약하고 있다. 따라서 보다 구조적, 심층적, 장기적 대책이 요구된다. 구조적 대책이란 고용 불안, 주거비용, 사교육비 등 우리가 가진 사회 문제의 해결이 필요함은 물론 이민정책(우수인력 적극 유치)의 획기적 전환과 같은 새로운 발상이 요구된다는 의미다.

심층적 대책이란 우리의 미래 세대에게 그들이 잃어버린 희망을 어떻게 고취시킬 것이냐에 대한 진지한 고민이 필요하다는 것이다. 헬조선 의식, 자녀 포기 의식 등에 대한 인식 전환을 가져올 새로운 분위기 형성이 필요하다.

장기적 대책이란 시행될 대책들이 단시일 내에 효과를 보려고 해서는 안 된다는 것이다. 문제의 성격상 대책이 대책다우려면 오랜 기간 일관성 있는 노력이 있어야 가능하다. 그런 긴 호흡의 정책을 할 능력이 과연 우리에게 있는 것인가?

| 내부요인 3 |

소득 불균형의 심화, 내수 기반을 붕괴시키고 있다

|

국민소득이 2만 달러대에 장기간 머물면서 과거 상대적으로 부와 소득

의 불균형이 크지 않다고 평가받아온 우리 경제에 '부익부 빈익빈'의 불균형이 증가하고 있다. 특히 1997년 외환위기 이후 소득의 불균형이 심화되고 있다.

소득의 불균형은 세 가지 점에서 확인된다. 첫째, 수출소득과 내수소득의 불균형이다. 내수의 비중이 상대적으로 너무 낮은데, 점점 더 낮아지고 있다. 국내총생산(GDP) 대비 수출 비중이 1995년 27%이던 것이 2015년 46%로 높아지면서, 민간소비 비중이 49.5%(2015년)로 줄어들었다. OECD 34개 회원국 중 26위 수준이다. 수출 비중 확대는 그만큼 외부 여건 변화에 국내 경제가 춤추게 된다는 것을 의미한다.

둘째, 가계소득과 기업소득의 불균형이다. 기업소득은 빨리 느는데 가계소득은 답보 상태다. 가계소득의 상대적 궁핍화가 진행되고 있는 것이다. 1990~2014년 기간에 국민소득 중 기업소득의 점유 비중은 17%에서 25%로 늘어난 데 비해, 가계소득은 70%에서 62%로 감소했다.

이러한 가계소득의 비중 하락은 세계적인 추세로 보인다. 최근 MIT의 데이비드 오토(D. Autor) 교수, 취리히대학의 데이비드 도른(D. Dorn) 교수 등에 의하면 시장에서 잘나가는 대기업일수록 노동력을 적게 사용하게 되고, 그 결과 국가적으로는 GDP 대비 노동소득의 비중이 감소되는 결과가 초래되고 있다고 한다.

국내에서 기업저축률이 가계저축률의 2.5배에 이르고 있는데, 기업저축의 증가가 세계적 현상이기는 하나 우리의 경우 특히 높은 것은 가계소득의 정체와 기업 사내유보의 증가를 반영하고 있는 것으로 보인다.

셋째, 가계소득 내에서도 부익부 빈익빈의 불균형이 심화되고 있다. 소득세 통계로 상위 0.1% 인구의 소득 비중은 2007년 3.93%에서 2012년 4.13%로, 상위 1%의 비중은 11.08%에서 11.66%로 증가했다. 중산층의 비중이 줄어들고, 빈곤층의 소득도 추락하고 있다. 우리의 상대적 빈곤율은 OECD 국가 중 일곱 번째로 높은 수준이다. 한계소비성향이 낮은 부유층의 소득은 빨리 느는데 한계소비성향이 높은 저소득층은 그렇지 못하니 전체적인 소비가 늘 수 없다. 저소득층의 빈곤층으로의 전락은 제2금융권 등 금융의 안정성을 위협하는 요인이다. 노동시장에서 비정규직의 확대, 과다한 교육비 지출 등 사회경제적 문제는 이러한 우려를 가중시키는 요인이다. 더욱 심각한 문제는 저성장이다. 역사는 성장률의 감소가 불평등의 증가로 이어진다는 것을 말하고 있다.

넷째, 외국 근로자의 저임금에 의존하는 한계기업, 생존에 매달리는 수준의 자영업체들이 상당히 존재하여 가계부채와 함께 가계의 위기를 초래하는 요인이 될 수 있다. '경제성장이란 1인당 국민소득이 발전하는 과정'이라고 한 아서 루이스는 저임금 노동력에 의존하는 경제가 결국 퇴보하게 된다고 말한 바 있다. 우리나라는 1990년대 초에 루이스의 전환점(잉여노동력이 없어지고, 임금은 상승하고, 성장률은 낮아지는 시점)을 지나며 저임에 기반한 산업의 존립이 어려운 상황이라 할 수 있다. 그러나 저임 외국 근로자의 유입으로 한계기업들이 아직 많이 연명하고 있을 뿐 아니라, 상당수의 자영업자들 또한 특별한 경쟁력이 없이 부채(500조 원 이상)에 의존한 영업을 하고 있어 경기 침체가 지속될 시 도산 등으로 가계에 위기를 가져올 가능성이 매우 높다 할 것이다.

높은 저축률에도 불구하고, 우리 기업은 투자 불안, 가계는 소비 불안에 노출되어 있다. 미래는 불확실하고 고용은 불안하고 고령화는 급속히 진행되는데 사회안전망은 미비되어 있다. 결국 이러한 총체적 불안이 현재 내수 침체라는 상황을 더욱 심화시키는 것이다.

불안과 불균형은 사회에 긴장과 갈등을 유발한다. 삼성경제연구소의 자체 계산에 의하면 세계에서 우리의 사회갈등 수준은 2005년 4위에서 2010년 터키 다음의 2위로 상승하고 있다. 라가르드 IMF 총재는 불평등의 증가가 성장에 우호적이지 않은 정치환경을 만든다고 했다. 우리 사회도 과거처럼 선성장 후분배의 논리로 국민을 설득하는 단계는 지났다 할 수 있다. 이제는 성장을 말하더라도 과연 누구를 위한 성장인가 하는 물음에 답할 수 있어야 한다. 경제를 보는 우리의 새로운 눈이 필요하다고 생각된다.

03

1997년 위기와
2017년 위기의 비교

1) 1997 외환위기, 과연 '위장된 축복'이었는가?

1997년은 한국경제가 맞은 가장 큰 위기의 순간이었다. 당시 외환위기를 부른 요인들은 현상적으로는 외환보유의 부족 때문이었다. 그러나 배경을 보면 여러 원인들이 복합적으로 겹쳐져 일어난 사건이었다. 보다 단순하게 말하면 세계경제의 침체가 한국산업의 수출 중심 대량생산 시스템에 위협을 가하면서 차입 위주 경영으로 많은 부채를 안고 있던 기업들이 급격한 도산위험 속으로 빠져들게 된 것이다.

대기업들의 부채 상환 능력에 의구심이 커지면서 외환시장에서 단기외화자금의 유출이란 쇼크로 나타난 것이 외환위기다. 이 위기는 결국 IMF의 구제금융을 받으며 한국경제를 IMF 관리체제 속으로 밀어 넣게 되었다. 그러나 위기는 단합을 불러오는 법이다. 절체절명의 벼랑 끝에 선 한국경제였지만, 국민의 단합된 힘으로 산업 및 금융 부문의 구조조정을 이룰 수 있었다.

30대 재벌그룹 중 16개 재벌그룹이 해체되었으며, 많은 금융기관들이 제3자에게 매각되는 신세가 되었다. 그러나 이 시련을 딛고 다시 성장궤도로 복귀하며, IMF 구제금융을 조기에 상환할 수 있었다. '위장된 축복'이 현실화되는 순간이었다.

그로부터 10년 후 세계가 금융위기에 빠지면서 한국경제는 다시 한 번 시험대에 올랐다. 경제가 또 뿌리째 흔들렸다. 외환보유를 늘리려는 필사적 노력에도 불구하고 2008년 한국경제는 다시 난파 직전까지 가야 했다. 미국의 SWAP에 기대어 다시 기사회생한 한국경제는 그로부터 10년 후인 2017년, 다시 절벽 위에 서 있다. 20년 전 대한민국을 절벽 위로 몰고 갔던 그 시스템의 실패가 아직도 계속되고 있다.

2) 1997년 위기와 2017년 위기 상황의 비교

외환 부족 문제를 제외하면 2017년의 상황은 1997년의 상황과 유사한 측면이 있다. 경기 침체, 수익성 하락, 구조조정 상황, 노동시장 경직성 등이 그렇다. 그러나 그 구체적 원인과 성격을 보면 현재의 위기가 1997년의 위기보다 더 심각한 측면이 있다. 두 가지 위기를 비교해보면,

① 1997년의 병이 외상(외환)의 문제라면 현재의 병은 내상(산업경쟁력)의 문제다. 외상은 급성이지만, 내상은 만성이기 쉽다. 외상은 수술로 간단히 나을 수 있으나 내상은 오랜 시간을 치료해야 낫는다.

② 1997년의 문제가 아시아경제의 문제라면 현재의 문제는 세계경제의 문제와 연관돼 있다. 그러기에 1997년에는 수출만 늘리면 됐고 그 상황에서 원화가치 절하라는 효과적 수단이 있었지만, 현재의 환경은 세계경제 침체와 중국의 부상으로 한두 개 품목을 제외하면 수출이 오히려 감소할 상황이고, 각국 통화가치가 절하되고 있어서 원화가치 절하가 효과적 수단이 될 수 없다.

③ 1977년에는 우리 산업이 일본의 기술과 중국의 초기 조립산업에 끼어 있었다면 현재는 일본의 엔저와 기술, 중국의 부품기술과 고도화된 조립기술 속에 끼어 있다.

④ 1997년 우리가 짊어진 부실이 800조 원의 기업부채, 300조 원의 가계부채였다면 현재의 부실은 그보다 훨씬 큰 1600조 원의 기업부채, 1400조 원의 가계부채, 1000조 원의 공공부채를 갖고 있다.

경제의 위기감이 커질수록, 이 부채는 핵폭탄의 위력으로 우리에게 다가올 것이다. 기업과 가계의 활동 면에서 1997년과 지금을 비교하면, 제조업기업의 부채 비율은 317.1%에서 72.3%로, 단기외채 비중은 48.5%에서 27.3%로 좋아졌지만 경제성장률은 7%대에서 2%대로, 제조업기업의 매출증가율은 10.3%에서 -2.0%로, 가계소득의 증가율은 12%에서 0.9%로 낮아졌다.

기업부채와 외환 등 금융 부문은 좋아졌지만, 산업 부문은 급속히 나빠지고 있다. 이를 반영하여 기업의 부채 상환 능력은 갈수록 떨어지고 있다. 특히 상당수 자영업자들이 한계상황으로 내몰리고 있다. 문제는 산업 부문이 앞으로 더욱 나빠질 수밖에 없다는 점이다.

3) 경제위기를 부르는 시스템의 실패

|

모든 사회 현상은 항상 복합적 요인에 의해 일어나기 마련이다. 경제 문제라 해서 경제적 시각에서만 보려 한다면 실상을 알기 어렵다. 그런 점에서 1997년의 경제위기는 한국사회라는 시스템의 실패였다.

시스템이 실패한 이유에는 경제적 이유도 있지만 사회정치적인 이유도 있다. '사회정치적'이란 '문제들을 미리 예견하고 문제를 치유해나갈 능력'을 의미한다. 사회정치적 실패란 정부와 정치의 실패다. 즉 정책과 제도에 대한 국가적 의사결정의 실패를 의미한다. 1997년의 위기에도 불구하고 이러한 의사결정의 실패가 반복되고 있다. 사회나 국가의 시스템은 잘 변하지 않기 때문이다. 그러기에 위기가 반복되는 것이다.

과연 다시 위기가 올 것인가? 이에 우리는 답해야 한다.

시스템의 실패란 구체적으로 무엇인가.

아메리칸대학의 조앤 넬슨(Joanne Nelson) 교수는 경제위기에 성공적으로 대응하려면 경제위기를 인지하고 적절한 위기대응을 할 정치적 역량이 필요하다고 한다. 보다 구체적으로는 경제위기의 인지 역량, 기술적 행정적 대응 역량과 함께 정치기구의 대응구조, 정치적 게임규칙, 정치적 리더십, 위기대응에의 대중적 지지 등을 들고 있다. 경제위기가 발생했다는 것은 이러한 역량들에서 실패했다는 것이다.

1997년의 위기는 그런 점에서 위기에 대한 경계의 실패, 위기에 대응할 지식의 실패, 위기의 타개를 주도할 정부 능력의 실패, 위기의 원인을 해결해나갈 리더십의 실패로 규정할 수 있다.

(1) 경계의 실패

'경계의 실패'란 위기가 다가오는 것을 인지하지 못한 '인지의 실패'다. 위기는 소리 없이 오기 마련이다. 1929년 대공황에서도 미국정부가 한 말은 '그래도 펀더멘털은 튼튼하다'였다. 위기가 복합적이면 복합적일수록 위기가 다가오는 것을 알기 어렵다. 위기란 문제의 원인이 계속 쌓이다 임계점을 지나서야 비로소 그 현상이 겉으로 나타나기 때문이다.

1997년도 그랬지만, 지금도 그렇다. 동남아 지역에 불어닥친 외환위기를 보고도, 그리고 이코노미스트(96.8), 월스트리트저널(97.4), 페레그린 보고서(97.9) 등 외국 언론들조차 경계경보를 발했음에도 정작 1997년 당시 한국사회에는 '설마', '나는 달라' 하는, 즉 위기를 위기로 인식하지 않는 자만과 안이함이 널리 퍼져 있었다. 이러니 위기에 대응할 노동 개혁, 금융 개혁 등 최소한의 개혁조치조차 추진되기 어려웠다.

2017년인 지금도 역시 마찬가지다. 소득은 늘지 않는데, 엄청난 부채가 국민의 목을 죄고 있다. 재벌들의 문제는 계속 불거지고, 국민은 '아파트 대박'을 위해 '폭탄 돌리기'에 빠져 있다. 거기다 북한의 전쟁 위협은 높아가니 언제 불안감이 경제를 덮칠지 알 수가 없다. 문제는 적절한 해법들이 보이지 않는다는 것이다.

기술경쟁력은 이미 중국에 추월당하는데, 생산성과 근로윤리는 더 떨어지고 있다. 정부와 정치권의 행태는 바뀌지 않았고, 집단과 지역의 자기 몫 챙기기는 절제를 모르게 되었다. 환경은 오히려 1997년보다 악화되었다. 세계경제환경이 그렇고, 정부와 정치는 더 포퓰리즘과 진영논리에 휘둘리고 있다. 임진왜란을 앞두고 왜적 침입의 가능성을 두고 동인과 서인으로 갈라졌던 그 진영논리가 지금도 재현되고 있다. 표만 더 얻을 수 있다면, 다음 세대에 짐을 떠넘기는 것도 주저하지 않게 되었다.

위기가 온다 하면서도 위기를 위기답게 인식하지 않는 것, 그것이 대한민국의 현주소다. 마키아벨리는 『군주론』에서 '병은 초기에는 진단하기 어렵고 치료하기는 쉬운 법이나 시간이 지나면 진단하기는 쉬우나 치료하기가 어려운 법이다'라고 하였다. 위기도 이미 증상이 나타나면 손쓰기 어려운 법이다.

(2) 지식의 실패

|

'지식의 실패'란 위기가 닥쳐도 이에 대응할 지식과 정보를 갖지 못하여

겪게 되는 위기관리의 실패이다. 이는 우리의 국제적 정치역학구조에의 무지, 세계시장의 힘에 대한 무지, 세계 지식구조에 대한 무지 등을 포함한다.

현대 위기의 문제는 그 복잡성에 있다. 모든 문제들이 상호연계돼 있고 글로벌 차원에서 전개되고 있는 것이 작금의 현실이다. 지식 또한 전문적이며, 다학제적이며, 융합적이다. 지식의 반감주기는 점점 더 빨리 짧아지고 있다. 산업기술은 그 전문성에도 불구하고 일반인들의 생활 속으로 점점 들어오고 있고, 산업생산은 다수 국가들 간의 복잡하고 융합적인 협업 네트워크 속에 존재한다.

1997년에도 우리는 이런 지식의 실패를 경험하였다. 외환위기를 타개코자 월가를 찾았던 국내 협상가들은 불릿(bullet)이란 용어를 몰라 한참을 끙끙대야 했다. 복잡한 세상에서 중요한 것은 전문가의 역할이다. 그러기에 현대의 지식 역량은 이들 전문가들과의 소통 역량이다. 우리에게 부족한 점은 이 소통 역량이 취약하다는 것이다. 소통을 한다면서도 전문가 의견은 건성으로 듣기 일쑤고 자신의 일방적 주장에 빠지기 쉬운 것이 우리의 모습이었다. 1997년 외환위기가 났을 때 미국의 전문가 힘을 빌려야 한다는 이야기가 나왔지만 이것을 수용하는 데는 적잖은 시간이 걸려야 했다. 자기의 알량한 지식만 믿고 귀를 닫는 사람은 언제나 위기 극복의 장애물이다.

2017년의 상황, 그렇게 나아진 것이 없다. 현대는 지식 역량의 경쟁 시대인데, 이 시대의 핵심은 누가 과연 이 복잡한 구조를 꿰뚫어 볼 안목을 가졌느냐 하는 것이다. 남다른 지식과 통찰력이 없다면 의사결정을 할 수 없는 시대다. 의사결정자인 정부 관료, 정치인, 전문가들에게 그런 지식과 통찰력이 있어야 함은 물론이다.

통찰력은 난제들을 해결해본 남다른 경험을 가진 사람, 사회에 대한 성찰의 시간을 보내고 자신의 지적 혁신을 위해 연마를 게을리하지 않은 사람, 그리고 다른 사람의 지혜를 빌려올 소통 능력을 가진 사람이라야 가능한 일이다.

(3) 정부의 실패

ㅣ

시장경제라 해서 정부가 필요치 않은 것은 아니다. 오히려 더 고도화된 정부의 능력이 필요한 것이 현대경제다. 위기의 상황에서는 더욱 그렇다.

'정부의 실패'란 그런 의미에서 정부가 제 할일을 못해 일어나는 실패다. 1997년에도 이런 정부의 실패가 있었다. 기존의 우리 시스템은 재벌 의존적인 일종의 관치(官治) 시스템이었다. 그러나 이 시스템이 시장 주도 시스템으로 전환돼나가면서 시장도, 정부도 작동하지 않는 구조가 되었다.

독과점시장구조의 만성화로 시장의 유효경쟁은 억압되었고, 강력한 구조개혁조치들은 이익집단의 저항에 부딪혀 왜곡되거나 뒤로 미뤄졌다. 그 결과 한국경제에 돌아온 것은 외국 투자가들의 불신이었고, 그에 대한 대가는 매우 컸다.

2017년의 정부 또한 변한 것이 별로 없다. 세상은 21세기로 넘어갔는데 대한민국정부는 여전히 20세기에 살고 있다. 과거의 프로세스, 과거의 권한, 과거의 지식 속에 살고 있는 것이다. 관(官)이 갑이 되는 사회에서 민(民)이 갑이 되는 사회로 넘어가지 못하고 있다. 과거에는 관료들이 깊은 공부를 하지 않아도 업무에 큰 지장이 없는 단순한 시대였다. 설혹 모르는 게 있어도 지식과 정보를 가져다주는 사람이 넘쳐났고, 관료들 스스로 권위를 세우지 않아도 사람들이 알아서 대접을 해주는 사회였다.

그러나 세상은 변했다. 공부를 해도 쉽지 않은 고도로 복잡한 사회이고, 첨단지식과 정보를 가져다줄 민간 전문가는 '너무도 먼 당신'이 되어버렸다. 이제 모든 것을 만기친람하던 정부의 힘은 사라졌지만 관료들은 아직 국민들이 자기가 말하면 그대로 믿어주고 따라줄 것이라고 착각하고 있다. 관 우위의 사고, 관이 편리한 방식, 관이 책임지지 않는 일처리가 지속되고 있다. 세월호 침몰의 위기상황 속에서도 컨트롤타워는 잠자고 있었다. 일부 국민들 또한 정부를 마치 '주머니 속의 지니'처럼 자기에게 필요한 것을 주는 사람으로 대하고 있다.

모두가 착각 속에 있는 것이다. 오히려 지켜져야 할 관료의 장점은 사라졌다. 국가발전에 대한 소명의식, 문제 해결을 위한 기민성과 헌신성은 사라졌고 공직은 수많은 직업 중의 하나가 돼버렸다. 보다 복잡한 구조적 문제, 보다 다양한 국민들의 욕구가 분출되는데도, 그리고 위기가 눈앞에 다가와도, 그 모든 일들이 남의 일이 돼버렸다. 스스로를 가둬버린 갈라파고스(세종시)에서, 그리고 아직도 넘쳐나는 권위주의 문화 속에서, 이

경제와 민주주의 하모니

처럼 격변하는 경제사회적 충격에 대응하기란 쉽지 않아 보인다. '블랙 스완'처럼 다가오는 위기에 정부가 속수무책일 수밖에 없는 이유다.

(4) 리더십의 실패

위기는 언제나 리더십의 실패에서 비롯된다. 한국의 위기도 대통령의 실패이고, 정치의 실패이고, 관료의 실패이고, 경영진의 실패이고, 지식인의 실패다.

한마디로 '민-정-관-언(民-政-官-言)'에서 이 세상을 이때까지 이끌어온 주류의 실패다. 1997년의 상황에서 가장 많이 나온 말 중의 하나가 정경유착이었다. 이는 정치 권력과 경제 권력의 유착을 의미하는 말이지만, 이로 인해 정부와 정치의 리더십은 국민의 신뢰를 잃었다.

리더십이 실패하는 또 하나의 이유는 스스로 변할 수 없기 때문이다. 변화와 개혁을 이야기하지만 '자신만을 빼고' 하는 개혁을 말하기 때문에 개혁이 될 수가 없다. 위기의 대응에도, 개혁에도, '자기희생'이 먼저다. 그것 없이는 국민이 믿고 따를 수 없다.

신뢰는 변화와 개혁의 기초다. '리더십의 실패'란 문제를 해결할 효과적인 의사결정을 이루어내지 못하는 것이다. 2017년의 상황에서도 이런 리더십의 실패가 계속되고 있다.

민주주의라 해서 리더가 필요하지 않은 것은 아니다. 현대 민주주의는 오히려 더 많은 에너지가 민간에서 분출되고 더 다양한 이해관계들이 표출되기에 그 에너지를 보듬고 그 이해관계를 다듬고 조정하는 데 더 노력을 기울여야 한다. 민주적 조정은 수평적 이해의 과정이어야 하나, 과거 권위주의에서 성장해온 수많은 각계의 리더들은 이러한 수평적 관계에 익숙하지 않다.

정부 관료 또한 언론과 국회로부터 욕먹기 싫어하고, 미래를 알기도 어려우니 현상을 유지하려 하고, 국회의원들은 정부에 한국경제 살리기 대책을 닦달하면서도 이익집단과 진영논리에 발목이 잡혀 갈등의 해결자보다 촉진자가 되기 일쑤였다. '쪽지 예산'으로 우선순위가 한참 낮은 자신의 지역구 사업을 예산에 끼워 넣기에 바쁜 국회의원들을 보며 국민은 좌절할 뿐이다.

국민도 중심을 못 찾기는 마찬가지다. 민주주의의 경험과 신뢰의 부족으로 이리저리 쏠리다 선거에서 엉뚱한 사람 뽑기가 일쑤다. 대한민국이 이래서는 안 된다 하면서도 지금의 현상과 구조를 바꾸려 하는 세력은 없는 것이 작금의 현실이다.

리더들이 버린 이 나라의 국민, 대중은 그것을 느끼고 있다.

한국경제의 문제는 1997년의 위기에서 제대로 배우지 못했다는 것이다. 그 시스템의 실패가 20년 후인 2017년에도 반복되고 있다.

외신에선 '위장된 축복'이라 했지만 축복이라 하기엔 민망한 변화를 가져왔을 뿐이다. 시스템은 변했다고 하나 그것을 움직이는 관행은 그대로다. 금융권의 대출 행태도 그대로이고, 정부의 일하는 스타일도, 정치가 국민과 괴리된 것도 그대로다. 오히려 상황은 더 나빠졌다. 이제 모두 평등과 복지란 이름하에 이루어지는 포퓰리즘의 단맛을 알아버렸고, 자신의 이익을 위해 서로 집단적으로 뭉칠 수 있는 이기적 행동주의자가 되었고, 좌우로 가르는 편 가르기는 더 심화되었다.

과연 지금 다시 외환위기가 온다면 '금 모으기 운동'이 가능할까? 개혁에는 언제나 썩은 살을 도려내고 새 살을 돋게 하는 고통이 수반된다. 즉 결단력 있는 의사결정이 필요하다. 그러나 지금 우리는 아무런 결정도 할 수 없는 무기력의 함정에 빠져 있다. 역대 정부치고 변화와 개혁을 말하지 않은 정부는 없으나 실제 개혁을 성공으로 이끈 정부는 없다. 그 근본에는 구조 개혁을 주도해야 할 정부와 정치의 실패가 있다.

04

한국경제의
패러다임 전환

1) 창조적 파괴와 시스템의 혁신

모든 것은 죽기 마련이다. 죽음은 새로운 창조를 위해 치러지는 하나의 과정이다. 그것이 동서고금의 진리이고 자연의 질서이다. 세상은 모두 때가 되면 자기를 죽여야 하는 게임 속에 있다.

2016년 생리의학 부문 노벨상은 인간 세포 내의 한 특별한 현상을 50년간 연구한 일본 도쿄공업대의 오스미 요시노리 교수에게 돌아갔다. 그는 세포가 '오토파지(Autophasy, 자가포식)'라는 현상에 의해 건강하게 유지될 수 있음을 발견했다. 오토파지란 새로운 세포의 생성을 위해 오래된 세포가 스스로를 잡아먹는 자기 파괴의 과정이다. 인간의 몸은 항상 카니발리즘, 즉 자기 해체를 반복함으로써 세포의 해체와 형성 사이에서 정교하게 균형을 찾는다. 오토파지는 우리 몸의 생존을 위해 자연이 고안해낸 방법이다. 이런 자기 파괴가 없다면 결국 몸이라는 전체 시스템이 죽어야 하는 것이다. 우리 몸속의 암세포는 이같이 자기 파괴를 거부하는 세포다. 그런 세포가 많아지면 결국 몸이 죽어야 하는 것이다.

자연의 질서는 그래서 언제나 자기 파괴, 즉 자기 죽이기가 있어야 생존할 수 있음을 가르친다.

멈춰버린 성장, 막대한 가계부채, 고령화 사회보다 사실 더 우리가 위기의식을 느껴야 할 것은 바로 이런 '창조적 파괴'가 일어나지 않는 것이다.

자기 변혁의 시작은 창조적 파괴다. 창조적 파괴는 미래를 위한 혁신이다. 오랜 시간 변화와 모순의 압력이 쌓여 변곡점에 도달하면 폭발하기 마련이다. 한국경제에도 그런 분출이 시작되고 있다. 선진기술과 제도를 모방하고, 정부 중심의 권위적 리더십이 이끌고, 경쟁의 승자가 독식하는 '모방적, 권위적, 배제적인 자본주의'를 파괴하고 새로운 자본주의를 세우라는 압력이다.

지난 60년간의 산업 시대를 뒷받침해온 시스템을 갖고 이 변화무쌍한 4차 산업혁명 시대를 산다는 것은 이카로스와 같이 나락에 떨어질 것을 약속하는 일이나 마찬가지다. 새로운 혁신과 변화가 나타나면 기존의 시스템은 언제나 자신의 지속가능성을 점검해야 한다.

혁신이란 기존의 시스템을 부수고 새것을 수용하는 것이다. 즉 새로운 변화를 위한 자기 변혁 능력이다. 2008년 금융위기를 그나마 넘길 수 있었던 것은 1997년의 위기로 우리가 일부 경제 구조조정을 선행시켰기 때문이다. 그 약효는 이미 다 떨어졌다.

조선해양산업에서 보는 바같이 산업은 경쟁에서 뒤쳐졌고 기업 부실과 가계부채가 눈덩이처럼 불어나고 있다. 더구나 우리 앞에는 고령화, 복지 압력, 통일비용 등 엄청난 비용 지출이 기다리고 있다. 우리에게 모든 것을 거는 자기 변혁이 없다면 우리 경제는 이제 '멈추는' 정도가 아니라 아예 나락으로 떨어질 수 있다.

창조적 파괴에는 고통이 따르기 마련이다. 조지프 슘페터는 과거의 타성이 뿌리를 내리고 있는 곳에서는 자본주의가 변화의 모멘텀을 찾기가 어렵다고 했다. 사회의 자기 변혁에 구조적인 장애들이 있는 것은 피할 수 없는 일이다. 문제는 이 장애들을 어떻게 혁파할 수 있느냐는 것이다. 자기 살을 깎는 고통이 있더라도 변화를 이루어낼 수 있는가. 그 고통을 감내하는 자는 새 시스템으로 옮겨 갈 것이고, 그 고통을 겁내 미적거리는 자는 기존 시스템과 같이 사라지는 길을 갈 것이다.

물론 미래의 길은 잘 보이지 않는다. 불확실은 인간에게 고통을 의미한다. 그것은 시시각각 변할 수 있는 미래의 모습에 자신을 계속 맞추어나가는 진화의 과정이다.

한국경제는 유달리 역동성이 큰 경제였다. '한강의 기적'을 이룬 동력도 역동성이었고, 위기에 처할 때마다 이를 헤쳐 나올 수 있게 한 힘도 역동성이었다. 한국경제가 그 성공신화를 쓸 수 있었던 것은 지난 반세기의 숱한 역경 속에서도 수출, 제조업, 대기업이란 '세 가지 축'을 근로자 근면성, 교육 열정, 정부 능력이란 '세 가지 동력'과 역동적으로 결합시킬 수 있었기 때문이다. 그것은 새로운 환경에 맞춰 자기 스스로를 변혁시켜 나가는 변혁의 힘이었다.

역동성은 미래에의 꿈으로부터 나온다. 새로운 무언가를 이루려면 남다른 열망이 있어야 한다. 사회의 구성원들을 움직일 힘이 필요하다. '잘 살아보세'는 그런 열망을 담고 있었다.

역동적이란 또한 자신감을 의미한다. 비현실적이라고까지 생각되는 낙관주의가 우리에겐 있었다. '할 수 있어'라는 말은 과거 우리가 가장 사랑했던 말이었다. 정주영은 조선소를 지어놓고 수주를 받은 것이 아니라, 수주를 받고 조선소를 지었다. 미국 뉴욕의 지하철표에는 '긍정'이란 말이 새겨져 있다. 긍정이 있어야 도전이 있고 변화를 이루어낼 수 있다.

역동성은 또한 유연함을 의미한다. 변화하는 환경에 맞춰려면 그만큼 남과 소통해야 하고 협력하고 참여를 끌어낼 수 있어야 한다. 소통하지 못하는 개혁이 실패할 수밖에 없는 이유이다.

권위적 문화에서 성공이란 언제나 자기 역량에 대한 과신을 만들고 자신의 성공방정식을 금과옥조처럼 여기게 만든다. 성공이 한편으로는 그런 실패의 함정을 파는 것이다. '한강의 기적'도 그런 의미에서 미래의 변화를 위한 중대한 장애인 것이다.

역동성이 지금 한국경제에서 급속히 사라지고 있다. 앞으로 무엇을 어떻게 해야 하는가 하는 의문이 생기는 순간이다.

우리가 개혁이란 말을 입에 올리기 시작한 것은 벌써 20년 가까운 일이다. 그런데도 우리는 실질적 개혁을 이루지 못했다. 변화와 개혁은 위기의 산물이다. 개혁에의 저항을 잠재울 가장 유력한 무기는 위기감이다. 위기의 두려움이 없다면 과거에 매달리는 것이 인간이다.

변화는 또한 타이밍의 산물이다. 기회란 언제나 움직이는 과녁이다. 기회란 특정한 맥락 속에 존재하고 그 맥락은 항상 변하고 있기 때문이다. 목표 지점도 변할 수밖에 없다. 명사수는 이런 변화를 읽는 것이다. 직감으로 바람의 세기와 방향을 정확히 읽어내고, 시간이 지나면 선택도 바뀌어야 한다.

위기일수록 선택은 아주 짧은 시간 내에 급박하게 내려져야 한다. 그래서 위기 시에는 저항이 무력화된다. 위기의식을 잘 활용하는 지도자는 그래서 개혁에 성공할 수 있다.

2) 성공방정식의 전환

모든 성공에는 이유가 있다. 공통적인 이유는 나름의 성공방정식이 존재한다는 것이다. 우리의 성장 모델이었던 '수출-제조업-대기업-대량생산' 체제에도 그런 성공요소가 있었다. 수출 대기업이 필요로 했던 안정적 국내시장, 획득이 용이한 기술, 조직관리를 위한 강력한 규율, 정부의 지속적인 지원 등이 그것이다. '권위적, 모방적 자본주의'의 패러다임이 세상을 지배한 것이다.

그러나 세상은 변하기 마련이다. 제도와 시각에도 수명이 있기 마련이다. 변화는 과거의 성공방정식을 무용지물로 만든다. 특히 '제4차 산업기술혁명'은 세계산업사회의 지형을 바꿀 태풍이다. 경제, 사회, 정치 시스템까지 바꿀 충격적인 기술혁명이다.

반면 우리의 수출 대기업 구조는 변화에의 대응 능력을 떨어뜨리는 구조다. 수출 위주이고 대규모 매몰비용이 있어 변화가 어렵고, 국내시장에 경쟁자가 없어 조직문화도 관료주의 병폐에 사로잡히기 마련이다. 그러니 변할 수가 없다.

지금 한국경제는 선택의 기로에 있다. 과거의 성공방정식과 새로운 환경의 충돌로 인해 경제가 '멈춰 서버리는' 상태가 되고 있다.

과연 우리는 '한강의 기적'을 만들었던 그 성공방정식을 버리고 새로운 산업 시대의 성공방정식을 만들어낼 수 있을 것인가?

그러기 위해서는 우선 지난 60년의 '권위적, 모방적, 배제적 자본주의' 패러다임을 '민주적, 혁신적, 포용적 자본주의' 패러다임으로 바꿔야 한다. 권위적이란 것이 발전의 에너지를 위에서 아래로 하향식으로 구하는 것이라면, 민주적이란 의미는 발전의 에너지를 밑에서 위로 상향식으로 구하는 것이다. 전자가 낙수(落水)효과를 기대했다면, 후자는 분수(噴水) 효과를 기대하는 것이다. 발전의 힘이 지시와 명령이 만들어내는 효율이 아니라 소통, 신뢰, 협력, 포용이 만들어내는 창조적 효과에서 찾아지는 것을 의미한다. 그 발전의 힘은 정부가 아니라 과학기술인, 기업인, 가계 같은 민간으로부터 나오는 것이다. 신기술 창조와 사업의 가치 창출과 안정적 소비가 그 결과다.

이 새로운 패러다임에는 두 가지 핵심적인 과업이 있다. 하나는 우리의 자본주의 패러다임이 더욱 더 진화돼나가야 한다는 것이고, 다른 하나는 우리의 국가경영 시스템을 그렇게 개조시켜야 한다는 것이다.

즉 자본주의와 권위주의의 결합을 자본주의와 민주주의의 결합으로 바꿔내야 하는 것이다.

3) '민주적, 혁신적, 포용적 자본주의'로의 진화

|

(1) 경제의 번영에는 '경제와 시장'에 대한 존중이 필요

|

인류의 기술발전 역사를 보면 산업혁명은 중국에서 일어났어야 할 혁명이었다. 수천 년 인류의 기술 역사를 지배해온 나라가 바로 중국이었기 때문이다. 중국은 제철, 인쇄, 화약, 나침반 등 대부분의 기술 분야에서 서양보다 앞선 나라였다.

하버드대의 데이비드 랜드(D. Landes) 교수는 이런 중국의 패권이 중세 시대에 유럽으로 옮겨 가기 시작했는데, 그 이유로 중국의 지배체제가 경제를 무시했기 때문이라고 진단했다. 중국이 과학기술의 진흥과 기술을 산업화할 시장 및 재산권 관련 제도를 발전시키지 못한 것이다.

중국이 서양에 뒤처지기 시작한 것은 명나라 때부터인데, 유교 경전에 얽매인 관리들이 정부 권력을 장악하게 되면서 기술은 전체주의 통제의

한 일부로 여겨졌고, 자유로운 교역은 금지되었으며 상업과 상인들은 혐오의 대상이 되었다. 이들에 대한 재산의 몰수, 사업의 훼방, 교역의 통제가 빈번히 일어났다. 이런 기조는 20세기 중반까지 이어졌고, 이것이 중국을 근대 물질문명으로부터 멀어지게 한 요인이라 할 수 있다. 세계의 경제력과 군사력의 각축장에서 중국이 소외되며 중국은 세계의 관심에서 멀어졌고, 세상은 근대적인 과학기술과 자본주의로 무장한 유럽의 시대가 되었다.

중국보다 더한 비(非)물질문명의 나라는 유학의 나라, 조선이었다. 소중화(小中華)사상이라 일컬어질 정도로 번성했던 성리학은 조선 중기 이후의 지배이념이었다. 성리학은 조선을 경직되고 폐쇄된 나라로 만드는 데 상당한 기여를 하였다.

직업의 종류를 의미했던 사농공상(士農工商)이 어느새 신분상의 질서로 변화하며 선비와 농민은 위에, 장인과 상인은 아래에 놓이게 되었으며 사회에서 지켜져야 할 예(禮)인 주자가례(朱子家禮) 또한 양반과 상민의 신분상 위치를 고착화시키는 동력이 되었다. 조선의 유학(儒學)이 중국의 유학보다 더 엄격하고 폐쇄적, 경직적인 학문이었다는 점에서 그만큼 더 반(反)경제적 영향을 미쳤다 할 것이다. 이런 이념을 반영한 조선의 제도 또한 반시장적이라 할 만하다. 그 결과 조선의 경제는 세계의 근대화 조류와는 단절된 길을 걸을 수밖에 없었다.

우리가 앞의 역사에서 받아들일 수 있는 것은 경제의 번영에는 경제(상업)에 대한 존중이 필요하다는 것이다. 모든 일이 그렇듯이 어떤 일이 성취되려면 그 방향으로 힘과 마음이 모아져야 한다. 경제의 번영도 마찬가지이다.

　자본주의는 근대사회가 발전시킨 경제적 풍요를 위한 가장 중요한 메커니즘이다. 기술혁명에 기반한 가치 창출과, 창출된 가치의 이해관계자들에 대한 분배를 통해 인류를 빈곤으로부터 탈출시킨 자본주의는 지난 250여 년 근대경제를 이끈 가장 중요한 동력이라 할 것이다.

　시장이 중요한 이유는 그것이 인간의 본성에 부합하여 생산적 에너지를 창출하기 쉽기 때문이다. 과도한 탐욕과 쏠림의 문제만 규율된다면, 혁신과 효율을 만들어내는 데 시장이 가진 '자유와 경쟁'만큼 유효한 수단은 없다. 자유는 혁신을 만들고, 경쟁은 규율을 만든다. 시장의 신호는 정부가 보내는 신호보다 정확하고, 시장의 규율은 법보다 엄격할 수 있다. 소수 관료들의 머리에 의해 작동되는 정부보다 다수의 '보이지 않는 손'이 작동하는 시장이 더 믿을 만하다는 것이 자본주의의 경험이다.

　물론 자본주의는 그동안 수많은 비판을 받아오기도 했다. 인간노동의 상품화, 시장의 독과점화, 빈부의 격차 심화 등이 대표적이다. 그렇지만 자본주의 이외에 지금 우리의 세계경제를 이끌 대안을 찾는다는 것은 불가능한 일이다. 그 속에는 인간의 본성을 보아온 수천 년의 인류의 지혜가 녹아 있다.

　우리가 해야 할 것은 이 시대 경제가 가진 문제들을 해결할 자본주의를 만드는 것이다. 이념적 담론은 중요하지만 그 담론에 자신을 가두어서는 진정한 해결책을 찾을 수 없다. 현실을 딛고 그 위에서 이상의 꿈을 꾸는 것이 진정한 담론의 자세일 것이다. 자본주의는 그저 주어지는 것이 아니다. 그것을 아끼고 가꾸며 새롭게 진화시키는 사회만이 이 제도가 주는 혜택을 누릴 자격을 갖는 것이다.

(2) 자본주의정신의 재해석

자본주의냐 아니냐의 논란은 이제 의미 없는 것이 돼버렸다. 오직 어떻게 더 좋은 자본주의를 만들 것이냐는 고민만이 남아 있을 따름이다. 로버트 하일브로너(R. Heilbroner) 교수는 자본주의가 변했다고 한다. "선진 자본주의의 모습은 총체적으로 변했고 특히 퇴직연금, 실업수당, 건강보험 등 사회적 보호를 제공할 수 있는 정책들이 크게 증가했다"고 지적했다. 우리에게 주어진 과제도 우리의 자본주의를 어떻게 진화시킬 것이냐 하는 것이다. 자본주의가 자유와 경쟁만이 아니라 포용과 협력까지 포함해야 한다. 그런 점에서 우리는 자본주의의 고전적 정신으로 다시 돌아가 그 하나하나를 현재의 눈으로 다시 살펴볼 필요가 있다.

① 사유재산권의 보호

자본주의에서는 그 말이 의미하듯 자본이 중요하고, 이 자본은 국가의 사유재산권 보호에 기반하고 있다. 자본주의가 발전하려면 개인의 재산권에 대한 철저한 보호가 전제돼야 한다.

애덤 스미스는 '법과 정부를 사유재산을 보호하기 위해 고안된 제도'라고 했다. 사유재산권의 보호는 법치주의와 함께 자본주의를 움직이게 하는 근간이다. 사유재산권이 있어야 시장가격이 성립하고, 가격이 성립해야 개인들에게 돌아갈 이윤과 이익이 있는 것이다.

로널드 코스의 '코스 정리'에 의하면 사유재산권을 분명히 하는 것은 개인에게 돌아갈 혜택과 비용을 분명히 함으로써, 즉 외부효과 (한 사람의 행위가 제3자에 영향을 미치지만 그 영향에 대한 보상이 이루어지지 않는 경우)로 인한 혜택과 비용의 불일치를 예방함으로써, 시장의 거래비용을 최소화하고 시장기구가 작동할 수 있도록 해준다.

사유재산권을 부정하는 공산주의 독재가 경제를 성공시킬 수 없었던 것은 바로 사유재산권의 보호가 없었기 때문이고, 모두가 무임승차에 뛰어들었기 때문이다. 개도국에서도 사유재산권 보호 제도가 미흡한 것이 경제발전의 장애요인으로 작용한다. MIT의 사이먼 존슨(S. Johnson) 교수 등의 동구 전환기 경제에 관한 연구에 의하면 사유재산권 보호가 미흡할 경우 부패의 문제에 직면한다고 한다. 부패는 시장의 거래비용을 증가시킨다.

그러나 정부의 시장 개입을 부정하는 '코스 정리'를 그대로 현실에 적용하는 것은 무리다. 왜냐하면 우선 재산권을 획정하기가 어려운 경우가 있기 때문이다. 지적재산권과 같이 비가시적 재화의 경우에는 한계가 있을 수 있다. 또한 코스 정리는 시장의 거래비용이 거의 없는 것을 전제로 하나 시장 현실에서는 이해당사자들 간의 거래비용, 예를 들어 협상비용이 매우 클 수 있기 때문이다.

그러기에 공공의 영역에 정부의 개입이 있는 것은 불가피한 일이다. 공공의 서비스는 어느 누구도 배제가 불가능하여 결국 모두 무임승차로 몰리도록 유도된다. 그러나 공공서비스에도 재산권의 개념을 부분적으로 원용한다면 과다 무임승차를 막을 수 있다. 애덤 스미스는 공공 인프라에 대한 정부 지출조차 그 비용이 사용자에 의해 지불돼야 한다고 한다. 공공서비스에 수익자 부담원칙을 부분적으로 도입하는 것은 잠재적 무임승차자들에게 압력을 주는 일이고, 그래서 '공유지의 비극(공공자원을 개인에게 마음대로 이용하게 할 경우 낭비가 초래되어 결국 그 공공자원이 고갈되는 것)'을 예방하는 길이다.

② 자유롭고 공정한 시장

시장은 자본주의의 가장 중요한 메커니즘이다. 시장의 거래는 계약에 의해 거래가 이루어지는 곳이다. 그 계약은 자유롭고 공정하게 이루어져야 한다. 그런 의미에서 시장은 경쟁적이다. 다수의 동일한 위치에 있는 시장 참여자들이 자유롭고 공정하게 경쟁하는 시장이야말로 자본주의의 가장 중요한 인프라다.

1776년에 나온 애덤 스미스의 『국부론』은 시장에 대한 믿음을 제공한 역작이다. 시장에서 일어나는 수많은 분업의 참여자들이 자기 이익을 위한 행동을 할 때 그 행동이 사회 전체에도 이익이 되는 것이다. 이 이기적 행동들이 '보이지 않는 손'에 의해 규율됨으로써 자원의 효율적 배분이 이루어지고 사회적 후생도 극대화되는 것이다.

신고전파 경제학은 이런 점에서 어느 누구도 우월한 위치에 있지 않고 자유롭게 진입하고 경쟁하는 완전경쟁, 모든 정보들이 자유롭게 생성되고 유통되는 완전정보의 시장을 가정한다. 그러나 현실에서 이런 시장은 존재하지 않는다. 시장에는 독과점이 있고 정보는 비대칭적이다. 이런 상황에서 자기 이익을 추구하는 그 자유가 타인에게 비용을 안겨줄 때 그것도 자유로 용인해야 하는 것인가?

이 점에서 고전주의 경제학자들의 해석은 애덤 스미스의 사상을 잘못 해석하고 있다는 비판에 부딪힌다. 그가 『국부론』에서 말한 것은 이기심이 아니라 자기 이익이었다. 그는 『국부론』보다 17년 앞서 쓴 『도덕감정론』에서 '동감'의 중요성을 말한다. 자연법질서를 존중한 그는 같은 사회구성원으로 갖는 감정인 '동감'을 인간의 본성으로 보았다. 이런 그의 생각에 비추어 '자기 이익'은 이기적 탐욕이 아니라 자연적이고 적절한 자신의 복지 추구, 다시 말해 타인에 대한 배려를 전제로 한 절제된 욕망으로 이해해야 한다. 그는 그것을 '사려분별'이란 말로 설명하고 있다.

이러한 뜻의 '동감'은 논어에서 증자(曾子)가 공자의 핵심 사상이라고 한 '충서(忠恕)'와 같은 의미로 보인다. 이는 자신의 중심된 참된 마음과 그 마음으로 타인의 마음을 헤아리는 것이다.

맹자가 말한 '측은히 여기는 마음(惻隱之心)', '부끄러워할 줄 아는 마음(羞惡之心)' 또한 다르지 않다. 역지사지(易地思之)의 개념도 이와 유사하다. 다른 사람의 처지를 자기 자신의 처지처럼 생각하며 그에 맞는 합리적 사고를 하는 것이다. 자기 이익을 추구하는 시장에서도 타인의 고통을 자신의 고통처럼 생각하는 마음이 전제돼야 한다. 이 동감은 자신의 주관적 판단이 아닌 제3의 공정한 관찰자들에 의해 인정되는 동감이어야 하기에 공정성을 가진다.

'보이지 않는 손'은 다수 경제주체들이 가진 동감의 바탕 위에 세워진 공정한 질서다. 시장의 자유는 방임이 아니라 양심과 정의의 공정성과 만나 만들어진 게임규칙을 전제로 한다. 애덤 스미스는 시장에서 "거래의 균형(공정성)이 당사자의 사려분별, 엄격한 정의(법의 준수), 적절한 자비심 없이는 이루어지기 어렵다"고 하였다.

공정한 시장이란 한마디로 약탈이 없는 시장이다. 애덤 스미스는 시장이 모든 경제적 특권, 독점, 인위적 희소성에서 자유로워져야 한다고 하면서 시장의 게임규칙을 정의의 원칙이라 명명한다. 그는 "정의는 모든 건물을 지탱하는 중추적인 기둥이다. 만약 그것이 제거된다면 인간사회라는 구조물은 순식간에 분해되고 말 것이다"라면서 "사회라는 구조물에서 자애는 장식이지만 정의는 기둥에 해당하는 덕"이라고 했다. 이런 정의를 기반으로 하기에 로버트 하일브로너의 말처럼 경쟁이 '경제의 엄격한 작업반장'이 되는 것이다. 인간은 이기심과 이타심이 공존하는 야누스적 존재이다. 시장은 그런 인간들의 거래가 이루어지는 곳이다. 사회의 이익은 개인의 악덕에서 유래되는 것이 아니라 개인의 이익 추구가 과도히 흐르지 않도록 통제될 때 가능한 것이다.

③ 이윤 창출의 동기

이윤 창출의 동기는 자본주의를 움직이는 동력이다. 자본가가 자본을 투자하는 이유는 더 많은 특별한 이윤을 기대하기 때문이다. 투자된 자본은 설비, 인력, 기술 등의 생산요소를 구입하는 데 사용되고 그 생산으로 만들어진 재화와 서비스는 일정한 가격으로 소비자에게 제공된다. 노동자들은 이 과정에서 자신의 노동력을 가치 창출을 위해 제공한다. 문제는 이 활동에서 창출되는 특별한 이윤을 어떻게 배분할 것이냐 하는 것이다.

자본주의에서의 가치 창출은 이윤 창출로 나타난다. 신고전파 경제학자들이 가치 창출의 근원을 자본가의 자본에서 찾는 데 비해, 조지프 슘페터는 그것을 자본가의 혁신에서 찾는다. 그는 『경제발전의 이론』에서 혁신을 자본주의의 기본원리로 전제한다. 가치 창출이 원활히 이루어지기 위해서는 혁신이 이루어져야 하고, 혁신은 자유로운 사고와 미래의 기회에 대한 도전에서 시작된다. 자본주의경제에서 자유로운 시장과 미래에 대한 도전정신이 중요한 이유이다. 슘페터 사상의 장점은 미래지향적이라는 것이다. 자본가들이 기술의 혁신, 조직의 변혁을 일으킬 때 이윤이 가능하다는 것이다. 혁신이 차별을 가능케 하고, 이 차별화가 초과이익을 가져다준다. 그 이윤은 독점적 지대일 수 있으나, 그 보상이 있기에 기업가는 위험을 무릅쓰고 혁신에 도전하는 것이다.

기술개발에는 장기 계획이 있어야 하고, 이는 단기적인 장애를 극복할 수 있다는 확신이 없이는 불가능하다. 혁신의 결과로 시장에서 주어지는 독점 같은 경쟁 제한적 위치는 그래서 불가피한 것이다. 시장이 독과점기업들에 의해 통제되기에 가격담합, 진입 억제 등과 같은 경쟁 제한적 행동이 나타난다. 이러한 자본주의는 조지프 슘페터가 『자본주의, 사회주의, 민주주의』에서 '그럴듯해 보이는 자본주의'로 묘사한 자본주의로, 대규모 회사들이 시장에 대한 상당한 통제력을 의식하고 이를 행사하는 상태다. 이러한 보상이 있기에 기업가들은 혁신을 위해 진력하는 것이다.

그러나 이 독점적 위치는 일시적으로 주어질 뿐이다. 시장은 정태적이 아니라 동태적이다. 시장의 경쟁자들이 혁신을 모방하면서 제품가격은 낮아지고, 기술이 산업의 기본으로 전파되면서 이윤은 사라질 수밖에 없다. 이러면서 새로운 '창조적 파괴의 광풍'이 불어올 것이다. 혁신의 광풍이 항상 부는 '제어되지 않는 자본주의'가 자본주의의 모습인 것이다. 그래서 자본주의는 '지속적인 자기 갱신 시스템'이다.

(3) 신(新)산업 패러다임으로의 전환

경제 패러다임의 근간은 어느 때나 경제성장동력의 강화와 경제 불평등의 완화가 동시에 추진되는 것으로, 다시 그 관심의 배분이 시대에 따라 옮겨 가야 하는 것이다.

그런 의미에서 우리 경제의 패러다임은 1) 수출 촉진에서 내수 촉진으로 2) 대기업 제조업 지원에서 서비스업 지원으로 3) 대기업 역량 강화에서 중소·창업기업 역량 강화로 4) 설비투자 중시에서 기술 역량 중시로 5) 산업규모 중시에서 시장효율 중시로 바뀌어야 한다.

① 첫째, 성장 패러다임의 축을 '수출·내수 균형-서비스업-강소기업-맞춤생산'으로 옮겨야 한다(제2장 참조). 지난 반세기 한국경제가 선택한 성장전략은 수출, 제조업, 대기업의 3축을 중심으로 한 '수출-제조업-대기업-대량생산' 성장 패러다임이었다. 저가 위주의 수출시장을 개척하며 규모경제가 무엇보다 중요하였기에 소수 대기업이 국내시장에서 독과점적 위치를 구축하며 수출전선에서 경쟁력을 갖출 수 있었다. 대기업의 상품수출에 인적, 물적 자원을 집중하는 프레임이 오래 지속되면서 수출, 제조업, 대기업은 더욱더 성장할 수 있었지만 내수, 서비스업, 중소기업은 상대적으로 점점 더 약화되는 이중구조가 형성되었다.

문제는 이러한 프레임이 앞으로는 작동하기 힘들 것이라는 점이다. 우선 제4차 산업기술혁명에서 설비 중심의 규모경제가 더 이상 경쟁우위로 작동하지 않기 때문이다. 획일화된 제품을 많이 만들어야 하는 대량생산 시스템은 제4차 산업기술혁명의 초연결, 초지능정보, 생태계 혁명에 적합한 산업 시스템이 아니다(제2장 참조).

미래산업에 필요한 역량은 지식, 혁신, 협력이다. 미래의 산업 시스템은 최소의 설비로 다수 기업의 최고 역량을 합쳐 고객에게 가장 특별한 제품이나 서비스를 가장 적시에 만들어 공급하는, 가장 유연한 시스템이 돼야 하는 것이다.

대량생산 시스템은 세계시장의 수요가 감소하면 붕괴하기 때문이다. 세계는 지금 매우 불안정한 감축기에 접어들었다. 일본의 '잃어버린 20년'도 1985년 플라자협정 이후 엔화가치 급등이라는 수출환경의 변화, 1990년대 고령화 사회로의 진입이라는 변화에 일본의 대량생산 시스템이 대응하기 어려워지면서 나타난 결과다. 우리는 현재 당시의 일본보다 더 수출 의존적이며, 수요 감소에 취약한 다량소품종의 생산체제를 갖고 있다. 거기다 우리의 고령화 속도는 1990년대의 일본보다 더 빠르게 진행되고 있다.

대량생산은 국내 경기를 세계 경기 변동에 민감하게 하여 국내경제에 고도의 불안정을 불러온다. 더구나 대량생산은 후발개도국들이 더 잘하는 시스템이 되어가고 있다.

산업적 이중구조가 시장효율에 심각히 문제를 초래하기 때문이다. 특히 대기업의 내수시장 독과점으로 시장의 경쟁원리가 무너지고 있다. 산업 전반의 혁신 압력을 저하시킬 뿐 아니라 시장 진입장벽이 높아져 신규 창업이 어려워지고, 가치사슬에서 협상력의 구조적 불균형으로 중소기업의 납품가격 인상이 억제되고 있다 할 수 있다.

이는 중소기업의 약화와 임금소득 감소로 가계소득을 위축시키고 소비를 감소시키는 문제가 있다. 즉 '대량생산 시스템→독과점 시장 구조→가계소득 축소→소비 여력 감소→내수시장 제약→산업발전 저해'라는 악순환이 일어나는 것이다. 이러한 시장의 왜곡은 시장의 효율성에 문제가 있음을 의미하는 동시에 이 구조하에서는 성장하는 것이 소득과 부의 불균형을 악화시키는 것을 의미한다.

그동안 우리는 경기 침체에 빠지면 수출 대기업을 통해 경기부양을 하려고 노력해왔다. 원화가치의 절하, 설비투자의 세액공제, 법인소득세 감면 등이 이루어졌다. 독과점으로 훼손한 시장원리를 자원의 인위적 배분을 통해 다시 한 번 더 훼손시킨 것이다. 현재의 수출 대기업의 막대한 사내유보금, 대기업 정규직 근로자의 높은 임금, 반면 비정규직 근로자의 저임(대기업 내에서도 비정규직은 정규직의 66%에 불과), 중소기업의 낮은 수익성 등은 이러한 상황을 반영한 것이다.

과연 어떻게 이런 임시방편의 대증요법이 가능했던 것인가? 그 구조가 가능했던 것은 수출과 대기업의 낙수효과 논리였다. 일자리가 늘려면 수출이 늘어야 되고 대기업이 나서야 된다는 것이다. 그러나 근래의 통계에 의하면 이 낙수효과와 고용효과가 별로 작동하지 않는 것으로 나타나고 있다. 100억 원어치 수출을 할 때 1995년에는 273개의 일자리 증가, 70억 원의 부가가치 증가가 이루어졌으나 2014년에는 그 수치가 각각 81개와 56억 원으로 하락했다. 그럴 수밖에 없는 것이 대기업이 자동화나 외주화를 통해 최소의 인력을 유지하고 글로벌 차원의 부품조달구조를 갖고 있기 때문이다. 신흥산업을 통해 일자리를 창출하지 않는 한 진정으로 신규 일자리가 창출되기 어려운 상황이다.

이제는 '수출·내수 균형-서비스업-강소기업-맞춤생산'으로 새로운 기회를 찾아야 한다. 특히 소프트웨어, 의료, 미디어, 문화, 설계, 디자인, 유통, 컨설팅 등 제조업 관련 서비스업의 발전이 중요하다. 물론 이런 산업구조로의 전환은 단시일 내에 이룰 수 있는 것은 아니다. 그러나 시작이라도 해야 한다. 그것도 제대로.

② 둘째, 경제 운영의 초점이 이제는 소득 불균형 완화와 가계소득 증대에 두어져야 한다. 과거의 성장 패러다임은 설비투자 확대를 통한 기업성장과 가계소득 증대였기에 경제 운영에 있어 설비투자의 관리가 무엇보다 중요했다. 그러나 앞으로의 산업은 경박단소(輕薄短小)의 산업이 중심을 이룰 것이기에 투자보다 소비에서 그 성장동력을 찾아야 할 것이다. 이러려면 가계소득이 안정돼야 한다.

그러나 앞으로 저투자 저복지 저소비가 동시에 진행될 가능성이 높아지고 있다. 경기 침체와 구조조정에 따른 임금 감소, 실업 증가, 고령화로 가계소득이 불안해지고 소득 불평등이 더욱 심화될 가능성이 크다. 여기에 4차 산업혁명의 진행이 본격화될 경우 실업 증가는 더욱 촉진될 우려가 있다. 기계화, 자동화, 지능화가 점점 더 인간의 노동을 기계로 대체하면서 비(非)전문지식 노동자는 실업과 저임금 상황에 처하게 될 것이다. 모두 가계를 어렵게 할 요소들이다. 가계소득의 감소는 소비 감소라는 경제적 충격뿐 아니라 저출산 심화, 사회갈등의 증가, 사회 활력의 소멸과 같은 암묵적인 사회적 비용을 발생시키며 경제를 악순환의 사이클 속으로 밀어 넣기 쉽다. 이 과정의 고통은 '잃어버린 20년'의 일본보다 더할 수 있다.

문제는 우리가 할 수 있는 것이 마땅치 않다는 데 있다. 임금을 올리는 일도, 기술력을 향상시키는 일도 해야 하지만 모두 쉽지 않은 일이고 시간이 걸리는 일이다. 그래도 방안을 찾아봐야 한다. 비정규직 의존 고용구조를 타파할 세밀한 산업적, 교육적 대책이 필요하다. 사회안전망 구축, 여성 고용과 육아 지원 등에 대한 세밀한 대책도 필요하다.

기업이 미래투자라는 명분으로 갖고 있는 사내유보금에 대해서도 과다해지지 않도록 R&D 투자, 납품가격 인상, 비정규직 임금 상승으로의 유도장치를 강화할 필요가 있다. 정부가 나서서 부유층의 소비에 드리운 비판적 정서를 불식시키면서, 부유층의 노블리스 오블리제 강화와 중산층의 소득을 증대시킬 묘책도 짜낼 필요가 있다.

부유층의 담세율을 더 높일 필요도 있으나, 이에 앞서 국민개세주의를 확립하는 것도 중요하다. 납세가 시민으로서의 기본적 의무라는 점에서 현재 국민의 절반에 가까운 면세자 비중을 획기적으로 낮추는 조치가 있어야 할 것이다.

이 모두 시급한 일이지만, 가장 시급한 일은 우선 성장동력의 기반을 다시 정비하는 일이다. 성장이 전제되지 않는 분배는 지속가능하지 않다는 것이 동서고금의 진리이다. 성장은 생산의 문제이고 이는 생산요소들과 산업 시스템을 어떻게 움직이게 할 것이냐에 달려 있다. 성장에 필요한 노력과 헌신, 변화와 개혁이 없다면 하향 평등은 이룰 수 있을지 몰라도 복지는 연목구어에 불과할 것이다. 과거처럼 소수 지배층을 위한 성장우선 경제는 이제 가능하지 않다. 그렇다고 우리의 관심을 선성장 후분배가 아닌 선분배 후성장으로 놓아서는 남미경제가 될 수밖에 없다.

지금 최우선의 과제는 경제동맥 경화증의 치료이다. 저투자, 고실업, 저생산성, 저복지를 초래하는 시스템적 문제들이라 할 수 있는 시장의 불공정한 경쟁, 노동시장의 경직화, 정부규제 과잉, 기술투자의 비효율성, 교육의 붕괴, 사회안전망 미비, 사회복지전달체계의 비효율 등이 선결돼야 한다. 그런 점에서 재벌, 노조, 정부의 개혁과 사회적 대타협이 요구되고 있다.

③ 셋째, 한국경제의 지속가능성을 담보할 기술혁신 역량과 창업 역량에 대한 획기적인 접근이 필요하다. 산업 구조조정을 추진하면서 우리가 해야 할 중요한 일은 축소 정리되는 사양기업보다 더 많은 미래의 성장기업을 만들어내는 일이다.

장기적으로는 이것이 가장 중요한 성장 대책이고 실업 대책이다. 케

인스식 경기정책보다 슘페터적 혁신정책이 필요한 때가 지금이다. 이를 위해서는 무엇보다 선진기술 '따라잡기'를 선진기술 '뛰어넘기'로 바꿀 수 있어야 한다. 특히 산업의 글로벌 지형을 바꿀 제4차 산업기술혁명이 진행되고 있기에 더욱 그렇다. 디지털 네트워크와 플랫폼 기반의 산업이 미래의 대세이기에 더욱 선점의 이익은 중요해지고, 이를 위해 기술 역량만큼 중요한 것은 없다 할 것이다.

그러나 아무리 급해도 기술혁신을 위해 일차적으로 해야 할 것은 기술투자규모의 증액보다 R&D 시스템의 효과성을 향상시키는 일이다. 지금의 연구기관이나 대학의 운영 시스템에 투자규모만 늘리는 것은 밑 빠진 독에 물 붓는 격이 될 것이다.

연구기관 운영 소프트웨어의 근본적 개혁이 필요하다. 이와 함께 필요한 것은 우리 창업 역량의 일대 변혁이다. 그것도 생계형 창업이 아니라 혁신형 창업이고, 비즈니스 모델형 창업이라기보다 기술 기반형 창업이다. 이를 위해서는 무엇보다 우리의 대학교육이 근본적으로 바뀌어야 하고 시장의 진입장벽이 되는 각종 정부규제의 철폐가 선행돼야 한다. 지금의 대학교육 시스템, 지금의 정부규제 개혁의 열의로는 혁신형 창업의 활성화를 이룰 수 없다.

④ 넷째, 시장의 효율성을 어떻게 향상시킬 것이냐 하는 것이다. 지금 한국경제의 시장은 동맥경화에 걸린 환자와 같다. 그동안의 관치문화, 독과점 시장구조, 높은 거래비용의 결과라 할 수 있다.

오랜 관치의 결과 시장의 자율 기능이 상실되었다. 시장의 자율질서가 자본주의의 핵심에도 불구하고 정부 관료나 국민들 사이에 기업은 언제든 사회공익을 위해 규제될 수 있으며 산업은 외국기업의 침투로부터 보호돼야 한다는 생각이 널리 퍼져 있다. 그러니 기업의 경쟁력, 대기업의 투자 촉진, 불황산업의 구조조정, 노사분규의 해결 등에서 정부가 그 해결자로 나서는 것이 빈번해지며 기업 스스로의 자율조정 능력이 취약해졌다. 순수 경제적인 규제는 많이 사라졌다고 하나 대신에 환경, 안전, 안보, 건강의료, 정보관리, 토지, 건축, 인프라관리 등 경제에 영향을 미치는 다양한 사회적 규제가 양산되었다.

독과점의 구조 또한 시장효율을 저하시키는 요인이다. 독과점기업은 경쟁 압력이 없기에 가격을 높이거나 품질을 떨어뜨려 소비자 잉여가치를 저하시킨다. 조지프 슘페터의 지적과 같이 시장에 혁신의 결과 일시적으로 독과점이 나타날 수 있으나 우리 시장과 같이 독과점이 구조적으로 고착화되는 것은 심각한 사회경제적인 문제를 초래할 수 있다.

더구나 ICT, 정보미디어산업의 승자독식구조, 글로벌 네트워크에 기반한 플랫폼구조 등이 산업 전반에 독과점을 강화시키는 경향이 있다는 점에서 독과점구조에 대해서는 더욱 관심을 가질 일이다. 물론 시장 개방으로 외국제품이 들어오며 경쟁유입이 되고 있다 하나 아직 본질은 변하지 않고 있다. 오히려 상속 및 승계 등으로 재벌의 분화가 일어나고 프랜차이즈화가 진행되며 실질적 독과점화는 더욱 강화되는 것으로 보인다. 중소기업의 보호를 말하기 이전에 대기업의 불공정 행위를 확실하게 통제하는 것이 필요하다.

시장의 거래비용 또한 시장의 효율에 중대한 영향을 미친다. 시장은 참여자들의 부정, 사기, 분식, 횡령, 태만 등의 행위가 흔히 일어날 수 있는 곳이다. 거래 당사자 간에 정보의 비대칭으로 필요정보가 숨겨지거나 기회주의와 같은 부당한 행위가 용인될 가능성이 존재한다면 그 시장은 효율적이기 어렵다.

시장 참여자들의 신뢰 붕괴는 거래비용의 상승으로 이어지고, 자원의 효율적 배분이란 시장 기능은 정지된다. 시장원리가 작동하려면 경제주체들의 도덕심이 충분하거나 거래를 감시하는 제도가 발달돼야 한다. 선진경제란 이러한 점에서 단단한 제도적, 윤리적 기반이 존재한다. 상품가격의 결정, 임금의 결정에서 기업들은 고객이나 근로자의 입장에서 과연 공정한 수준인가 하는 것을 고려한다. 한국 경제에는 아직 이러한 기반이 취약하다. 시장실패를 교정하고 시장 효율을 회복하는 일은 일회성이거나 단기적인 처방으로 그 효과가 나타날 수 있는 사안은 아니다. 우리 모두의 의식 개혁과 함께 장기적, 지속적인 노력이 함께해야 비로소 시장의 효율이 나타나기 시작할 것이다.

4) 국가경영 시스템의 개조

'권위적 자본주의' 모델은 자본주의와 권위주의의 결합이다. 이는 경제가 대통령과 정부 관료, 소수의 경영진, 소수의 언론에 의해 움직이는 모델이다. 특히 권력의 정점에 있는 대통령과 정부 관료의 영향력이 큰 시스템으로 정부 주도 경제, 권위적 정치, 권위적 문화를 중심축으로 한다.

그러나 '민주적 자본주의' 모델은 자본주의와 민주주의의 결합으로, 미국의 경제신학자 마이클 노박(M. Novak)의 지적과 같이 시장 주도 경제, 민주주의 정치, 도덕과 문화라는 세 가지 축을 기본으로 한다. 국가경영은 국가의 제도와 정책으로 구체화된다. '민주적 자본주의'는 법치주의 기반 위에서 정치권과 정부가 어떻게 작동되느냐에 따라 그 모습이 결정된다. 제도가 자유로운 사고, 공정한 경쟁, 근면과 협동을 고취하는 인센티브를 갖고 있다면 그것은 민주적 자본주의이다. 이런 제도를 뒷받침하는 정책은 시장을 자유롭게 할 규제 개혁, 시장의 경쟁을 공정하게 할 공정거래질서, 시장에 새로운 에너지를 불어넣을 기업가정신을 의미한다.

새로운 패러다임은 언제나 이런 제도와 정책의 변화를 요구하기에 정치, 정부에 그런 변혁의 역량이 있어야 한다.

이 시대가 변화의 시대이기에, 세계는 이미 효과적 국가경영을 위한 전쟁 상태라 할 수 있다. 그러나 우리는 이 역량에서 오히려 퇴행하고 있다. 과연 우리는 이 역량을 어떻게 변혁시켜나가야 하는가?

(1) 제도와 법치의 품질

|

국가경영에서 중요한 것 중 하나는 제도를 만들고 집행하는 것이다. 제도는 목표의 성취를 위한 유인과 징벌의 의미를 가진다. 경제번영을 위해서는 좋은 제도를 갖는 것이 중요하다. 정부가 좋은 제도를 만들면 거래비용이 하락해 시장 효율이 높아진다. 세계은행연구소의 연구에 의하면 좋은 제도의 핵심으로 재산권 보호, 법치주의, 부정부패 통제를 들고 있다. 이들 요소들은 자본주의와 시장경제의 전제조건이라 할 것이다. 자신의 재산을 보호할 수 있고, 개인의 자유나 권리가 기득권이나 부정한 방법(강탈, 약탈)에 의해 침해받지 않을 때 우리는 경제성과를 높일 수 있다.

자유는 혁신의 토양이다. 실험과 모험과 발전을 만들어낸다. 그러나 자유가 방종이 되지 않으려면 책임과 규율이 필요하다. 과거 우리 사회의 규율은 유교에서 유래된 규율이었다. 그러나 민주 시대의 규율은 법치로부터 나온다. 좋은 제도는 실행이 필요하고, 실행은 법치에 의해 뒷받침된다. 법치가 확립될 때 자유가 확보되는 것이다. 책임 있는 자유, 공정한 질서, 신뢰의 구축, 예측 가능한 미래, 이 모두 법치가 해결할 일이다.

'권위적, 모방적 자본주의'의 가장 큰 문제는 권위적 문화로 자유가 억압됨으로써 혁신의 에너지를 내기 어렵다는 것이다. 유교적 자본주의란 말처럼 우리 문화에는 이런 권위적 문화가 뿌리를 내리고 있다. 관(官)의 눈치 살피느라 민(民)의 자유로운 아이디어가 지레 꼬리를 내리기 십상이다.

그동안은 다행히도 우리 국민 속에 녹아 있는 근면함으로 인해 남의 기술과 제도를 모방하여 경제성장을 이룰 수 있었다. 그러나 이제 우리 시스템은 너무 복잡해졌다. 시대 또한 변화를 요구하고 있다. 제4차 산업혁명이 그것이다. '민주적, 혁신적 자본주의'는 자유가 창조를 낳고 경쟁이 효율을 낳는 시스템이다. 우리는 이 틀을 외부로부터 배울 수 없다. 그것은 나라마다 다르고 시대마다 다르기 때문이다. 문제는 우리의 기존 질서와 우리의 모방에 익숙한 습관이 혁신을 가로막고 있는 것이다. 시간이 걸리더라도 우리만의 진정한 창조적 제도를 만드는 것, 이는 우리 모두의 피할 수 없는 숙제이다.

(2) 정치의 역량

경제는 정치 시스템과 불가분의 관계를 갖는다. 경제적 제도와 질서를 정하는 것이 정치이기 때문이다. '민주적 자본주의'로의 전환이란 시장에 대한 관료의 개입을 제한하는 것을 의미한다. 이는 또한 정책 권력이 정부로부터 국민의 대의기관인 국회로 이동한다는 의미이다.

권력의 중심이 된다는 것은 미래를 볼 혜안과 국민의 다양한 이해관계를 조정할 능력을 요구한다. '혁신'이 중요하다는 것은 그만큼 기득권의 저항을 극복해야 함을 의미한다. 이는 결국 정치가 풀어야 한다. 일부의 '민-재-관-언(民-財-官-言)'이 이런 기득권층의 목소리를 대변한다 해도 이를 설득해낼 철학이 있어야 한다. 정경유착의 종식은 그 전제이다.

이해관계의 조정 능력 또한 탁월해야 한다. 구슬이 서 말이라도 꿰어야 보배다. 민주주의란 수많은 상충적 이해관계의 조정과정이기에 갈등이 불가피하다. 진영논리에 갇혀 그 갈등을 풀지 못하는 리더는 리더가 아니다. 경제성장이 가능하려면 그런 갈등을 풀어낼 정치적 의지와 수완이 있어야 한다. 어떤 상황에서도 국민적 컨센서스를 이루어낼 능력이 있어야 한다. 파당과 정쟁, 포퓰리즘, 진영논리는 정책의 효율성을 막는 적이다. 국가가 어떻게 되든 정권 장악에만 매달리는 정치 리더십은 이 갈등을 풀수 없다. 남다른 리더십은 그래서 필요한 것이다.

(3) 정부의 역량

노벨경제학상 수상자인 컬럼비아대의 조지프 스티글리츠(J. Stiglitz)는 자유로운 시장의 개념을 넘어서 정부규제, 사회보험, 재정 및 통화정책 등 광범위한 정부의 역할을 강조한다. 효과적인 관료 시스템은 경제성장에 긴요하다. 정부의 역량은 전문적인 숙련성, 절차적 문화, 기술적 역량을 총칭한다. 효과적인 정부는 좋은 제도와 정책을 만들고 집행한다. 좋은 제도와 정책을 가지려면 권한이 확실하되 그 행사방식이 민주화돼야 한다.

'민주적 자본주의'에서는 대통령의 통치를 위해 검찰, 국세청, 정보기관 같은 권력기관이 동원되는 일이 없을 것이다. 권력이 움직이면 기업은 정부의 눈치를 보게 되고, 시장도 자유로운 질서에 의해 움직이지 못하게 된다. 민주적 자본주의는 그런 '관행'이 더 이상 반복되지 않는 상황을 말한다.

민주적 자본주의에서는 또한 정부규제의 품질이 높아야 한다. 정부가 새로운 전략적 안목을 갖고 규제를 다시 보아야 한다. 아울러 정책의 품질도 높아야 한다. 품질이란 정부가 당장의 인기를 끌 정책을 하지 않을 절제가 있다는 의미이다.

자유는 또한 책임이 같이 가야 한다. 성과에는 보상이 따르고 실패에는 반드시 합당한 책임을 물어야 한다. 책임이 회피되는 사회는 결국 자유까지 잃을 수밖에 없다. 책임을 묻지 않으면 비정상적 행태들의 정상화도 난망한 일이다.

정부 운영에 있어서도 권위적 문화의 청산과 민주적 규율의 구축이 동시에 이루어져야 한다. 지시와 명령이 아닌 소통과 설득의 달인이 돼야 한다. 중앙과 지방의 소통구조도 다시 정립돼야 한다.

런던정경대학의 카를로타 페레즈(C. Perez) 교수는 국가와 정부의 역할을 중시한다. "강력한 국가는 현대 글로벌기업의 분권적 조직구조처럼 재탄생돼야 한다. 그것은 부의 창조를 위해 선도적 역할을 하는 다수의 지방정부로 구성된 국가이며 동시에 중앙정부는 전략적 리더로서, 국민들의 의견동합자로서, 국가 단위와 하부 단위 간의 중재자로서 그 역할을 하는 것이다"라고 주장한다. 이 모두 지금 필요한 것들이다.

(4) 국민의 역량

|

민주주의에서 국민은 종국적인 결정자이다. 국민의 도덕의식과 문화가

정치와 정부를 지배한다. 국민의 도덕의식과 문화가 옳다면 정치와 정부도 옳은 결정을 할 것이다. 옳은 제도가 있다면 옳은 실행이 담보돼야 한다. 그러나 그 실행의 주체인 국민은 인간이기에 사람에 따라 제도로부터 이탈하려 한다.

문제는 도덕과 법치이다. 이 둘이 살아 있다면 좋은 제도가 좋은 성과를 가져올 것이지만 그것이 없다면 성과를 담보할 수 없다. 그러기에 자본주의는 이기심의 동력도 필요로 하지만 한편 개인의 절제, 근면, 규율, 배려의 도덕적 문화를 필요로 한다.

'포용적 자본주의'란 시장 참여자의 한 손에는 엄정한 경쟁과 차별의 논리가 들려 있으면서, 다른 한 손에는 포용과 배려의 미덕이 들려 있어야 한다는 것이다. 시장을 승자의 독점과 배제만이 판치는 정글로 만들 것이냐는 우리 인간의 도덕성에 달려 있다. 사회의 기초는 신뢰이고 신뢰는 공정성이 있어야 만들어진다. 공정은 공감을 통해 판단되는 것이다. 국민들에게 염치와 양심이 살아 있지 않으면 공감이 일어나기 어렵다. 염치와 양심을 살아 있게 할 교육과 법치가 필요하다.

공정성이 살아나면 신뢰가 살아나고, 그러면 배려도 살아날 수 있다. 애덤 스미스가 말한 '동감'은 경쟁 속에서도 남의 입장에서 자기의 행동을 보는 노력이 필요하다는 것이다. 그러면 공정해지지 않을 수 없다.

'권위적 자본주의'의 문제는 소수 승자의 타락이다. 그들은 사회의 지도층이기를 원하면서 사회를 끌어갈 노블리스 오블리제에는 눈을 감는다. 전부라 할 수는 없지만, 그들에게는 돈이 자신의 지배가치가 되었고 이를 위해 자신의 품격을 주저 없이 내던진다. 공심(公心)의 보루여야 할 재-정-관-언(財-政-官-言)도, 그 안에 들어 있는 지식인들도, 품격을 잃어가고 있다. 이런 구조를 바꾸려면 국민이 깨어 있어야 한다. 그래야 리더들이 불의와 야합하지 않게 된다. 선거 또한 무능한 리더들을 축출하는 기회가 될 것이다. 그렇지 않으면 민주주의는 작동하기 어려워진다. 알렉시 드 토크빌은 "모든 민주주의에서 국민은 그 수준에 맞는 정부를 가진다"고 했다. 국민이 깨어나는 것이 정치를 바꾸는 최후의 무기다.

[그림 1] 국가경영의 영향변수들

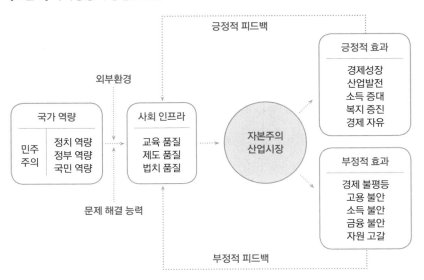

05

변화를 위한
'진실의 순간'

모든 것에는 때가 중요하다. 때를 잃으면 아무것도 소용없는 법이다. 대공황이 진행되는 와중에 취임한 루스벨트 대통령은 "이 나라는 우리가 무언가 해야 한다고, 그것도 당장 해야 한다고 부르짖고 있다"고 했다. 우리도 지금 당장 할 것을 해야 하는 순간에 서 있다. 투우사가 소의 급소를 찔러야 하는 그 '진실의 순간', 한국경제도 그 순간을 맞고 있다.

왜 지금이 진실의 순간인가?

첫째, 중국과 북한의 위협 때문이다. 한반도의 지정학적 위치는 대륙세력과 해양세력이 충돌하는 곳이다. 대한민국은 지금 다시 대외적으로 19세기 말 조선과 같은 어려움에 처해 있다. 태평양으로 나가려는 중국과 이를 봉쇄하려는 미국의 갈등이 '투키디데스의 함정'에 빠지면서 한국에 선택을 강요하고 있는 것이다. 과연 우리의 선택은 무엇인가?

국제사회는 본래 힘이 지배하는 사회이다. 그런 사회에 소국이 살아남으려면 남다른 외교전략이 있어야 한다. 그중 하나는 시대적합적인 힘의 균형을 확보하는 것이다.

전국 시대 진나라 범수가 주창한 원교근공(遠交近攻)전략이란 지리적으로 먼 나라와 연합하여 가까운 나라의 위협에 대처하는 것이다. 핵무장이라는 북한의 비대칭적 군사 위협은 이런 원교근공의 전략을 다시 돌아봐야 하는 상황으로 몰고 있다.

한미동맹은 양면의 얼굴을 갖고 있다. 한미동맹은 한중관계에 마찰을 일으키는 요소이기도 하지만, 한편 중국에 대한민국의 가치를 인식시켜주는 전략적 자산이기도 하다. 한미동맹의 약화는 중국의 위협이 우리의 안방 깊숙이 들어올 수 있음을 의미한다. 중국이 패도의 길을 간다면 그 위협은 아마 금방 21세기판 조공의 요구로 바뀔 것이다.

힘은 군사력뿐 아니라 경제력에서도 나온다. 군사적 긴장이 높아갈수록 우리 경제의 성장동력을 만드는 것이 절대절명의 과제일 수밖에 없는 이유다. 우리가 힘이 있어야 미중관계의 함정에서 빠져나올 수 있다. 북한의 급격한 변화가능성에 대비하는 측면에서도 경제력은 중요하다. 자강(自强)은 언제나 국가가 가장 먼저 해야 할 일이다.

둘째, 세상이 새로운 세대로 바뀌었기 때문이다. 구세대의 신세대로의 교체는 자연의 섭리다. 한국사회도 그 중심축이 이미 권위적 집단주의 세대에서 민주적 개인주의 세대로 이동하였다.

영호남의 고향은 서울, 경기로 바뀌었고 명문고는 평준화되었으며, 가문이란 혈연은 가족이란 말로 축소되었다. 구세대를 대변한 공영방송은 신세대의 인터넷을 이기기 어렵게 되었다. 40대만 넘어도 보수층에 들었던 이념성향이 이제는 50대조차 보수라 말하기 어렵게 되었다. 우리 사회의 문화가 바뀐 것이다. 지역과 이념에 묶인 대통령과 정치는 그래서 실패할 수밖에 없다. 지역과 이념의 정치는 지도자의 인물과 능력을 보지 않기 때문이다.

우리 사회의 추동력은 이미 위에서가 아니라 밑에서부터 나오고 있다. 국가가 발전하려면 적어도 이 대세를 거스르지 말아야 한다. 그런 의미에서 우리에게는 경제 개혁, 정치 개혁과 함께 세대 교체, 문화 교체가 필요하다.

셋째, 역사 속에서 우리 국민의 에너지를 발견하기 때문이다. 우리 역사는 국난을 맞을 때마다 구국의 힘이 백성에서 나왔다는 진기한 기록을 갖고 있다.

임진왜란을 맞아 왕은 지레 도망을 가고, 조정은 동인과 서인으로 당쟁에 바쁘고, 군사는 오합지졸의 모습을 보였으나 백성들은 의병이 되었고 지방의 선비들은 의병장이 되어 왜군을 물리칠 수 있었다. 물론 소수였지만 유성룡, 이순신, 권율 같은 선비와 무장도 있었다.

21세기 대한민국에도 같은 역사가 반복되고 있다. 대통령들은 국가경영을 몰랐고, 정부는 사고가 날 때마다 무능함을 보이고 있다. 2016년 촛불 민심이 존재했다면 이는 이런 무능의 축적에 대한 분노의 외침이었으리라.

그러나 촛불이 국가를 경영하는 것이 아니라 깨어 있는 시민의식이 국가를 경영하는 것이다. 이제 국민이 시민으로 깨어나고 있다. 그들의 깨어남을 꺼뜨리지 않고 국가의 에너지로 승화시킬 수 있다면 우리는 다시 발전의 에너지를 만들어낼 수 있다. "저에게는 아직 12척의 배가 남아 있습니다"라는 이순신 같은 진정한 긍정의 지도자가 있다면 이 위기가 무슨 위기이겠는가.

마이클 노박은 자본주의 시스템이 지속적으로 재창조되어야 한다고 한다. 개혁이란 재창조의 노력이다. 개혁은 기존의 고착화된 구조의 창조적 파괴에서 시작된다. 이는 기득권층이 싫어할 수밖에 없는 일이다.

교육 개혁은 교육 관료들이 싫어하고, 규제 개혁은 정부 관료들이 싫어하고, 노동 개혁은 대기업 노조들이 싫어하고, 구조조정은 좀비기업들이 싫어하고, 정치 개혁은 정치인들이 싫어한다. 그러니 눈치 보며 시늉하다 여론이 잠잠해지면 언제 그랬냐는 듯이 돌아서버리는 거다. 그러나 역사를 만드는 힘은, 이미 검증된 것으로부터 과감하게 벗어나는 생각을 장려하는 사회적 환경을 어떻게 만드느냐에 달려 있다.

개혁에는 사고의 전환을 설득해낼 리더십이 필요하다. 대학과 연구소가 모방과 추격 시대의 양식을 버리는 일, 젊은이에게는 도전정신을, 기업에게는 기업가정신과 윤리의식을 불어넣는 일, 정부가 형식이 아닌 실질에 매달리도록 하는 일, 정치가 자신의 정치적 이익이 아닌 장기적 국리민복 차원에서 결정을 하도록 만드는 일, 시장을 자유로우면서도 따뜻하게 만드는 일, 국민이 돈을 쓰기보다 버는 것을 먼저 생각하도록 하는 일, 이 모두 사즉생(死卽生)의 각오 없이는 가능하지 않은 일이다.

변화와 개혁의 의지는 일차적으로 정부와 정치권에 달려 있다. 역대 정부치고 성장에 집착하지 않는 정부가 없었지만, 자신의 약속을 지킨 정부는 없었다. 그 근본 이유는 성장의 기반을 이룰 개혁은 하지 않고, 경제를 당장의 인기를 얻는 하나의 수단으로 바라보는 정부와 정치에 있었다. 그들은 기득권층으로부터의 비난도 참아내지 못했고, 포퓰리즘과 자기 진영의 저항을 물리칠 각오도 없었다. 우리에게는 지금 그것이 없다.

구조조정이 시급하다는 게 어제오늘의 이야기가 아니건만 정부는 조선 해양산업 사태에서 보듯 다음의 정부, 다음의 보직자에게 '폭탄 돌리기'만 했다. 고통스러운 구조조정 노력 대신 하기 쉬운 경기부양에만 초점을 맞춰왔다. 서비스업의 발전이 시급하다면서 그 법안은 국회에서 잠을 자고 있었다. 누구 하나 책임지고 하기가 싫은 것이다. 그러니 나중에 오히려 문제가 될 '돈 풀어' 주택 경기 버블 만드는 쉬운 일만 하는 것이다.

장관들이 고통 감내의 의지가 없다면 그 직을 맡지 말았어야 한다. 국민들 또한 수수방관하기보다 그들이 정말 개혁을 해내는 것인지 눈을 부릅떠야 했다. 공직자의 그 성과에 대한 책임을 끝까지 물었어야 했다. 그래야 책임 모면, 임시변통, 대중요법에만 익숙한 사람들이 수단과 방법을 가리지 않고 공직에 나가려는 것을 막을 수 있는 것이다. 제대로 된 사회를 만들기는 그만큼 어렵다.

맹자는 일치일란(一治一亂)이라 하였다. 이는 난세(亂世)의 세상에서 끊임없이 치세(治世)를 구하는 우리 인간의 역사를 가리킨다. 위기가 곧 기회라 한다. 역사는 막다른 절벽 위에 서야 변할 수 있다는 것을 가르친다. 우리는 아직 절벽 끝에 다다르지 않았는지 모른다. 그러나 절벽에서 떨어지면 엄청난 비용이 따른다. 1997년 위기의 수습 뒤에는 수많은 해직자들의 눈물이 있었다.

앞으로 다가올 위기는 1997년의 위기에 비할 바가 아니다. 우리의 이 침체는 '잃어버린 20년'의 일본보다 더할 수 있다. 심도 깊고 엄청난 충격이 우리의 삶을 파괴할지 모른다. 이 위험을 피하려면 지금 우리 스스로를 변화시킬 수 있어야 한다.

민주주의에서 최후의 보루는 국민이다. 정치인으로부터 항상 기만당할 수밖에 없는 존재지만, 결국 최종의 의사결정자는 국민이다. 국민이 깨어 있지 않고서는 개혁을 이룰 수 없다. 개혁의 의지는 본질적으로 양식 있는 시민의 에너지다.

오바마 대통령은 퇴임 연설에서 "변화는 보통사람들이 참여하고 뭉쳐 함께 요구할 때 이루어질 수 있다"고 했다. 국민이 행동하지 않으면 변화는 이루어지기 어렵다. '권위주의'에서 '민주주의'로의 전환은 쉽지 않은 일이다. 역사상 수많은 시도가 있었지만 대부분 실패했다.

불과 얼마 전 '아랍의 봄'도 중동을 민주화시키지 못하고 정치적 혼란과 내전, 경제적 빈곤과 실업에서 발걸음을 옮기지 못하게 하고 있다.

지혜가 없는 선의는 권력을 탐하는 사람들에 의해 이용되기 쉬운 법이다. 지연, 학연, 연줄에 이리저리 끌려다녀서는 언제나 권력욕망자들의 먹이가 될 뿐이다. 국민이 스스로 지혜로워지고자 하는 노력을 하지 않으면 방법이 없는 것이다.

제4차 산업혁명과
창조적 파괴

01

세상을 바꾼
산업기술혁명

1) 과거 3차례의 산업기술혁명

(1) 자유와 창의의 시대

과학기술은 인간의 자연에 대한 호기심에서 만들어졌다. 중세의 '신의 시대'를 마감하고 '인간의 시대'를 연 인간이 가진 첫 번째 의문은 이 자연에 대한 의문이었다. 신의 섭리에 종속됐던 자연을 그 나름의 통일적 질서를 가진 하나의 체계로 이해하기 시작하며 인간의 호기심은 그 자연적 질서에 머물렀고, 그 의문에 대한 대답이 근대의 과학기술이 된 것이다.

이러한 과학기술은 억압과 예속에서 벗어난, 자유와 창의의 인간정신의 승리였다. 인간에 대한 자각이 신과 왕, 귀족의 예속과 지배로부터 인간을 해방시키며 인간의 내면 깊숙이 잠자던 창의적 잠재력을 세상 밖으로 끌어냈다. 숱한 개인들의 자유로운 사고가 날개를 펴기 시작했고 그들의 상상력과 이기심은 더 높은 과학기술, 더 높은 생산성, 더 효과적인 경제 시스템을 만들어냈다.

(2) 산업기술혁명의 역사

근대의 역사는 산업혁명의 역사라 할 수 있다. 지난 250여 년의 산업 시대는 과거 1만 년 동안에 버금갈 만큼 압축적인 기술과 지식의 혁명이 일어난 시기다. 섬유, 석유화학, 기계금속, 전기전자 등 과거에 존재하지 않던 새로운 기술의 발명과 함께 모든 재화의 생산방식 또한 어느 누구도 생각할 수 없던 변화를 만들어낸 것이 산업 시대다.

산업혁명의 역사는 세 가지 비약적인 기술혁명으로 나누어볼 수 있다.

물과 증기의 힘을 이용해 인간의 노동을 기계로 대체한 1차의 기계 혁명, 전기와 컨베이어 벨트의 힘을 이용해 대량생산을 가능케 한 2차의 생산 시스템(공장) 혁명, 컴퓨터와 통신기술의 힘을 이용해 정보화, 자동화를 가능케 한 3차의 디지털 혁명이 그것들이다.

1780년대의 증기기관, 1870년대의 분업 시스템, 1970년대 이후의 IT 및 자동화 시스템이 그 혁명을 가능케 한 기술들이었다. 프레더릭 테일러(F. Taylor)가 창안한 과학적 관리법은 생산성 향상을 통해 태업과 불신이 지배하던 19세기의 공장을 20세기의 공장으로 탈바꿈시켰으며, 그 과학

적 관리법을 이어받은 1908년의 포드의 모델 T 자동차는 대량생산 시스
템의 도래를 알리는 팡파르였다.

　단순작업의 피곤함이 근로자를 힘들게 했지만 대량생산의 효율성으로
근로자의 임금은 높아졌고 인류사회는 '대중사회'로 변모되어갔다. 방적
기에 적용된 기술이 에너지와 교통 분야로 퍼져 나갔고, 컴퓨터를 개발한
기술은 통신, 우주, 바이오 분야로 퍼져 나갔다. 하나의 기술이 다른 기술
의 토대가 되고, 그 기술은 또한 제3의 새로운 기술의 토대가 되었다.

(3) 산업혁명의 효과

|

　산업기술의 발전은 지난 수만 년간 인간사회를 지탱해온 수렵 시대, 농
업 시대에 비할 바 없는 하나의 물질적이고 경제적인 혁명, 즉 산업혁명
을 만들어냈다. 산업화는 기술, 기계, 공장, 기업을 통해 이루어졌다. 이
는 수많은 새로운 재화와 서비스의 탄생, 그리고 사람들의 이에 대한 소
비로 연결되었다.

　기술의 발전으로 제품을 만드는 기계와 공장이 만들어지고, 노동자들
은 훨씬 더 많은 제품을 생산할 수 있었으며, 기업이란 조직은 이 모든 것
을 효율적으로 조직화하였다. 인간의 손에 주로 의존하던 노동이 기계로
대체됐고, 생산방식이 표준화, 획일화, 효율화되며 공장 시스템이 도입됐
으며, 사회를 움직이는 동력이 하나의 개인보다는 다수의 개인이 뭉친 조
직인 기업 중심으로 변하게 되었다.

산업혁명의 시작과 더불어 나타난 기계의 대체 현상은 자본가의 자본 축적을 촉진하며 자본주의란 뿌리를 내리기 시작했다. 이런 산업혁명을 통해 인류는 오래 지속돼온 저생산성의 질곡에서 벗어날 수 있었고 장인, 상인, 도시민, 농민 등의 보다 많은 사람들이 자신의 생활에 여유를 만들고 이를 미래를 향한 진보의 에너지로 쓸 수 있었다.

만성적 결핍의 상황에서 벗어난 사람들은 이 혁명을 유럽을 넘어 전 세계로 확산시켜나갔다. 확산의 중심은 산업기술과 제도의 전파였다. 18~19세기의 팩스 브리타니카, 20세기의 팩스 아메리카나는 모두 그런 전파를 의미했다.

1차 기술혁명이 영국을, 2차 기술혁명이 미국을 만들었다. 그러면서 인류는 과거의 절대적 빈곤의 고통에서 벗어나 보다 안정된 삶을 누리게 되었다. 그러나 이것이 세상의 불평등 문제를 해결하지는 못했다. 정치의 힘으로 이를 해결하려고 나섰던 공산주의는 처절한 패배를 맛보아야 했다.

세계는 지금 3차 혁명을 거쳐 4차 혁명 시대로 들어서고 있다. 이 모두 디지털 혁명이다. 디지털의 속성은 개방과 연결이다. 개방과 연결이 새로운 시대를 열고 있다.

2) 제4차 혁명, 인류에게 던져지는 새로운 빅뱅

제3차 혁명은 디지털 혁명이었다. 디지털 혁명은 정보를 0과 1로 바꾼

혁명이 아니다. 그것은 기술혁명일 뿐 아니라 광범위한 경제, 사회적 혁명이라 할 수 있다. 디지털화는 모든 분야의 정보화, 지식기반화, 세계화를 의미한다. 이를 통해 지난 40여 년간 세계는 변하였다.

지금 세계는 또다시 하나의 단절적인 혁신의 과정, 즉 또 다른 혁명의 과정에 있다. 전자가 전기(前期) 디지털 혁명이라면 후자는 후기(後期) 디지털 혁명이다. 그것은 인터넷과 모바일을 중심으로 모든 사람과 기기가 연결되는 초연결 혁명, 가치 창조의 기반이라 할 지식정보가 스스로 창조해나갈 수 있는 초지능 혁명, 이를 반영하여 제조업을 주축으로 전개되는 생산 시스템 혁명이다. 이는 디지털기술과 그 산업적, 사회적인 인프라에 다양하고 엄청난 지식과 정보들이 결합되어 나타나는 혁명이다.

2016년 스위스 WEF 다보스 포럼의 클라우스 슈밥(K. Schwab) 회장은 이를 '제4차 산업혁명'으로 이름 지었다. '사이버-물리적 시스템(cyber-physical system)'의 기반이라 할 이 혁명의 근본에는 물리학, 디지털, 생물학 기술의 발달이 있다.

인터넷과 모바일로 무장한 인류가 지식과 정보의 획기적으로 빠른 처리, 엄청난 저장, 더없이 편리한 접근을 통해 자신이 할 수 있는 일을 무한히 넓히고 있다. 만물인터넷, 로봇공학, 인공지능, 3D프린팅, 바이오기술, 웨어러블 인터넷 등이 이 기술혁명을 뒷받침하고 있다. 디지털 혁명이 산업 전반을 변모시키면서 나아가 사회와 정치 영역에까지 큰 변화를 가져왔듯이 이 4차 산업혁명 또한 그런 새로운 충격을 예고하고 있다.

02

산업기술혁명의
사회경제적 의미

1) 새로운 디스럽션,
'패러다임 혁신'이 게임규칙을 바꾼다

산업기술혁명은 말 그대로 세상의 판을 바꾸는 혁명이다. 과거와 미래의 단절 폭이 깊고 광범위할 때 우리는 혁명이라 부른다. 여러 형태의 혁신 중에서 혁명이라 부를 만큼의 혁신은 패러다임의 혁신이다. 이 혁신은 디스럽션(disruption), 즉 파괴적 혁신으로, 일부가 아닌 전체를 바꾸는 혁신이다.

패러다임적 혁신은 기술적-경제적 패러다임이 바뀔 정도의 혁신으로서 경제 전반에 심대한 영향을 미치는 혁신이라 할 수 있다. 제품혁신에서도 패러다임의 변화는 일어날 수 있다. 스마트폰의 발명은 그 기기 생산 자체뿐 아니라 통신, 콘텐츠 유통, 판매유통산업 등 산업 전반에 큰 영향을 가져왔기 때문에 시스템적 혁신 또는 패러다임적 혁신이라 할 수 있다.

이러한 혁신은 하나의 논리적 체계를 형성하며, 이에 기반한 신기술은 일련의 기술적 변화들을 유도하고 다양한 제품과 서비스의 성능 및 비용 혁신을 가져올 뿐 아니라 환경 등 다양한 영역에서 많은 경제활동들을 변형시키는 창조적 파괴를 가져온다. 이는 상호 관련된 제품과 서비스들의 결합을 의미하는 하나의 기술 시스템으로서 기술적, 조직적, 경영적 혁신과 함께 광범위한 투자와 이익 창출의 기회를 가져올 수 있다.

이러한 기회가 현실화되기 위해서는 혁신이 만들어낼 패러다임이 그 사회의 사회제도적 체계와 부합돼야 한다. 제4차 기술혁명은 이러한 패러다임 변화적 성격을 갖고 있기 때문에 진정 혁명으로 불릴 만한 것이다.

2) 성공의 함정과 창조적 파괴

조지프 슘페터의 말대로 창조적 파괴가 필요하게 된다. 창조적 파괴란 의미를 다시 해석한다면 다음의 의미를 함축하고 있다.

① 과거의 것과 다른 게임규칙과 질서가 만들어지는 것을 의미한다. 다시 말해 모든 것이 바뀌는 특이점을 경험하게 되는 것이다. 새로운 기술은 새로운 산업과 규칙을 요구한다. 자동차 시대의 게임규칙은 마

차 시대의 게임규칙과 다를 수밖에 없다. 사회제도적으로도 그럴 때가 있다. 위기 이후의 제도는 위기 이전의 제도와 다를 수밖에 없다. 제4차 산업혁명 또한 단절적 변화이기에 과거의 게임규칙을 퇴장시키면서 새로운 게임규칙을 등장시킬 것이다. 기술과 환경이 빠르게 변하기에 기업들의 수명 또한 짧아질 수밖에 없다. 미국 'S&P 500 기업'의 조사에 의하면 1920년대 67년이었던 미국기업의 평균 수명은 이미 14년으로 줄어들었다.

② 혁신 이후에 필요한 역량이 과거에 쌓아온 역량과는 다르다는 것을 의미한다. 즉 게임규칙이 달라지기에 그 생존양식도 달라져야 하는 것이다. 스마트폰을 생산하는 애플의 역량은 피처폰의 최강자였던 노키아의 역량과는 다른 역량이었다. 문제는 기득권을 가진 기존 주체들로서는 과거에 자신을 성공으로 이끌었던 역량과 권한을 버릴 수 없고, 그렇기 때문에 '성공의 함정(success trap)'으로 빠져든다는 것이다.

렌셀러폴리테크닉대학의 랑돈 위너(L. Winner) 교수는 이 같은 혁신의 장애요소로 기존 시스템의 기득권층의 반대, 기존 시스템이 갖는 매몰비용(이미 투자가 이루어져 회수가 불가능한 비용), 기존 시스템의 제도적 인프라의 무게(기존 시스템에 적합한 인프라가 이미 형성되어 있음), 일반인들의 소비 행태 변화의 어려움(소비자에게는 전환비용이 발생)을 든다.

삼성전자는 피처폰을 잘 만들기 위해 들였던 이러한 투자와 그동안의 노력을 헌 신처럼 버릴 수 있었기에 스마트폰시장으로 도약할 수 있었다. 1997년의 외환위기 또한 과도한 은행차입을 통해 외형 확대 위주의 전략을 추구해온 수많은 재벌기업들을 시장으로부터 축출할 수 있었기에 한국경제가 새로운 도약을 이룰 수 있었다.

③ 파괴적 혁신으로 혼돈과 무질서, 불안정과 불균형이 초래됨을 의미한다. 혁신은 기존의 것과 다른 것이기에 기존의 균형을 파괴하는 성질을 가진다. 그러기에 혁신이 클수록 그 구조는 불확정적 구조 속에 놓이게 된다.

기존의 질서에 길들여져 있던 사람들에게는 금단증상이 있고, 기득권을 가졌던 사람들은 기득권의 상실에 대한 저항이 있고, 변화를 이해하지 못하는 사람들에게는 기존 체제에 길들여진 안전함을 버려야 하는 불안이 있다.

미래는 돌발적이다. 진화생물학자인 하버드대의 스티븐 제이 굴드(S. J. Gould) 교수는 진화에서 '단속평형론'을 주장한다. 진화가 점진적으로 일어나는 것이 아니라 갑자기 도약하듯 일어난다는 것이다. 과거에 익숙한 눈으로 미래에 다가올 상황을 알기는 어렵다. 오직 매의 눈을 가진 통찰력 있는 사람이라야 희미하게나마 미래를 유추해볼 수 있을 것이다. 이런 사람이라야 불확실한 것을 선택할 수 있다.

위너 교수는 시스템 혁신의 동인으로 외부의 충격, 기술의 혁신, 일 반 시민의 선택 등을 들고 있다. 애플이 터치스크린 등 사용자 편의 의 디자인과 앱스토어라는 플랫폼을 가진 스마트폰을 갑자기 시장 에 내놓았을 때, 새로운 것이면 불확실하더라도 찾는 마니아들이 있 었기에 스마트폰의 미래가 그렇게 빨리 열릴 수 있었다. 새로운 세 상은 과거의 강자가 사라짐을 의미한다. 그래서 피처폰시장의 최강 자였던 노키아는 불과 몇 년 만에 시장에서 사라져야만 했다.

④ 패러다임 혁신이 정착되려면 상당한 시간이 필요할 수 있다. 매년 새롭게 발표되는 가트너의 하이프(Hype) 곡선은 과학기술이 어떤 발전단계에 와 있는지를 보여주는 것으로 유명하다. 기술은 태동기 를 거쳐 그 기술에 대한 기대의 폭발, 환멸과 좌절, 기대의 재조명단 계들을 거쳐가며 우리가 활용 가능한 기술로 나타나기 시작한다. 어 떤 기술은 1~2년의 짧은 기간에 상용화되기도 하지만 수십 년의 기 간을 기다려야 하는 기술도 있다.

시스템에 기술혁신을 실제로 적용할 때는 보완적 인프라 구축을 위 한 시간이 필요하다. 파괴적 혁신이 실생활에서 그 적용이 이루어지 지 않는 것은, 많은 경우 그 적용에 필요한 보완 인프라가 아직 갖추 어지지 못했기 때문이다. 그것은 기술일 수도 있고, 제도일 수도 있 고, 시장일 수도 있다. 기술적, 경제적, 정치적인 다양한 이해관계자 들 간의 복잡한 상호작용도 있어야 하고 이러한 상호작용에 요구되는 규칙과 신뢰도 구축돼야 한다.

예를 들어 전기 자동차가 제품으로 팔리려면 운전자가 충전소를 쉽게 찾을 수 있어야 한다. 그러나 충전소 인프라를 전국에 만드는 일은 상당한 시간이 필요한 일이다. 충전소를 만들 경제성 있는 기술과 입지가 마련돼야 하고, 이에 투자할 사람이 나타나야 하며, 그리고 이에 대한 정부의 규제가 없어져야 할 것이다.

국가의 정책도 이런 보완재를 항상 생각해야 성공할 수 있다. 기술적 문제라 해서 기술적으로 접근해서는 올바른 답을 구할 수 없다. 경제적, 사회적, 정치적인 측면을 모두 고려해볼 수 있는 종합적 안목이 필요하다.

03

신(新)산업기술혁명의
세 가지 특징

1) 초연결 혁명 : 연결이 효율과 창조를 만든다

(1) 초연결의 기술적 기반

① 만물인터넷(IoT)의 발전

초연결이란 인터넷과 모바일의 디지털 네트워크를 통한 연결을 의미한다. 초연결은 인간 사이의 연결뿐 아니라 인간과 사물, 사물과 사물 간의 연결, 그리고 그 방식도 1:1만이 아니라 1:다수, 다수:다수의 연결이 일반화된다는 의미다. 이는 지식, 정보, 감정의 교류와 접촉이 빠르게, 그리고 빈번하게 이루어짐을 뜻한다. 만물인터넷(IoT)이 바로 그것이다. 혹자는 이 만물인터넷이 모든 사물들이 전부 말하게 되는 것이라 한다.

이미 web1.0, 2.0 시대에도 다양한 매체를 통한 연결이 이루어졌다. 그러나 초연결은 그보다 훨씬 높은 연결을 의미한다. 약 1조 개 이상의 기기들이 연결될 것이라 예측되고 있다. 그만큼 지금까지 얻지 못했던 정보들이 수집, 집약, 분석되는 것이고, 그만큼 기기들이 스마트화되는 것이다. 이탈리아 이동통신의 안토니오 만잘리니(A. Manzalini) 박사는 이를 '기계 지능(machine intelligence)'이라 한다. 정보소통의 양은 상상을 초월하게 될 것이고, 우리를 둘러싸고 있는 산업들의 모습도 완전히 달라질 것이다.

싱가포르 국립대의 믹스트 리얼리티 랩의 애드리안 척(A. Cheok) 대표는 인간이 얼굴, 음성과 함께 감정도 소통할 수 있게 될 뿐 아니라 냄새와 맛까지도 주고받을 수 있을 것이라 한다. 이를 위한 전자 혀가 이미 개발되었고 디지털로 감지한 맛을 상품화할 날도 멀지 않았다고 한다. 디지털 코 역시 마찬가지다.

이러한 초연결은 우리의 삶을 매우 편리하고 다양하게 만들 것이지만, 한편으로는 매우 복잡하게 만들 것으로 보인다. 사람들은 문제를 만나면 편리하게 즉시 구글에 물어보지만, 우리는 구글이 알고 있는 것을 알기 위해 접속 상태를 유지해야만 하는 것이다.

② 소셜 네트워킹(SNS)과 클라우드 서비스

모든 것은 상호관계 속에 존재하고, 연결은 인간에게 존재를 확인하는 길이다. 사람, 사물, 정보의 효과적 연결과 접촉은 새로운 가치를 만들어낸다. 이러한 초연결사회는 개인의 생활, 기업, 정부, 사회의 행태에 거대한 변화를 초래한다.

인터넷, 모바일이 끊기면 마치 자신의 삶이 사라지는 것 같은 시대에 들어서 있다. 이는 하나의 거대한 글로벌집단 가상의식을 형성한다. 인터넷 공간은 하나의 새로운 영토가 되었다. 인터넷 플랫폼들은 이러한 영토의 지배자들로 등장했다. 이러한 연결은 모바일 혁명을 통해 더 촉진되었다.

앱(App)은 윈도우를 넘어 새로운 세상을 보는 창으로 등장했다. 모바일은 개인 간 소통을 넘어 각종 정보, 금융결제, 오락 등 다양한 비즈니스의 새로운 핵심 플랫폼으로 진화했다. 클라우드 서비스는 어디에서든 모든 컴퓨팅 기능을 할 수 있는 가상 시스템이다. 이는 온디맨드 서비스, 무한대의 탄력성 및 확장성, 지불 서비스, 자원의 공유 등을 의미하므로, 향후 모든 비즈니스의 플랫폼으로 대두될 것으로 보인다.

(2) 접속과 소통을 통한 도전과 기회들

아날로그 형태든 디지털 형태든 네트워크는 이미 인간에게 커다란 편익을 가져다주었다. 특히 디지털 연결로 소셜 네트워킹, 모바일뱅킹, 핀테크, 온라인쇼핑, 오픈코스웨어, 개방형 혁신 등 우리 삶의 모습에 일대

변화가 이루어졌다. 네트워크는 그 규모가 커지면서 새로운 추가적 가치를 만들어낸다. 네트워크 외부효과가 작동하는 것이다.

이더넷 발명자인 텍사스 오스틴대학의 밥 멧카프(B. Metcalf) 교수는 네트워크 구성원들의 숫자가 늘어날수록 네트워크가 창출하는 가치가 기하급수적으로 증대된다는 멧카프의 법칙을 만들었다.

초연결사회는 지금까지의 이런 변화가 보다 구조적, 심층적, 국제적으로 일어난다는 의미다. 과연 이러한 연결의 의미는 무엇인가?

초연결은 첫째, 지식과 정보의 소통을 의미한다. 과거의 디지털 시대에는 상상할 수 없던 지식과 정보의 처리, 저장, 접근 용량을 가진 시스템이 초연결을 주도하고 있다. 인간과 사물들 사이에 과거에 비할 수 없는 편리한 소통이 만들어지고, 소통이 다시 또 새로운 연결을 낳으면서 새로운 미래 창조의 기반이 된다. 열린 소통은 창조에 필요한 다양성을 강화한다. 다양성은 만병통치약과 같은 획일적 처방을 내야 하는 곳에서는 적이지만, 창의력이 중시되는 곳에서는 친구가 된다. 미국의 경제사회학자로서 미래사회를 조망하는 제러미 리프킨(J. Rifkin)은 『한계비용 제로 사회』에서 이 소통을 다음과 같이 창조의 과정으로 이해한다.

"과거의 지식 소통이 혼자 닫힌 공간에서 하는 것이었다면 인터넷에서의 소통은 다수가 서로의 의견과 지식을 나누는 소통과 협력의 열린 과정이며 또한 그 상호작용이 쌓여가는 축적의 과정이다. 이러한 소통은 세계 곳곳의 다수가 협력하며 콘텐츠를 진화, 발전시켜 새로운 콘텐츠를 만들어내는 리믹스문화로 발전되었다. 소설이건, 음악이건, 소프트웨어이건,

사진이건, 동영상이건, 어떤 한 사람에 의한 창작물은 이제 수많은 사람의 손을 거치며 전혀 예상하지 못한 새로운 창작물로 거듭날 수 있게 됐다.

심지어 각종 과학적 발명들 또한 특허 출원으로 그 지식을 닫기보다 오픈소스라는 이름 아래 이 사회의 집단지성에 의한 새로운 조합을 거치고 있다. 리눅스가 그랬던 것처럼 다양한 유형의 3D프린터 정보, 각종 유전 정보들이 인터넷에 공개되어 다른 사람의 지성에 의한 더 높은 진화를 기다리는 거대한 공유사회가 되고 있는 것이다."

초연결은 둘째, 자본과 상품의 새로운 소통을 의미한다. 자본과 상품 이동의 연결화, 글로벌화, 범세계적인 부품조달, 생산, 유통의 연결화, 글로벌화는 이미 진행되어온 사안이다. 글로벌시장에 동시다발적 출시가 가능해짐으로써 시장의 진입장벽도 그만큼 낮아졌다. 초연결은 이런 연결을 더욱 심화시켜 시장의 거래비용을 감소시키고 효율을 높일 것이다. 에너지(스마트 그리드), 의료(실시간 환자관리), 물류유통(글로벌 가치사슬 관리) 등에서도 비용 효율화와 부가가치의 창출이 약속되어 있다.

금융산업도 변화되고 있다. 블록체인 기술의 발달로 가상화폐의 거래가 좀 더 안전해졌다. 애플페이, 삼성페이 같은 모바일결제 시스템이 신용카드, 은행과 같은 과거의 결제 시스템을 대체하고 있다. P2P 대출은 이미 1년 새 10배로 성장했다.

초연결은 셋째, 협력과 공유를 만들어낸다. 연결의 강화는 그만큼 산업의 가치사슬이 다원적이 되는 것을 의미한다. 가치사슬이 파편화되면서도 한편으로는 초연결을 통해 가치사슬의 재조직화가 가능해짐으로써 역량의 재조합이 가능해졌다. 다양한 기업들이 해체되고 네트워크형 기업으로 새롭게 결합되고 있다. 초대형 M&A로 다양한 기업들의 역량을 새롭게 조합시켜 경쟁우위를 가지려는 레고형 기업들이 현재 주목을 끌고 있다.

초연결에 기반을 둔 플랫폼이란 강력한 사업 기반도 만들어지고 있다. 전 세계 1위의 숙박업체, 운송업체는 자신의 숙박시설, 수송장비를 갖고 있지 않은 업체들이다. 알고리즘, 인터넷, 클라우드의 기술적 구성요소들로 이루어진 디지털 플랫폼이 그 사업 기반이다. 구글, 페이스북, 아마존 등에 이어 Uber, Airbnb, iTunes, GoPro 등 다양한 새로운 기업들이 탄생되었다.

가장 전통적 제품인 자동차도 전기차라는 엔진기술의 발전, 텔레매틱스, 인포테인먼트 등 외부연결기술의 발전, 자동차 사용의 공유라는 이용패턴의 변화 등으로 구조 자체가 변하고 있다. 자동차 자체가 하나의 공유 인프라가 되는 것이다.

이제 자원과 역량, 정보는 공유되기 시작하고 있다. 진화생물학자 제러미 리프킨은 이러한 현상을 '글로벌 협력 공유 인프라'의 출현으로 설명한다. 이는 인프라를 공유하여 자신의 가치나 이익을 추구하는 공유경제다. 오픈소스, 오픈플랫폼 모두 그 예들이다. 이러한 공유 인프라는 그 한계비용이 제로여서 가격조차 거의 무료인 인프라다. 그렇지만 그 인프라는 새로운 가치 추구가 이루어지는 플랫폼이다.

(3) 다시 한 번 생각해야 할 것들

초연결사회는 기회를 만들지만 위험을 만들기도 한다. 서로 긴밀히 연결되는 네트워크의 출현은 이에 연결되는 조직이나 개인들의 경계가 각자 개별적으로 견고했던 형태에서 보다 느슨하고 개방적인 형태로 새롭게 재조직화되는 것을 의미한다. 즉 조직들이 보다 쉽게 해체되고 재조직화되는 구조로 변화하는 것이다. 즉 쉽게 역량의 재조합이 일어나는 것이다.

이는 기존의 시스템이 새로운 시스템에 의해 끊임없이 새로운 도전에 직면하고 있다는 것을 의미한다. 초연결로 이커머스의 1인자로 떠오른 물류서비스업체 아마존은 40개의 중국업체, 90개의 세계 물류업체들과 동맹을 맺은 후발기업 알리바바에 추월당하고 있다.

초연결은 또한 위험을 전염시키는 통로가 된다. 글로벌 금융위기의 확산, 조류독감의 확산, 글로벌 기후변화, 테러리스트들의 네트워크와 사이버 범죄의 증가 등 연결에 따른 위험은 이미 가시화되고 있다.

노벨경제학상을 받은 조지프 스티글리츠 등 일단의 학자들은 금융시장에서 어느 한 계약상의 실수가 전체 시스템의 붕괴로 연결될 수 있음을 지적하였다. 2008년 금융위기에서 우리는 국제 금융시장에서 파생상품을 둘러싼 금융기관 간 네트워크가 어떤 위험을 초래하는지를 이미 경험했다.

복잡하게 얽힌 네트워크일수록 그 복잡성이 네트워크 자체를 위험에 빠뜨릴 수 있다. 초연결 네트워크 세상에서 어떻게 네트워크를 관리하고 미래를 예측할 것이냐 하는 것이 이 세대에 주어진 과제다.

네트워크 관리와 관련해 주목해야 할 것은 신뢰의 확보 문제이다. 거래가 많아지고 복잡해질수록 신뢰는 더욱 더 중요해진다. 블록체인기술이 이에 대한 하나의 해결책으로 떠오르고 있다. 블록체인은 네트워크상의 모든 노드가 모든 거래 장부를 복사해 독립적으로 갖게 하므로 사실상 위변조를 불가능하게 한다. 미국의 유명한 IT경영 컨설턴트인 돈 탭스콧(D. Tapscott)은『블록체인 혁명』에서 현재의 '월드 와이드 웹'이 정보를 넘어 가치까지 담아내는 '월드 와이드 원장(元帳)'으로 바뀔 것이라 한다. 모든 것을 기록해 갖고 있는 거대한 가상 장부가 탄생하는 것이다.

시스템의 안전성을 위협하는 요인에 대한 통제 또한 중요하다. 예를 들어 대규모 시뮬레이션을 통해 사회 현상을 분석하고 그 정책대응에 대한 통찰력을 도출하는 '모사현실(Simulated Reality)' 기술개발을 서두르는 것도 중요하다. 시스템의 보호와 개방을 어떻게 조화시킬 것이냐는 것도 중요한 문제로서 사회적으로도, 군사적으로도 그러하다.

초연결은 개인이란 존재감을 위협한다. 초연결은 개인의 차이, 영역의 차이, 나라의 차이를 보다 적나라하게 드러나게 할 것이다. 그러기에 개인에게는 그런 역량, 문화, 제도의 차이를 어떻게 수용할 것인가 하는 문제를 제기한다. 초연결이 인간에게 외부와의 관계적 능력을 키워야 함을 요구한다는 의미이다. 보다 많은 사람들과의 연결과 소통은 관심이 분산되어 상호관계가 피상적으로 되고 오히려 소외를 가져올 수 있다. 소셜 네트워킹의 친구관계가 오프라인상의 친구관계와 뚜렷이 구별되는 이유이다.

인간과 기계와의 소통이 늘어나도 위험은 존재한다. 초연결로 해킹 등으로 개인의 신상정보가 널리 알려져 개인을 위험에 노출시킬 수 있고, 자신이 알리고 싶지 않은 사생활정보가 무한대로 퍼져 나갈 수 있다. 그 개인정보는 삭제하기도 힘들다. 쓰레기정보 및 음란물의 전파와 같이 개인이 나쁜 정보, 가짜 정보에 노출될 수도 있다. 사이버 안전, 개인정보 보호의 문제가 중요한 이유이다.

초연결은 사회 불평등의 파장을 확대시킬 수 있다. 초연결사회에서 플랫폼을 지배하게 되면 승자독식의 이익을 가져올 수 있어 네트워크 참여자와 배제자 간의 사회적 불평등이 커질 수 있다. MIT의 에릭 브리뇰프슨(E. Brynjolfsson) 교수와 앤드루 맥아피(A. McAfee) 교수는 『제2의 기계 시대』에서 디지털 플랫폼에 참여하는 몇 안 되는 스타 브랜드들이 과도한 보상을 가져갈 수 있음을 지적한다.

초연결로 배려와 협력보다 긴장과 갈등이 더욱 커질 수 있다는 염려도 있다. 소통이 빈번해지면 서로 비교되기 쉬울 뿐 아니라 상대에 대한 기대도 커져서 불신, 분노, 좌절이 커질 수 있고 이는 사람들 사이에 긴장과 갈등요인으로 작용할 수 있다. 이것이 IS 같은 사회적 극단주의를 촉발할 수도 있다.

다보스 포럼의 글로벌 리스크 리포트 2016은 소득 불평등이 초연결 사회에서는 사회를 더욱 파편화, 분리화, 동요화시킬 것이고 이것이 폭력적 극단주의와 사회안전의 위협요소가 될 것을 우려한다. 슈밥의 말처럼 이는 민주주의에 대한 불안요소가 될 것이다.

초연결은 사회적 쏠림을 확산시킬 것이다. 정치사회적으로는 사회의 공론장을 활성화시킬 것이다. 디지털 시대에 우리는 다양한 형태의 직접 민주주의를 실험해보고 있다. 1인 미디어 시대가 이미 열리고 있다.

이런 경우 소통에 자기 중심이 없으면 사회에 '쏠림'이 유도될 수 있다. 쏠림은 소위 '양의 되먹임(positive feedback)'효과가 나타나는 네트워크의 주요 현상이다. 쏠림은 사회운동의 조직화를 용이하게 한다. '아랍의 봄'은 독재정치를 종식시키는 운동으로 커졌다. 그러나 쏠림이 너무 과도해지면 양극화가 되기 쉽고 비(非)이성적 현상이 발생하기 쉽다. 비(非)이성은 네트워크가 지향하는 명분을 잠식하고 네트워크에 대한 신뢰를 무너뜨린다.

네트워크에도 규율이 필요하다. 조직의 규율이 위계라면, 네트워크의 규율은 신뢰다. 신뢰란 자신을 통제하고 타인을 배려하는 품격이다. 정치적 의도가 개입되거나 과도한 탐욕이 개입되면 이런 품격이 무너져 네트워크가 붕괴하기 쉽다.

또한 네트워크의 강점은 이름 없는 다수의 팔로우십이다. 그러기에 그들은 자기 것을 지키려 하지 않는다. 그러나 네트워크가 커지거나 공고화되면 위계 조직의 모습을 닮아갈 위험이 있다. 위계나 도그마에 빠진 네트워크는 경직되고, 소통은 제약된다.

2) 초지능정보 혁명 : 혜택도 있지만 위험도 크다

|

(1) 초지능정보사회의 기술적 기반

|

① 빅데이터의 발전

지능정보 기반 사회를 이끌 기술 기반은 빅데이터, 인공지능, 3D프린팅으로 요약해볼 수 있다. 빅데이터란 우리가 접할 정보의 양과 생성 속도, 그리고 정보유형의 다양성과 정보의 진실성이 획기적으로 증대됨을 의미한다.

인간의 활동뿐 아니라 각종 사물기기의 작동과 관련된 수많은 정보들이 실시간으로 생성되고, 저장되고, 검색되고, 분류되고, 합쳐지고, 해석되고, 전달되는 데이터 가치사슬이 형성되는 것이다. 미국 BSA 연구 결과는 전 세계적으로 데이터 활용률을 1% 제고하면 2030년까지 15조 달러(비교 : 미국 2011년 GDP 15.5조 달러)가 창출될 것으로 판단하고 있다. 데이터 기반 경제가 되는 것이다.

특히 ICT기술이 ICBM(IoT, 클라우드(Cloud), 빅데이터(Big data), 모바일(Mobile))으로 발전되면서 이에서 비롯된 수많은 데이터가 인공지능기술과 맞물려 새로운 혁신의 핵심 기반으로 떠오르고 있다. 우리 사회가 시간적으로는 실시간으로, 공간적으로는 글로벌 차원에서, 지적으로는 의사결정 능력 차원에서 달라지는 것이다.

밥슨대학의 토머스 대븐포트(T. Davenport) 교수는 3단계로 애널리틱스(Analytics)의 시대 구분을 하고 있다. 애널리틱스 1.0은 IT 컴퓨터기술이 중심인 비즈니스 인텔리전스 시대로서 데이터 처리 능력이 중심인 시대이며, 애널리틱스 2.0은 인터넷 기반, 소셜 네트워킹 기반의 새로운 데이터를 생성하는 빅데이터 시대로, 분석력의 획기적 향상이 기대되는 시대이다.

애널리틱스 3.0은 일부 온라인·인터넷기업에만 머물렀던 과거의 방식이 아니라 모든 기업에서 데이터 기반의 제품이 공여되는 시대로, 정보의 수집 및 분석이 공공 및 민간 분야의 문제들을 해결하고 가치를 창출하는 핵심 도구로 등장하는 것을 의미한다. 이는 새로운 사업 기회와 미래 형성이 기업 조직의 프로세스에 녹아 들어간 것으로서 고객이 기업에 정보를 주는 것이 아니라 기업의 의사결정과 행동에 직접 참여함을 의미한다. 현대의 복잡성에 대처하는 인간의 지적 능력이 새로운 단계로 접어들고 있음을 의미한다.

② 인공지능의 발전

과거의 산업혁명은 인간의 근력을 기계로 대체하였지만, 지금의 지능 혁명은 인간의 두뇌를 대체하려 한다. 과연 인공지능이 인간의 지능보다 우수할 수 있을까?

인공지능은 지금까지 인간과의 대결에서 그 가능성을 보여주었다. 체스에서의 딥블루, 제오파디 맞히기에서의 왓슨, 바둑에서의 알파고가 그것이다. 가까운 미래에 우리 주위에는 자신의 비서 역할을 하는 인공지능이 있을 수 있을 것이다.

인공지능의 발전은 '딥러닝(Deep learning)'이라는 자기학습을 통한 지적 능력 향상이 가능해짐으로써 촉진되었다. 인간의 보고, 듣고, 아는 능력은 매우 제한돼 있다. 센서의 발달, IoT의 진전과 함께 인공지능의 엄청난 연산 능력, 정보저장 및 분석 능력이 이런 인간의 한계를 뛰어넘게 해준다.

3D프린터와 결합된 미래의 인공지능은 인간의 의도와 상관없이 이 세상의 기기들이 스스로 설계하고 만들어지고 감독할 수 있게 할 것이다. 그러나 너무 성급한 기대도 금물이다. 인공지능에 대한 지난 2차례의 환상은 이미 커다란 실망으로 나타났고, 그럴 때마다 이에 대한 투자는 급격히 위축되었다.

③ 3D프린팅의 발전

3D프린팅의 적층가공기술은 제조의 르네상스 시대를 열 것으로 평가받고 있다. 물론 아직 프린팅의 속도, 소재, 후처리비용 등에 문제가 있기는 하지만 머지않아 이것도 조만간 극복될 것이다.

고객의 관점에서 제품의 맞춤성, 내구성, 경량성, 효율성 등에 혁명을 가져올 것으로 예상되고 있다. 자신이 원하는 제품을 자신이 직접 만드는 시대가 열릴 것이다. 바이오 관련 프린팅기술의 발달로 의료 분야는 획기적 전환점을 맞이할 것이다. GE는 이미 항공기 엔진의 연료노즐 부품을 도자기소재를 갖고 3D프린팅으로 찍어냄으로써 부품의 내구성을 획기적으로 높이고 있다.

팹랩을 통한 '제조자 운동'을 이끌고 있는 MIT의 닐 거센펠드(N. Gershenfeld) 교수는 "생각은 세계적으로, 제작은 지역적으로" 이루어질 것이라고 말한다. 제품의 아이디어는 글로벌 차원에서 공유될 것이지만, 제품의 생산은 소비자가 위치하는 곳에서 이루어진다는 것이다. 이는 제작의 편리성, 제작기간 등이 획기적으로 개선되는 것을 의미한다.

팹랩과 3D프린팅의 발전은 제품개발비용을 대폭 감소시키고 제품가격을 대폭 낮추며, 제품의 설계와 생산이 기업의 손에서 점점 소비자의 손으로 옮겨 갈 것을 암시한다. 이는 설계와 제조의 자력화, 현지화와 함께, 공급자에서 소비자로의 권력 이동을 의미한다. 공급자의 힘은 이미 약해져왔다. 세계시장이 초과생산에 처하면서 공급자의 힘도 약화된 것이다. 이제는 생산방식의 변화가 공급자의 힘을 약화시킬 것이다.

(2) 초지능정보사회의 도전과 기회들

지식은 인간에게 가장 중요한 역량이다. 지식은 모든 '경제활동의 기반'이 되며, '부의 근원'이 되며, '생산의 가장 강력한 엔진'이 되며, '경제성장을 만들어내는 동력'이 된다.

지식 기반 사회에 대한 논의는 이미 오래되었다. 1996년 OECD는 지식 기반 사회로의 진입을 천명하였다. 그러나 이제는 스마트한 지능 시대로 접어들고 있다. 스마트 빌딩, 스마트 공장, 스마트 에너지, 스마트 정부가 만들어지고 있다. 지능이란 경제사회적 문제를 해결하기 위해 지식을 창출하고 적용할 수 있는 능력이다. 이런 지능정보사회에 우리가 당면할 도전과 기회는 실로 다양할 것이다.

초지능정보사회의 핵심 자원은 노동, 자본, 기술이 아니라, 지식과 정보의 분석 능력이 될 것이다. 이는 기계지능과 인간지능의 복합 능력으로 나타날 것이다. 만물인터넷(IoT)으로 모든 정보들이 생성, 집적되면서 그 정보는 분석기술로 분석처리되어 인간의 지능을 보완해 선택대안(AI)을 제시해줄 것이다. 이미 구글, 아마존 등 수많은 글로벌기업들은 빅데이터에 대해 많은 준비를 해왔다. 인공지능에 대해서도 마찬가지다. 구글 서비스의 40% 이상이 이미 인공지능에 의해 이루어지고 있고, 알파고는 세계 최고의 바둑 고수들에게 연전연승하고 있다. 그들은 이를 뒷받침할 세계의 인재들 또한 모으고 있다.

우리의 산업생산 시스템 또한 변해야 할 것이다. MIT의 에릭 브리뇰프슨 교수와 앤드루 맥아피 교수는 이런 생산 시스템의 혁명 현상을 '제2의 기계 시대'로 표현하고 있다. 인간과 지적인 기계의 공생 시대이다. 디지털기술과 자동화가 제조업을 새로운 차원의 제조업으로 바꾸는 일은 이미 진행되고 있다.

미시간대학의 요람 코렌(Y. Koren) 교수는 21세기 생산 시스템이 개인맞춤화, 지역화, 글로벌화의 길을 걸을 것이라고 전망한다. 특히 개인맞춤화는 인공지능이 가져올 주요 변화이다. 지난 대량생산 시스템은 공급자가 주(主)이고 소비자가 종(從)인 수직적인 가치사슬로 이루어진 시스템이다. 그러나 미래의 세상은 고객 중심의 시대다. 자신에게 딱 맞는 제품을 쓰는 것은 모든 소비자의 꿈이다. 맞춤설계와 디자인, 인공지능과 3D프린팅을 통해 그 꿈은 현실화될 수 있다.

금융, 의료 등에도 그 영향이 나타나고 있다. 수술로봇, 힐링로봇을 넘어 IBM의 왓슨은 환자의 진단과 진료 대안의 선택에서 의사의 판단에 도움을 주고 있다. 한 연구에 의하면 글로벌 은행권 업무가 현재로는 50%가 리스크 관리, 15%가 분석 업무로 구성되어 있으나, 2025년까지는 각각 25%, 40%로 변화될 것이라 한다.

일부 학자는 지능정보사회의 발전에 대해 새로운 '인지 자본주의'의 출현이란 의미를 부여한다. 인지 자본주의에서는 지능정보 시대가 지식정보의 중요성 강화뿐 아니라 생산 및 소비방식의 변화, 교육기관의 역할 변화를 요구한다고 한다. 생산방식의 변화란 창조적 역량을 가진 기업, 창조적 지식으로 무장한 노동자, 지식상품의 확산, 해외생산체제의 회귀, 지식정보 소유권의 보호 문제 등을 포함한다. 교육은 이 지능정보사회에 적합한 인력의 양성 문제를 제기한다. 특히 인력 양성의 주축이라 할 대학은 그 태풍의 한가운데 있을 것이다. 대학이 어떻게 지식의 창조와 함께 새로운 생산 시스템을 뒷받침할 역량 있는 노동력을 길러낼 것이냐는 것이 관건으로 대두되고 있다.

(3) 다시 한 번 생각해야 할 것들

어느 누구도 지금 우리 앞으로 다가오는 초지능정보사회의 미래를 자신 있게 그릴 수 없다. 그것은 단순히 지식이 지능으로 바뀌는 것이 아니라 우리가 새로운 관행과 습관을 만들어가야 함을 의미한다. 변화란 미지의 세계로 나가는 것이기에 우리가 할 일은 우선 가야 할 방향을 잘 가늠하는 것이다. 미래를 앞서 고민하고 나름대로 그것을 그려보는 것은 당연히 우리 인간의 몫이다.

① 인간과 기계와의 관계 설정

인공지능의 출현은 인간과 기계의 관계를 새롭게 조명할 필요성을 제기한다. 기계는 인간을 대체하는 것인가, 아니면 보완하는 것인가? 이는 우리 인간이 기계지능과 어떻게 달라야 하는가 하는 도전적 질문이기도 하다.

인간과 기계가 다른 점은 판단 능력과 감성 능력이라 할 수 있다.

인간에게는 인공지능이 가질 수 없는 능력이 있다. 자신의 강점과 약점을 알고 판단을 쉽게 하는 직관적 메타인지 능력이 있고, 자신의 삶을 풍성하게 하는 감성 능력이 있고, 또한 스스로를 성찰할 자유의지도 있다. 인공지능이 답할 수 없는 인간만의 상상력과 창의성도 있다. 물론 사람에 가까운 인공지능이 개발될수록 이러한 인간의 능력은 위협을 받을 것이다. 그러나 이 능력들은 모두 인공지능이 쉽사리 대체할 수 있는 능력이 아니다.

지능정보사회라 하더라도 기계지능이 어떻게 행동할지는 인간이 정해줘야 한다. 예를 들어 통제를 잃은 자율주행차가 불가피하게 보도에 있는 어린이와 노인 중 하나를 선택해 그 방향으로 핸들을 꺾어야 한다면 순간적으로 누구를 선택하게 할 것이냐는 문제에 부딪히게 된다. 인공지능의 소프트웨어 제작에 어려운 가치판단을 요하는 일이다. 우리 앞에는 이 같은 어려운 판단의 문제가 놓여 있다.

인간의 감성 능력 또한 '기계지능'과 차별되는 부분이다. '정서지능'이라고도 하는 이것은 생각과 행동에 감정의 정보를 이용할 수 있게 한다. 인공지능이 감정을 가진다면 문제는 더 복잡해질 수 있다. 로봇을 자식처럼 아끼는 부모도, 로봇을 미워하는 형사도 있을 수 있고, 인간으로 인정받고 싶어 하는 로봇도 있을 수 있다. 이 모두 인간사회를 바꿀 엄청난 위험이 수반되는 일이다. 이런 인공지능의 개발은 모두 새로운 철학과 가치관을 요구하는 일이다.

인공지능의 문제에서 인간이 고민해야 할 것은 이를 어디에 어떻게 활용할지 하는 것이다. 문제는 인공지능의 우월성이 아니라 인공지능을 쓸 사람의 아이디어와 마음이다.

우리가 한 가지 명심할 것은 인간에게 기계는 기본적으로 보완과 지배의 대상이지 경쟁과 대체의 대상이 되지는 말아야 한다는 것이다. 영화 〈마이너리티 리포트〉는 인공지능이 인간과 결합될 때 얼마나 암울한 사회가 되는지를 그리고 있다. 인공지능은 악한 인간들의 사기, 절도와 같은 범법 행위에도 유용하게 사용될 수 있다. 3D프린팅 제조의 민주화, 생산의 개인화 역시 사회안전 및 공적 권위에 대한 위협이 될 수 있다. 총기류 등 위험 무기의 생산이 확산될 수 있다.

우리는 앞으로 지능정보사회를 어떻게 발전시켜나가야 하는지 수많은 문제에 부딪히게 될 것이다. 인간은 점점 더 기계가 학습한 내용을 알지도, 이해하지도 못할 것이다. 미지의 미래 세계로 가는 길에 수많은 질문이 제기될 것이다. 과학기술자의 입장에서 보면 수많은 어젠다가 그의 관심을 얻으려고 경쟁을 벌이고 있다. 프랑스 경제학자 얀 물리에 부탕(Y. M. Boutang)에 의하면 이 관심의 문제는 관심의 대상, 시간, 정도를 의미한다. 어디에 어떻게 관심을 배분할 것인가 하는 문제는 과학기술자의 가치의 문제이고 그래서 그 대답은 쉽지 않다. 우리에게는 그래서 세상을 보는 통찰력이 필요하다. 우리가 옳은 가치와 옳은 맥락을 추구한다면 옳은 결정을 내릴 확률은 그만큼 높아질 것이다.

② 실업 문제에의 대응

자본주의의 문제는 기술혁신이 일어날수록 일자리가 감소하는 것이다. 비숙련 작업의 기계 대체는 이미 진행되어왔다. 로봇화로 이는 더욱 빨라질 것이다. 지능정보사회는 대량고용 시대의 종료를 의미한다. 표준화된 노동의 절약기술로 관리되던 작업들의 기계 대체가 가속화될 것이다. 생산물량이 늘어도 고용이 감소하는 현상은 이미 현실화되었다. 옥스퍼드대학의 칼 베네딕트 프레이(C. B. Frey) 교수는 이미 그러한 현상이 보이고 있다 한다. 신산업에서의 고용 창출(미국 노동력 기준)이 1980년대 8.2%, 1990년대에는 4.4%에 달했으나 2000년대 초에는 0.5%에 불과한 수준이다. 2016년 다보스 포럼은 2015~2020년간 15개국에서 약 500만 개의 고용 기회가 줄어들 것이라 보았다. 고용 기회의 소멸은 비자발적 실업 상태의 많은 사람들을 이 사회가 과연 어떻게 부양할 것이냐 하는 문제를 제기한다.

고용 기회의 소멸은 직종과 지역에 따라 다를 수 있다. 라이스대학의 모쉬 발디(M. Valdi) 교수는 고숙련 직업은 영향이 없으나 저숙련 직업은 기계로 대체될 것이라 한다. 아마 인간 직종과 기계 직종이 나누어질 수도 있겠다. 이미 아이폰 생산업체 폭스콘 공장은 로봇의 투입으로 6만 명의 일자리를 없앨 수 있었다.

화이트칼라라고 예외가 아니다. 과거 자동화의 경우는 제조업과 건설업에서 일자리 감소가 컸으나 인공지능의 경우는 서비스 부분에서의 일자리 감소를 가져올 것으로 보인다. 예를 들어 온라인을 통한 가치 전달(소프트웨어 업그레이드, 온라인교육, 자산관리)이 보편화되면서 실업은 더욱 커질 수 있다. 블록체인기술의 도입은 은행원의 일자리 감소를 가져올 것이다. 특히 비전문직 서비스 일자리에 여성이 많아 여성 일자리 감소로 연결될 우려가 크다.

전문 직종이라고 안전한 것도 아니다. 영국의 법률기술 전문가인 리처드 서스킨드(R. Susskind) 박사는 그의 책 『4차 산업혁명 시대, 전문직의 미래』에서 의사, 변호사, 회계사, 컨설턴트, 기자, 건축가 등의 쇠퇴를 예견하였다. 고액연봉으로 선망의 직업이었던 금융분석가는 이미 위협을 받고 있다.

고용구조의 변화는 지역별로도 큰 변화를 가져올 수 있다. 특히 주목되는 것은 소위 리쇼어링(re-shoring)이라는, 선진국으로의 제조업 회귀 현상이다. 지난 20여 년간 선진국의 제조업 공동화는 피할 수 없는 대세였다. 제조업이 기피대상이 되며 한국, 중국, 베트남 등에 선진국 기업들의 대량생산기지들이 세워졌다. 그러나 혁신적 제조기술의 등장이 제조업을 다시 소비의 현장인 선진국으로 회귀시키고 있다. 전통적인 제조업 강국 독일은 이미 인더스트리 4.0 플랜을 발족시켰다. 미국 또한 '리메이킹 아메리카(remaking America)'를 통해 생산의 국내화를 추진하고 있다. 3D프린팅, 모듈공정, 유연설비, 자율·분산 제어, 무선통신, 위치추적, 클라우딩 등의 스마트 공장이 이를 뒷받침할 것이다.

제조의 개인화, 생산의 분권화, 제조업기지의 선진국 이전이 일어나면 한국, 중국 등 현재 제조생산에 특화된 국가들의 대량생산 시스템이 붕괴될 수도 있다. 과거에 쌓은 기업의 생산 프로세스와 관행이 무용화되며, 종전의 산업구조가 지속되지 못하는 것이다. 이는 이 지역의 대량생산 근로자들의 대량실업을 의미한다.

고용의 형태에도 심각한 변화가 올 것이다. 다양한 비즈니스 플랫폼은 이미 1인기업 시대를 열고 있다. 한 직장에 들어가 회사를 자신과 동일하게 생각하던 평생직장의 시대는 갔다. 혁신적 아이디어와 특화된 역량을 바탕으로 일시적으로 고용되는 프리랜서 형태의 기업이 확산될 것이다. 미국의 국제서비스 노조의 데이비드 롤프(D. Rolf) 위원장은 "정규직의 형태가 계약직, 비정규직의 형태로 바뀌고 있다"고 한다. 일종의 긱 경제(Gig economy)의 출현이다. 그들은 필요에 따라 비즈니스 플랫폼에 접속하여 자신의 가치를 창출하고 인스턴트(즉시) 형식으로 보상을 받는다. 기업의 의미는 퇴색하고 결국 믿을 것은 자신의 역량뿐이다.

그러나 두려움에 가득 찬 미래에 대한 낙관적 전망도 있다. 영국의 노동자들은 기계 때문에 직장을 잃을 수 있다는 두려움에 1810년대 기계를 부수는 러다이트 운동을 일으켰지만, 기계가 가져온 생산성의 증가와 새로운 혁신은 전혀 예상치 못했던 수많은 새로운 직업과 고용을 만들어냈다. 그것이 20세기를 풍요의 시대로 만든 것이다. 문제는 새로운 변화를 딛고 일어나 그 위에 어떻게 자신만의 혁신을 만들어낼 것이냐 하는 것이다.

③ 교육 혁명의 중요성

기술혁신의 문제는 종전의 역량을 무력화시키고 새로운 역량의 구축을 필요로 한다는 것이다. 디지털 혁명으로 지식, 정보, 소프트웨어 등 비(非)물질 자산의 중요성이 커지면서 경제의 탈물질화 현상이 일어나고 있다. 그러나 이런 지식조차 기계에 의존하는 시대가 되었다. '모르면 구글에 물어봐' 하는 시대가 되었다. 우리는 우리의 지적 능력을 신뢰하기보다 구글과의 접속 상태에 의존하는 경향을 보이고 있다. 그러나 이는 우리의 판단 능력을 퇴행시키는 일이다.

컬럼비아대의 베스티 스패로(B. Sparrow), 위스콘신대의 제니 리우(J. Liu) 교수는 사람들이 어려운 문제에 부딪힐 때 인터넷의 접근을 먼저 생각하게 되고 이런 정보 접근을 기대할 때는 스스로 필요한 정보를 생각해낼 확률이 낮아지고 대신 어디에 검색해야 하는지를 생각하게 된다고 한다. 구체적 정보를 기억에서 되살려내는 능력이 저하되는 것이다. 이러한 의존은 우리의 독립적 문제 해결 능력을 저하시키게 된다. 문제 해결 능력은 일종의 적용 능력이다. 지식은 배워서 아는 것이지만, 지혜는 머릿속에 있는 것을 다른 영역에 적용하는 것이다.

지능정보사회는 고도의 전문성을 가지면서도, 복잡한 문제 해결 능력, 사회 시스템적 숙련성을 요구한다. 무인공장, 무인서비스 시대에 기업에서 근로자가 할 일은 기계를 돌리는 것이 아니라 고객이 선택할 제품 디자인을 고객에게 조언해주는 일이기 쉽다. 과연 이 감성적 능력을 지금의 교육 시스템이 만들어낼 수 있는 것인가?

지금까지의 학제교육, 대량교육, 암기교육이 아닌 초학제교육, 맞춤교육, 창의교육, 인지적 교육이 요구되고 있다. 과연 학교는 이를 어떻게 실천할 것인가? 기계적 작업을 가르치는 지금의 학교는 미래에 과연 어떤 내용을 가르칠 것인가? 과거의 학교는 그 효용성을 상실해가고 있다. 학교에서 배우는 형식지의 지식은 이미 보편화된 지식이 되었고, 이를 MOOC처럼 수많은 공개교육 사이트가 대체하고 있다. 구글라이제이션(googlization), 위키피디에이션(wikipediation) 등도 학교 기능을 위축시키고 있다. 학교 자체가 변하지 않고 있을 따름이다.

이제 학교가 할 일은 형식지를 주입하는 곳이 아니라, 암묵지를 공유하는 곳이어야 한다. 암묵지는 경험을 통해 스스로 깨닫게 된다. 암묵지는 실제 우리의 삶을 지배하고 있다. 빅데이터, 인공지능은 우리가 보지 못하던 것을 보게 하는 것임에는 틀림없으나 현장의 하나하나의 정보가 인간과 가진 관계의 의미를 지나치게 단순화할 수도 있다. 인간은 경험 및 의미부여를 통해 자신의 의사결정의 기반인 선호의 성향이 결정되는 것이다.

자신에게 남다른 경쟁력을 가지게 만드는 것도 암묵지이다. '인간은 말로 할 수 있는 것보다 더 많은 것을 알고 있다.' 기업을 보더라도 형식지보다 암묵지가 훨씬 크다는 연구 결과가 있다. 지능기술이 발달하더라도 조직에서 경영자의 판단과 결정에는 상대적으로 큰 도움이 되지 않을 수 있다. 이는 경영자의 역할이 따로 존재함을 의미한다. 암묵지는 다른 암묵지, 또는 형식지와 합쳐지며 전체의 맥락을 이해하는 관점에서 통찰력을 형성한다. 형식지는 쉽게 생산 및 복사가 가능하여 공유하기 쉬우나 암묵지는 개인에 체화된 것이고,

그래서 경험과 통찰력을 가진 인재는 더욱 중요해질 것이다. 절정기에 다다른 한국 양궁의 실력을 리우올림픽에서 위협한 경쟁팀의 감독은 결국 한국인 감독들이었다.

④ 사회 불평등에의 대응

자동화와 지능화는 인간노동의 기계 대체를 촉진하며 임금 하락을 촉진할 것이다. 컬럼비아대의 자그디시 바그와티(J. Bhagwati) 교수는 선진국에서 비숙련 노동자들의 실질임금 하락 이유가 개도국상품의 수입 때문이 아니라 숙련노동에 편향된 기술발전 때문이라 한다. 디지털 혁명이 '디지털 디바이드'를 경험하게 하였듯이 지능 혁명의 '지능 디바이드'도 한계비용을 대폭 낮춤으로 승자독식의 기회가 조성됨을 의미한다. 승자가 더 많은 일을 더 쉽게 하는 승자독식은 수많은 패배자를 양산시킬 것이다. 사회를 '적응자'와 '부적응자' 그룹으로 나눌 것이며, '고기술-고숙련-고임금'과 '저기술-저숙련-저임금'의 격차를 확대시킬 것이다. 이는 중간층의 사회경제적 낙오와 중산층의 공동화를 의미한다. 이는 사회적 불안정을 증가시키는 요인이다.

지능정보사회는 기본적으로 지금보다 일자리가 감소하는 사회다. 이는 지금까지의 노동을 통한 소득 확보라는 기본 프레임이 무너질 수 있음을 의미한다. 과연 사회는 무노동자에게 어떤 소득을 지급해야 하는지 본질적 고민에 빠질 것이다. 기본소득에 대한 이해와 연구는 그래서 지금부터 필요하다.

영국의 사회역학 학자들인 리처드 윌킨슨(R. Wilkinson) 교수와 케이트 피킷(K. Pickett) 교수는 『평등이 답이다』라는 책에서 소득 불평등이 커질수록 건강 악화, 폭력, 상호 신뢰 저하, 10대 임신, 정신병 같은 사회 문제들이 더 증가될 수 있다고 한다. 과연 사회가 이런 문제들을 어떻게 해결해나갈 것이냐 하는 문제를 더욱 더 진지하게 고민해야 할 것이다.

3) 생태계 기반 혁명 : 경쟁과 협력이 공존하는 법을 익혀야

|

(1) 생태계의 대두와 진화

|

기술혁명이 가지는 하나의 의미는 그것이 경제사회적 혁명을 가져온다는 것이다. 대량생산의 산업혁명은 거대기업을 만들며 그 기업이 모든 것을 다하는 하나의 사일로(silo) 형태를 구축하게 되었다. 이것은 비단 기업에 국한된 것이 아니라 정부 및 민간 부문에서도 발견할 수 있는 조직 현상이었다. 정부에서는 중앙정부가, 민간에서는 만능의 재벌기업이 그 예라 할 것이다.

그러나 디지털화가 진행되면서 한 조직 내에서 모든 것이 다 이루어지는 사일로 구조는 막을 내리고 각 주체들이 자신의 핵심 역량에만 집중하고 기타 필요한 기능은 외부에 의존하는 가치사슬의 해체, 분화, 재결합 현상이 확산되고 있다. 다양한 기능을 수행하는 주체들이 각자의 목표를 갖고 있지만 상호 의존하는 생태계가 되고 있는 것이다. 각종 컨소시엄, 협력 연대 등의 이름으로 나타나고 있는 것들이 그것이다. 게임규칙이 변한 것이다.

이같이 생태계란 다양한 주체들이 자신의 역량을 갖고 다른 주체들과 협력하는 동시에 경쟁하는 유기적 시스템이다. 이러한 경쟁과 협력의 원리는 산업생산뿐 아니라, 지식 창출, 서비스 공여 등 다양한 부문에서도 나타나고 있다. 이러한 생태계 진행 현상을 몇 가지 측면에서 관찰해보면 다음과 같다.

(2) 생태계 혁명의 도전과 기회들

① 경쟁하고 협력하는 산업 생태계

현대산업의 가치사슬은 범세계적으로 분화, 전문화되며 동시에 하나의 거대한 글로벌 가치사슬을 형성하고 있다. 이는 가치 창출을 위한 하나의 글로벌 협력체이다. 이런 전문화된 글로벌 가치사슬이 형성되면 각 기업은 자신의 역량을 특화시키며 수직적 결합과 수평적 협력을 동시에 추구해나가게 된다. 이런 점에서 과거의 경쟁이 생산요소의 규모와 효율의 경쟁이었다면 미래는 가치와 협력의 생태계경쟁이 될 것이다.

이러한 협력의 생태계에서는 기술의 경계, 기업의 경계, 산업의 경계가 불분명해지면서 내 것만을 고집하는 것이 무의미해진다. 애플과 삼성, 구글과 애플, 구글과 현대자동차와 같이 적과 친구의 경계가 모호해지는 산업융합 시대가 되고 있다. 산업 내의 각 기업들은 핵심 역량 위주로 특화하여 산업의 가치사슬에서 자신의 역량 조합을 최적화하려 할 것이다. 기획, 설계, 디자인의 업스트림 역량과 생산, 마케팅, 물류의 다운스트림 역량의 협력이 그 한 예이다.

생태계의 또 하나의 현상은 글로벌 협력 공유 인프라의 출현이다. 이 인프라는 자원과 역량이 공유되는 곳이다. 누구나 이 인프라를 이용하여 새로운 가치를 창출할 수 있다. 공유의 모습은 실로 다양하게 나타나고 있다. 공동의 인프라를 활용하여 새로운 비즈니스가 만들어진다. 프라이스워터하우스쿠퍼스(PwC)에 의하면 금융 공유(P2P finance), 숙박시설 공유, 자동차 공유, 온라인 충원, 음악·비디오 스트리밍 등 5개 분야에서의 글로벌 매출이 2025년에는 3350억 달러에 달할 것이라 한다. 기술개발에 있어 지식과 노력의 공유, 시설의 공유 등이 확산된 지는 이미 오래다. 리눅스, 아두이노처럼 자신의 응용 프로그램을 얹을 수 있는 오픈소스도 활성화되고 있다. 이러한 공유 인프라는 사용자가 충분하다면 제러미 리프킨이 『한계비용 제로 사회』에서 지적한 바같이 공급자의 한계비용이 제로에 가까워져 그 이용가격도 제로에 가까워질 수 있는 것이다. 사용자 측에서 보면 그 인프라의 사용자가 많아질수록 이용의 효용성이 커지는 네트워크효과가 있기에 그에 가담할 유인이 상당하다 할 것이다.

사적 이익의 영역과 공공 이익의 영역을 통합시키는 사회적 공유 경제의 출현도 관심을 모으는 사안이다. 영리기업과 비영리기업의 중간 형태의 사회적 기업이라는 새로운 영역이 나타나고 있다. 이는 사회적, 환경적 문제들을 해결하는 동시에 수익 창출의 비즈니스 모델을 고안해내는 것이다. 기업의 사회 기여라는 차원이 앞으로 훨씬 강조될 것임을 예고하는 것이다.

② 특화된 역량으로 생태계를 주도하는 플랫폼 생태계

생태계의 또 하나의 조류는 플랫폼의 확산이다. 생태계에는 중심부와 주변부가 있을 수 있다. 중심부는 기술, 자산, 또는 서비스의 인프라가 공유되는 플랫폼으로 발전된다.

플랫폼은 기능성과 확장성의 두 가지 요소를 갖추고 있다. 전자는 잠재고객에게 필수적인 기능을 제공하는 것이고, 후자는 다양한 종류의 제품이나 서비스를 활용할 수 있는 기반이 된다.

산업 가치사슬에서 플랫폼의 중요성은 점증하고 있다. 구글과 애플의 성공은 검색엔진과 앱스토어라는 플랫폼의 역량 덕분이다. 시장에서 창출되는 가치의 대부분이 플랫폼기업 몫이 되는 준(準) 승자독식의 구조가 만들어지고 있다. 애플(아이폰 6플러스)이나 보잉(Dreamliner 787)은 제품이 시장에서 창출하는 가치의 70% 이상을 가져가고 있다. 플랫폼 주도 세력 또한 시대에 따라 빠르게 변하고 있다. 이동통신 회사들이 장악했던 주도권이 포털로 넘어가고, 검색엔진이 장악했던 주도권이 SNS기업들로 넘겨졌다. 모든 기업들이 이제 플랫폼의 허브가 되지 못하면 글로벌 가치사슬의 하청기업으로 전락할 위험성 앞에 서 있는 것이다.

플랫폼은 또한 기술, 사업, 사회관계 등 다양한 형태를 띨 수 있다. 기술 플랫폼은 다양한 사람들이 사용하기 쉽게 만드는 기술의 표준화를 이루어낸다. 스마트폰의 OS 플랫폼을 이용하여 많은 앱개발자들이 자신의 앱을 올리고 있다. 사업 플랫폼은 제품과 서비스를 소비하는 과정으로 나타난다. ZipCar, Uber, AirBnB 같은 플랫폼이 그렇다. 클라우드 기반의 플랫폼은 플랫폼의 플랫폼으로서 작은 플랫폼기업들에게 사업의 기회를 열어놓는다. 아마존이 그 대표적 사례다. 비록 기존의 직업들을 파괴하고 있지만, 그들의 생산성은 빠르게 높아지고 있다.

소셜 플랫폼은 SNS와 같이 사회에서 타인과의 상호작용을 촉진하는 공유 인프라다. '열린 과학' 운동과 같이 과학기술과 사회적 니즈의 연결에서도 소셜 플랫폼이 활용될 수 있다. 디지털 기기를 갖춘 공유 제작시설인 팹랩, 리빙랩은 시제품 제작이나 사회혁신을 위해 오프라인상의 플랫폼을 활용하는 경우다.

공유공간으로서의 도시도 사회적 공유 플랫폼의 하나다. 도시란 원래 모든 것이 집약되는 곳이다. 스마트 시티 역시 도시 인프라의 편리성, 데이터의 집적, 파트너십, 환경적 지속가능성(에코 시티) 외에 시민 주도의 어젠다 설정을 통한 사회혁신과 같은 개방적 거버넌스가 추진되는 플랫폼이다.

③ 개방과 협력의 소프트웨어 중심 생태계

산업혁명의 중심은 하드웨어 생산기술이었다. 대량생산의 대상도 하드웨어였다. 그러나 이제 디지털 혁명은 소프트웨어를 가치 창조의 중심으로 부상시켰다. PC산업을 보더라도 2005년 하드웨어 부문을 중국 레노버에 팔아넘기고 소프트웨어에 특화한 IBM은 자리를 지키고 있는 데 비해, 컴팩이란 하드웨어기업을 인수한 HP는 거의 빈사 상태에 빠져 있다. 애플의 경쟁우위도 하드웨어의 생산 능력보다 소프트웨어인 디자인과 앱스토어의 기획 능력에 있다. 포드는 미래 자동차시장에서 생존의 가능성을 구글과의 협력에서 찾고 있고, 페이스북은 가상현실(VR)기술을 가진 오큘러스를 2조 5000억 원에 매입했다.

소프트웨어 중심의 미래 생태계를 이끌 한 가지는 오픈소스 소프트웨어다. 이는 자유롭게 열람, 사용, 수정, 배포할 수 있는 소프트웨어로 오픈소스의 장점은 핵심 역량이 발휘될 수 있는 부분에만 노력을 집중한다는 것이고 이미 그 성공가능성은 입증되고 있다.

오픈소스는 비즈니스 영역뿐 아니라 우리 사회에 이미 깊숙이 들어와 있다. 위키피디아는 지금 이 시대에 성공한 오프소스 커뮤니티다. 비즈니스 영역에서 78%의 회사가 이미 오픈소스 기반으로 운영되고 있고, 39%의 회사는 오픈소스 프로젝트를 계획 중이라 한다.

어떤 시스템의 작동원리라 할 소프트웨어란 개념은 과학기술 영역뿐 아니라 사회적으로도 중요한 개념이다. 각종 사회기구들에서도 중요한 것은 하드웨어구조가 아니라 그 운영 소프트웨어라는 인식이 확산되고 있다. 하드웨어는 금방 외부의 것을 벤치마킹하거나 노력해서 만들어낼 수 있으나 그 운영상의 노하우를 빌리기는 쉽지 않은 일이다.

④ 분화와 융합의 지식 생태계

지식은 분화(전문화)의 시대를 지나 융합의 시대로 들어서고 있다. 지식의 경계는 허물어지고 새로운 결합은 새로운 패러다임으로 진화하고 있다. 그런 의미에서 융합은 현재 지식생태계의 중심 화두라 할 것이다. 융합은 인간사회의 모든 측면에서 새로운 혁신과 변화를 일구는 단초가 된다.

조지프 슘페터는 기존의 다양한 기술, 제품, 시장 등을 새로운 조합으로 엮어내는 것을 혁신이라 이해한다. 인공지능, 생체합성기술, 3D프린팅, 가상현실, 나노기술, 모두 서로 다른 지식들의 융합으로 만들어진 것이다. 혁신이 생산성으로 공급의 새로운 기적을 만들고 세계의 공급사슬을 효율화한다.

지식의 융합은 기술뿐 아니라, 사회, 문화, 경제 등 다양한 영역에서 일어나고 있다. 예를 들어 3D프린팅은 제조업뿐 아니라, 의료, 문화, 교육 등에 지대한 영향을 미칠 것이다. 스페인의 바르셀로나 도시는 3D프린팅 등의 기술에 기반한 팹랩의 확산을 도시 설계의 중심으로 삼고 있다.

질병, 환경, 식량, 에너지 등 인류가 해결하지 못했던 난제들을 해결해주리라 기대되는 바이오 부문 역시 IT기술, 나노기술과의 융합이 일어나는 주요 영역이다. 융합은 혁신의 근본이다. 그래서 지식의 경계인들이 중요하게 여겨진다. 노벨상 수상자들의 연구도 공동연구가 대세이고, 기업들의 제품개발도 타 기업과의 공동연구, 오픈 이노베이션이 확산되고 있다. 제품 형태에서도 기능의 융합이 대세인데, 그것도 기능의 단순한 기능적 융합이나 시너지 융합이 아니라 완전히 서로 다른 패러다임을 만들어내는 매시업의 융합이 각광을 받는다. 스마트폰은 통신과 컴퓨팅, 카메라 기능의 융합이지만 그 이후 통신과 카메라가 합쳐져 영상통화 기능을 만들어냈다.

지식의 융합에도 그 융합을 이끄는 중심 허브들이 있다. 예를 들어 지식이라 하더라도 ICT, 바이오, 나노, 두뇌, 마케팅 등과 같이 다양한 분야에 도움을 주는 주요 지식들이 있는데 이 지식들은 광범위하게 타 분야에 영향을 미칠 수 있는 하나의 조력자로서 주목을 받고 있다. 그러한 조력자로서의 지식은 미래혁신의 보고이고 미래의 생태계를 이끌어갈 주역이기에 그 어느 지식 영역보다 치열한 경쟁과 검증의 상태에 놓이게 된다.

(3) 다시 한 번 생각해야 할 것들

|

① 경쟁과 협력의 게임규칙

생태계의 구성원들은 상호협력을 통해 시너지를 창출하고 공동 목표를 성취해야 하는 측면이 있는 반면 한편으로는 생태계에 귀속될 이익의 배분을 두고 경쟁해야 하는 관계에 있다. 특히 플랫폼은 중심부에 위치하며 생태계가 가져올 이익의 상당 부분을 소유할 힘이 있다. 과연 플랫폼이 역량의 공유와 이익의 배분에 있어 어떤 원칙을 갖느냐는 생태계의 시너지 창출과 지속가능성에 중요한 영향을 미친다.

플랫폼에 그 네트워크 구성요소들이 원하는 역량이 부족하다면, 그리고 그 자신이 너무 많은 이익을 가져가려 한다면 그 네트워크는 지속가능할 수 없다. 국내시장에서도 플랫폼을 장악하고 있는 재벌 대기업들이 과거의 행태를 지속한다면 한국의 산업 생태계는 무너질 수밖에 없다.

경쟁과 협력을 조화시키기는 어려운 법이다. 개방에 있어서도 무엇을, 언제, 어떻게 오픈할 것인가 하는 데는 나름대로의 전방위적 전략이 필요함은 물론이다. 플랫폼을 장악한 기업으로서는 언제나 생태계를 끌어갈 비전과 전략, 그리고 내부의 게임규칙에 대한 고민이 필요한 것이다.

② 협력과 공유의 게임규칙

개방과 협력의 공유 비즈니스 영역이 커지면 과연 그 작동의 원리를 어떻게 해야 하느냐는 문제에 부딪힐 수밖에 없다. 허브 플랫폼인 경우 그런 고민은 더욱 커질 것이다. 플랫폼은 새로운 시장에의 진입을 촉진시킬 수도 있지만, 공유 인프라에의 무임승차로 인해 기존 사업자들에 피해를 줄 수도 있다. 우버는 자동차 하나 없이 교통서비스를 하고, AirBnB는 숙박시설 하나 없이 숙박서비스를 제공한다. 그러기에 이 플랫폼은 누구나 택시업자, 숙박업자가 될 수 있음을 의미한다. 그러나 한편 이는 기존 시설과 장비에 투자를 한 운송회사, 숙박업체에게 경쟁을 할 수 없는 상황을 만드는 것이다. 우버가 자율주행 트럭 개발업체인 오토모토를 인수하면서 미국의 트럭운전사 350만 명이 실직할 것이라는 전망이 나오고 있다.

UC 데이비스대학의 마틴 케니(M. Kenney) 교수는 이에 대해 다양한 정책적 의문을 제기한다. 예를 들어 플랫폼이 다수의 소규모 계약자들로 이루어질 경우 그 계약자들이 하나의 기업가로 성장할 힘의 원천은 과연 무엇이어야 하는가? 개인 사업자에 불과한 그 소규모 계약자들은 과연 사회보장의 혜택을 어떻게 받을 수 있는가? 이런 소규모 업체들과 관계를 맺을 고객, 노동자, 커뮤니티들은 어떻게 보호되어야 하는가? 이런 다양한 문제들이 제기될 수 있고 이는 정부에 새로운 정책 과제를 제시한다.

③ 신뢰와 소통의 게임규칙

각 분야의 경계가 사라지고 다른 주체 간의 협력이 강조되면서 소통 능력이 강조되고 있다. 특히 생각, 배경, 경험, 전공이 다른 사람들과 협력 및 융합을 이루어나가야 하기에 '사회적 지능'의 향상이 필요해지고 있다. 근래 지식과 정보의 다양한 조합이 가능하게 된 것도 인터넷과 모바일이란 새로운 소통 혁명에 힘입은 바 크다. 이런 사회적 지능을 위한 휴먼웨어에 대한 투자를 통해 협력적 리더십을 기르는 노력이 필요하다.

지식 융합은 또한 신뢰를 필요로 한다. 자신의 영역에서 자신만의 우수성을 입증하는 것이 역량이 아니라 타인의 지식에 대한 폭넓은 이해를 갖는 경계인으로서의 태도가 필요하다. 이를 위해서는 그에 걸맞은 제도가 필요하다. 교육 시스템, 능력에의 보상 시스템은 그 전제이다. 생산인력은 어디에나 있으나 복합 능력을 갖는 첨단인재는 제한되는 것이 지능정보사회의 특징이다. 지식 생태계에서는 특히 그런 인재가 제자리를 잡도록 게임규칙을 만드는 것이 필요하다.

04

한국산업 역량의
창조적 파괴

성공의 함정과 창조적 파괴

태양을 향해 힘차게 날아올랐던 이카로스의 날개가 성공의 신화를 쓰는 사이 한편에는 '성공의 함정'이 만들어진다. 제4차 산업혁명이라 일컬어지는 신(新)산업기술혁명을 맞아 과거의 '대량생산 시스템, 대기업 의존, 대규모 노동력, 대량인력 양성교육, 모방기술, 정부 주도' 패러다임은 더 이상 작동하지 않는다. 성장 패러다임의 '다품종 소량생산 시스템, 강소기업 의존, 지식근로자 중심, 창의적 교육, 혁신기술, 시장 주도'로의 전환은 우리 산업에 주어진 지상 과제다.

환경은 변하기 마련이고 어떤 시스템이든 살아남으려면 과거의 성공방정식에 대한 '창조적 파괴'가 필요하다. 창조적 파괴야말로 변화에 대한

적응 능력이다. 한국경제는 지금 이런 극단의 변화 압력 속에 놓여 있다. 그러기에 무엇보다 과거를 성공으로 이끌었던 역량을 새로운 시대에 맞는 역량으로 바꾸어나가는 노력이 필요하다. 혁신의 속도전쟁이 한창인 지금, 다른 나라보다 한발 앞서 변해야 우리에게 생존가능성이 있다.

1) 대량생산 시스템 : 정치한 구조조정 능력이 필요

(1) 대량생산 시스템 과연 유지될 것인가?

지난 20세기는 대량생산 시대였고, 그런 점에서 대기업과 대기업 노조가 큰 역할을 할 수 있었다. 소위 포디즘(Fordism)의 시대이었다. 소비자보다 공급자가 우위에 섰고, 동일 제품의 규모경제 달성을 통한 원가절감이 중시되었고, 막대한 원재료의 공급사슬과 노동력의 공급이란 생산요소의 조달이 중요한 화두가 되었다. 시장에서 이러한 생산요소들을 어떻게 더 싸게, 더 좋은 품질로, 더 빠르게, 조달하고 조합하느냐에 따라 그 경쟁력이 결정되었다.

세계경제의 축이 아시아 지역으로 이동하기 시작했다는 평가는 이러한 대량생산 시스템이 그 어느 지역보다 동북아시아 지역에서 성공했기 때문이었다. 일본이 이에 앞장을 서며 1970, 1980년대를 이끌어왔고 1990, 2000년대에는 한국이, 2000년대 중반부터는 중국이 이에 가세하기 시작했다.

그러나 21세기에 들어서며 이러한 시스템은 무너지기 시작하고 있다. 생산요소의 조달, 생산 및 유통과 관련된 가치사슬이 해체되고 파편화되고 있다. 기존의 생산 플랫폼은 수요와 공급 양 측면에서 도전받고 있다. 소비자 중심 시대가 되면서 개인의 기호에 따라 제품은 다양화되고, 생산에는 규모경제보다 범위의 경제가 중요시되며, 큰 것보다 작은 것이 더 아름다운 경제가 되어가고 있는 것이다.

그런 점에서 미래의 시대는 산업 구조조정의 시대가 될 것이다. 더구나 세계시장의 수요가 구조적으로 감퇴하고 있으니 불가피한 일이다. 과거 불경기에서 발휘되었던 선진국들의 빅브라더 역할은 더 이상 기대할 수 없다. 중국 등 신흥시장의 수요 증가 속도도 급속히 둔화되고 있다. 한국 경제에서 이러한 수요 둔화가 갖는 의미는 명확하다. 더구나 중국, 베트남, 인도네시아, 인도 등 신흥공업국의 대량생산 시스템 경쟁력이 급속히 부상하고 있어 우리의 해외시장을 상당 부분 내줄 수밖에 없는 상황이다.

신기술의 발전에 따라 구(舊)기술에 기반한 생산 시스템은 붕괴되어갈 수밖에 없다. 이러한 산업환경의 변화는 우리에게 엄청난 압력과 부담을 가져올 것이다.

(2) 대량생산 시스템의 성공의 함정

그동안 한국산업이 나름대로 가진 핵심 역량은 효율적인 대량생산 시스템이었다. 생산을 많이 하면 할수록 평균비용이 낮아지는 규모의 경제가 작동했던 것이다. '규모경제-효율 제고-공급 확대-시장 확대-조달 확대-투자 확대-규모 확대'라는 선순환의 고리가 만들어졌다. 그러나 이제 이러한 제조업생산이 한계에 달하고 있다. 미국, 영국 등 선진국들이 이미 경험했던 것처럼 제조업의 부가가치 비중이 30%에 달한 경제로서 이를 더 이상 증가시키는 것이 벽에 부딪히고 있는 것이다.

특히 그동안 강점을 가졌던 생산공정 개선 중심의 쥐어짜기식 성장이 한계에 부딪히는 형국이다. 대량생산체제의 효율성은 이미 중국, 인도, 베트남 등 개도국에서 더 우위를 보이기 시작하고 있다. 베트남 삼성전자 공장의 효율은 한국공장의 효율을 넘어서고 있다. 수출을 이끌고 있는 제품들도 몇 개 품목에 집중돼 있다. 반도체, 휴대폰, 자동차 등 몇 개의 품목들이 우리의 수출과 경제를 좌지우지하는 상황이다.

제4차 산업혁명이 제시하는 디지털경제는 산업의 부가가치 창출의 중심이 하드웨어에서 소프트웨어로, 생산에서 서비스로 옮아가고 있다고 말한다. 하드웨어를 지배해온 공급자 중심의 대량생산 시대 또한 소비자 중심의 소량맞춤형 생산 시대로의 전환을 예고하고 있다. 구글의 자율주행차 개발은 소프트웨어에서 주도권을 갖자는 것이지 하드웨어생산에서 수익을 기대하는 것이 아니다. 이제 거의 모든 산업에서 하드웨어의 레드오션화가 진행되고 있다. 하드웨어 조립생산에 경쟁우위를 지켜온 한국의 산업이 과연 새롭게 특화시켜나가야 할 미래 전략산업은 무엇인가?

지금의 이 생산환경은 우리가 새로운 트렌드에 제대로 대응하지 못할 경우 경제 기반이 뿌리째 흔들릴 위험에 노출되어 있음을 의미한다.

(3) 창조적 파괴 : 대답은 구조조정 능력에 달려

대량생산 시스템을 약화시키는 제4차 기술혁명이 우리 산업에 막대한 구조조정 비용을 발생시킬 것으로 예상된다. 세계경제가 저성장 추세를 보이는 디플레 시대임을 고려할 때 과잉생산과 '구조조정의 도미노' 현상이 발생할 가능성은 더욱 커질 수 있다. 우리에 앞서 중국, 일본 등 주요 공업국들은 이미 구조조정 시대에 들어서 있다. 조선해운은 그 한 사례일 뿐이다. 철강, 석유화학 등 다수의 산업들이 대기하고 있다. 조선해운산업은 이미 1980년대 초 호된 구조조정과 정부의 지원을 받았던 산업들이나, 지금 다시 그 일을 반복해야 할 상황에 처해 있다.

구조조정이란 하나의 창조적 파괴의 과정이다. 해당 기업이 청산이 되든 아니면 새로운 기업으로 다시 태어나든 그러하다. 청산이 되면 시장의 질서를 새롭게 한다는 점에서 그렇고, 새로운 기업이 된다면 지금껏 쌓아온 과거의 역량을 스스로 파괴하고 새로운 역량을 쌓기 시작한다는 점에서 그렇다. 과연 어떻게 그런 변화를 이룰 것인가?

첫째, 정부가 한국산업이 지향해나갈 미래 비전을 갖고 있어야 한다. 그것은 한국산업의 동력이 과연 무엇인지, 새로운 세계시장이 과연 어디가 될 것인지에 관한 통찰력을 기반으로 한다. 산업 전체의 비전이 있어야 기업의 구조조정도 방향을 정할 수 있다.

이 점에서 한 가지 중요한 것은 우리의 산업이 고 기술, 고 지식, 고 소프트웨어, 고 서비스업으로 나아가야 한다는 것이다. 산업 중심이 중후장대형산업에서 바이오, 신소재, 스마트 기기 등 경박단소의 첨단산업으로 바뀌어야 한다. 특히 수출.제조업 위주로 산업이 발전되다 보니 소프트웨어, 디자인, 기획, 금융, 유통 등 서비스산업의 발달이 지체되고 있다. 제조업에 자본, 인재 등을 집중시키다 보니 타 부문에 구축효과가 일어난 것이다.

그런 관점에서 서비스업의 생산성 향상 및 성장동력화가 주장되고 있다. 우리의 제조업에 치우친 불균형 구조가 문제를 가졌다는 점에서 타당한 접근방법이라고 보인다. 제4차 산업혁명도 서비스업의 발전이 필수적이라는 것을 암시하고 있다.

그러나 서비스업이 지금의 생산성으로 제조업을 대신해 고용 창출의 역할을 할 수 있을지는 회의적이다. 우리의 서비스업 생산성은 OECD 평균의 절반에 불과한 실정이고, 서비스업의 국내 제조업 대비 노동생산성 수준도 오히려 하락하고 있는 상황(2004년 60%에서 2011년에는 45%)이다.

서비스업의 진흥은 중요하다. 그러나 그 진흥은 말로만 되는 것이 아니라 정치권의 입법적 결단이 필요한 일이다. 우선 각종 이익집단이나 진영논리가 가로막고 있는, 서비스 분야의 비즈니스 기회를 봉쇄하는, 각종 사회정치적 목적의 정부규제를 폐지하는 일부터 시작해야 하기 때문이다.

둘째, 기업 구조조정의 노하우를 확보하고 있어야 한다. 앞으로 수많은 구조조정 사안이 발생할 것이라 예상된다면 종종 정부가 구조조정에 개입하는 것은 불가피할 것이다. 구조조정이 필요한 상태에서는 이해관계가 첨예하게 대립되면서도 그 균형을 깨기 힘든 상황이 벌어질 가능성이 크다. 이 균형을 깨기 위해서는 중재자가 필요하고 그 중재자는 정부일 수밖에 없다. 수술대에 올려 수술을 담당할 집도의가 필요한 것이다.

문제는 정부가 과연 수술을 할 능력이 있느냐 여부다. 구조조정은 전문성을 필요로 하므로 이에 대한 전문인력이 있어야 하지만, 순환보직이 일상화된 정부에서 이런 전문성을 기대하기는 무리다. 한 가지 방안은 1998년 구조조정을 위해 만들었던 금융감독위원회의 구조조정 전문성을 강화하거나 GM의 구조조정 사례에서 보는 바와 같이 외부 전문가들에 구조조정의 전권을 일임하는 방안을 생각해볼 수 있다. 관건은 과연 어떻게 공정한 전문가를 구할 수 있느냐 하는 것이다. 쉽지 않은 일이지만, 노력 여하에 따라서는 '선무당이 사람 잡는 것'보다는 나을 수 있다.

셋째, 기업 구조조정을 하려면 타이밍을 맞춰야 한다. 시기를 놓치면 수술하기가 더 어려운 법이다. 과잉생산이 오래 지속되면 기업은 더욱 더 골병이 들 수 있기에 선제적 구조조정이 필요하다. 그러나 대량생산 시스템은 대규모의 선행투자를 필요로 하기에 '매몰비용'이 커 퇴출장벽으로 작용하므로 기업은 구조조정을 머뭇거리기 쉽다.

구조조정을 미루는 것은 결국 해당 기업뿐 아니라 시장 전체를 망치는 지름길이다. 구조조정이 안 되면 좀비기업을 양산시켜 저가 출혈판매 등으로 시장을 '제 살 깎기'경쟁 속으로 몰아넣음으로써 건전한 기업조차 부실기업으로 만들 수 있다. NICE 평가정보에 따르면 좀비기업 수가 6년 새 46% 늘었다고 한다. 좀비기업이 있으면 우수인력이 묶여 인력활용 면에서도 효율이 낮아진다. 그러기에 정부는 구조조정을 시장 메커니즘에 의할 것이냐, 아니면 인위적 구조조정을 할 것이냐는 선제적 선택을 조기에 해야 한다. 문제는 정부에 의한 인위적 구조조정의 시동을 관료들이 기피한다는 것이다. 개입을 해도 핵심 문제의 해결에는 정작 미적거리기 일쑤다. 구조조정에는 비판과 책임의 문제가 따르기 때문이다. 그러므로 구조조정을 하려면 관료들이나 그 권한을 위임받는 전문가들에게 사후에 돌아갈 비난과 책임을 경감시켜주는 특별한 조치가 필요하다. 면책조치의 제도화를 생각해야 한다.

넷째, 기업 구조조정의 전체 그림을 그릴 수 있어야 한다. 구조조정에는 다양한 측면이 있다. 1990년대 초 기사회생한 IBM의 구조조정에는 4R이 있었다. 4R이란 '사업의 축소(restructuring : 협의의 구조조정)', '프로세스의 재구축(reengineering)', '사업 범위의 조정(rescoping)', '신사업 도전(revitalizing)'을 말한다.

'사업의 축소'란 기존의 사업규모를 축소하는 소위 다운사이징이다. 그러니 노조의 심각한 저항을 가져오는 대량해고가 불가피하고, 기존의 자산과 채무를 정리해야 하니 재무적 장애가 따르고 이해관계자들 간의 갈등이 불가피하다. 이런 과정이 어려우니 대우조선해양의 구조조정 사례에서 보듯이 구조조정에 직면한 경영자나 정부 관료들은 '언 발에 오줌 누기'식 지원으로 이 '폭탄'을 다음 경영자나 관료들에게 넘기고자 한다.

'프로세스의 재구축'은 기존 사업의 효율성을 높일 방안을 강구하는 것이다. 만약 그런 방법이 있다면 기존 사업도 일정 부분 그 존립을 유지할 수 있을 것이다. '신사업 도전'은 미래의 사업 기회를 포착하여 새로운 핵심 역량을 구축하고 새로운 비즈니스 네트워크를 형성하는 것이다. 첨단 기술이 아니더라도 사업 기회는 존재한다. 삼성바이오로직스는 우리 산업의 핵심 역량인 대량생산 시스템을 바이오산업에 적용시키고 있다. 특허가 만료된 제약기술을 활용한 바이오시밀러 제품을 더 싼 값에 더 높은 품질로 생산함으로써 글로벌경쟁력을 확보하는 것이다. 새로운 사업 기회에 도전하지 못하면 구조조정은 축소지향적일 수밖에 없고 이는 심각한 경제후퇴를 의미할 것이다.

문제는 이런 기회를 발견하기도 어렵지만, 과거의 핵심 역량을 버리고 새로운 역량을 쌓기도 어렵다는 것이다. 성장의 시대에는 기회 포착도 역량 구축도 상대적으로 용이하나 정체의 시대에는 기회 포착도 역량 구축도 어려운 법이다.

IBM과 같이 하드웨어기업이 소프트웨어기업이 되려면 우선 소프트웨어를 알아야 하고, 기존의 생산직 직원을 소프트웨어 엔지니어로 바꾸어야 한다. 하드웨어 역량과 소프트웨어 역량이 같을 수는 없는 노릇이다. IBM 루 거스너 회장이 구조조정을 성공시킬 때도 소프트웨어기업으로서의 미래를 발견하였기에 가능한 것이었다.

　다섯째, 정부가 기업 구조조정에 개입할 경우엔 산업과 시장의 미래에 대한 정확한 정보, 명확한 비전이 전제돼야 한다. 문제를 유예시켜주면 회생될 것이라는 낙관적 기대로 접근하면 안 된다. 회생의 신념이 없으면 정부의 개입보다 시장 메커니즘을 통한 퇴출을 생각해야 한다. 잘못 들어가면 돈만 쏟아 붓고 기업도 죽이는 법이다. 정부 개입은 국민 세금으로 부실의 책임이 있는 경영자와 근로자 좋은 일만 시키는 일일 뿐이다.

　물론 기업이란 오랜 시간의 노력으로 만들어진 핵심 역량의 결합체이고, 기업의 해체는 그런 과거의 노력을 무위로 돌리는 일이다. 그러나 부실기업이 회생을 하여 수익을 내게 하는 것은 지난한 일이고 성공의 사례도 흔치 않다. 또한 기업이 도산한다고 모든 역량이 완전히 물거품이 되는 것도 아니다. 대우가 키워낸 수많은 인력들은 그 이후 여러 기업들의 인재로 역할을 했고, 노키아의 기술 인력들은 핀란드에서 창업 활성화의 밑거름이 되었다. 오히려 시장에 주어야 할 메시지는 '너무 커서 망하지 못할 기업은 없다'는 것이 자본주의경제라는 것을 인식시켜야 한다.

　지금과 같이 다수 기업의 구조조정이 예상되는 상황에서 시장에 대마불사(大馬不死)라는 신호를 주는 것은 피해야 한다. 그런 위기의식을 불어넣을 수 있을 때 부실기업은 그나마 살 길을 찾아 온갖 노력을 할 것이고, 호황기업은 불황을 대비하게 될 것이다. 장기적으로 그것이 우리의 산업 생태계를 살리는 길이다.

여섯째, 기업 구조조정을 경제논리가 아닌 사회적, 정치적 논리로 접근하는 것을 피해야 한다. 노조나 정치인들은 구조조정을 사회적 관점에서 접근하여 정부가 무조건 이에 대한 대책을 마련하기를 원하기 쉽다. 그러나 경제 문제를 사회 문제로 풀려고 하면 비용이 막대해질뿐더러 그 비용을 국민들의 세금으로 메워야 하는 법이다. 즉 세금으로 부실기업 근로자의 봉급을 주고 세금으로 채권자의 손실을 메워줘야 하는 것이다. 왜 국민들이 그 부담을 져야 하는가?

실업의 문제는 사후적 복지의 문제로 풀어야지 사전적 보상의 문제로 풀 수 있는 것이 아니다. 구조조정을 근로자를 살리고 특정 지역을 살리고 하는 복지와 정치의 관점에서 접근하면 좀비기업만 양산시키게 된다. 구조조정을 경제적 관점에서, 그리고 시장을 어떻게 시장답게 돌아가도록 만들 것이냐 하는 관점에서 접근하는 것이 결국 효과적인 실업 방지책이라 할 것이다.

2) 재벌 대기업 : 공정거래와 지배구조 개혁, 피할 수 없어

|

(1) 재벌 대기업은 미래 한국경제에 축복인가, 재앙인가?

|

뉴스쿨대학의 교수였던 로버트 하일브로너는 현대 자본주의의 중심제도들을 대기업, 노동조합, 국가라 하였다. 대기업은 자원과 지식을 고도

로 집적시킨 하나의 플랫폼이다. 생산요소인 장비, 사람, 기술, 정보 등을 집적시켜 경쟁우위를 만들고 불확실한 미래 기회에 도전하는 플랫폼이다. 한국의 재벌그룹도 일종의 플랫폼이다. 남다른 경영 역량을 가졌던 창업자들이 이룩한 다양한 영역에서 비즈니스를 전개하기 위한 플랫폼이다. 비록 문어발식 확장이란 비난은 들었지만, 모기업이 구축한 플랫폼을 통해 수많은 새로운 비즈니스가 보다 쉽게 궤도에 오를 수 있었다. 특히 높은 실패의 위험과 정보의 비대칭으로 자본조달에 어려움을 겪는 기술집약적 기업의 성장에는 이런 플랫폼의 지원이 절대적이라 할 수 있다.

비즈니스 측면에서 보면 재벌 대기업은 비난의 대상이 아니라 세계에 한국을 대표하는 기업으로 찬양받아 마땅하다. 포춘지가 선정한 글로벌 500대 기업 숫자를 비교해보면 한국의 대기업들이 얼마나 잘해왔는가를 알 수 있다.

1993년에 미국 161개, 일본 128개, 프랑스 30개, 독일 32개, 한국 12개, 중국 0개였던 것이 2015년에는 한국은 17개, 중국은 98개가 되었으나 미국 128개, 일본 54개, 프랑스 31개, 독일 28개에 그쳤다 한다.

무엇보다 중요한 것은 대기업이 우리 사회에 누구나 가고 싶어 하는 양질의 일자리 공급처가 되어왔다는 점이다. 그러나 문제는 우리 경제의 재벌 의존도가 너무 과중하다는 점이다. 매출액 상위 500대 기업에서 30대 기업이 차지하는 비중은 60%(2015년)에 달한다. 재벌그룹이 광공업에서 차지하는 출하액 비중과 종사자수 비중은 각각 51.5%와 18.8%이다. 그것도 3~4개 재벌에 모든 것이 집중되어 있다. 국내 주식시장 시가총액의

20% 가까이가 삼성전자 한 기업의 가치다.

 기업의 성장은 찬사를 받아 마땅하다. 그러나 대기업 중심 구조는 경제의 유연성을 떨어지게 하여 미래의 변화와 혁신에서 큰 위기를 초래할 수 있다. 더구나 우리의 주요 경쟁상대가 될 중국 대기업들의 성장 속도가 우리 대기업 성장세보다 엄청나게 빠르다는 점에서, 우리가 더 빨리 달아날 수 없다면 이는 우리 시장의 상실, 대기업의 붕괴, 한국경제의 붕괴로 나타날 수도 있다는 우려가 있다.

(2) 재벌 대기업의 성공의 함정

 대량생산 시스템의 쇠퇴는 재벌 대기업의 지속가능성에 대해 의문을 제기하는 문제인 동시에, 재벌 의존도가 높은 한국경제의 미래 생존가능성에 대한 질문이기도 하다. 근래 한국경제의 미래에 대한 비관론도 상당 부분 재벌체제에 대한 이런 비관적 시각을 반영하고 있다고 보인다. 즉 '재벌 대기업 부실화→하청기업 부실화→근로자 가계 위축→내수 전반 위축→기업생산 위축'이라는 악순환의 고리가 심화될 위험성이 크다는 것이다.

 한국경제를 이끌어온 재벌구조가 이제는 성공의 신화가 아니라 '성공의 함정'이 될 수 있고, 이에 대한 창조적 구조 개혁 없이는 한국경제의 미래도 없을 수 있다는 이야기다.

첫째, 저성장 시대에서 재벌체제의 지속가능성이다. 고성장 시대에는 재벌집단이란 거대한 생산·마케팅 네트워크 구축을 통해 해외의 블루오션 기회를 개척하여 규모를 키우고 위험도 분산시킬 수 있었다. 그러나 미래는 저성장 시대임을 생각해야 한다. 이미 주력업종들의 침체가 가시화되고, 대기업들의 수익성이 악화되고 있다. 30대 그룹기업들의 영업이익률은 98년 6.68%에서 2009년 5.78%, 2015년 4.83%로 떨어지고 있다.

글로벌 구조조정 전문 컨설팅업체 앨릭스파트너스가 발간한 '2016년 2분기 한국기업 부실화 위험분석' 보고서에 따르면 우리나라 15대 그룹 계열사 109곳 가운데 25%가 2년 내 도산가능성이 있는 것으로 나타났다고 한다. 지금 대기업들 상당수가 성장 엔진이 돌지 않고 있고 성장을 하더라도 혁신이 멈춰 서는 모델이 되어가고 있다고 보인다.

이스라엘의 벤처캐피털인 요즈마그룹의 에를리히 회장은 '상장된 큰 기업들에 투자해 돈을 버는 시대는 갔다'고 한다. 저성장 시대에 대기업들은 과잉생산 능력을 갖게 되고, 따라서 수익을 위해 기존의 레드오션시장에 침투하려는 노력에 집중할 수밖에 없는 것이다. 이는 중소기업, 내수기업과 경쟁의 심화를 의미한다. 경쟁이 심하면 심할수록 재벌기업들은 자신의 플랫폼 이점을 최대한 활용하려 할 것이고 이는 불공정 행위와 중소기업의 시장축출을 촉진시킬 수 있다.

경제에 기여하는 효율 면에서도 재벌 대기업의 역할이 줄어들고 있다. 공정위 발표에 의하면 재벌기업들의 매출 비중(광공업 출하액 기준 51.5%)이나 부가가치 비율(33.4%)은 광공업 평균(27.3%)보다 높았으나,

고용 비중(18.8%)이나 R&D 지출 비중(2.2%, 광공업 평균 2.4%)은 상대적으로 낮은 것으로 나타나고 있어 고용 창출과 기술투자가 오히려 저조한 상황이라 할 수 있다. 대기업이 주로 담당하고 있는 조립산업이 장치산업이라는 점에서 자동화가 그 어느 부문보다 빠르게 진행되어온 부문이다. 대기업의 고용 창출 능력은 점점 더 감소될 수밖에 없다.

둘째, 대량생산체제의 약화는 기존의 대기업 의존, 대규모의 생산공장, 단순작업 위주의 근로자 역량, 조립기업-부품중소기업의 수직적 관계 또한 변해야 함을 의미한다.

근대의 대량생산 공장은 근대 군대의 구조와 프로세스를 배운 것이다. 군대 조직의 규율이 이제 로봇으로 대체되고 있는 것이다. 사람은 보다 창의적인 일을 해야 한다. 재벌기업들은 대량생산 시스템을 통해 이룬 기업들이다. 그들은 효과적인 시장선점형 생산을 통하여 사업 영역을 확장하는 동시에 하나의 기업군으로서 여러 기업을 거느리는 시너지를 창출해왔다. 이러 전략은 필연적으로 대규모 투자형 장치산업인 조립산업에 집중할 수밖에 없게 만들었고, 그 원자재와 부품의 생산을 자신의 계열기업 내지 하청기업으로 수직계열화하는 양태를 보여왔다.

대량생산 시대에 효율적인 수직계열화는 효율 증대에 중요한 역할을 하였다. 그러나 이는 필연적으로 시장교섭력이 큰 기업의 일방적 수탈을 일으키기 쉽다. 판매 중소기업의 경우 판매선은 안정되나 생산을 위해 선행투자를 하게 되므로 수요 기업에 인질로 잡히기 쉬워 협상력을 잃게 되는 반면 수요 대기업들은 비용절감, 이익 증대를 위해 모든 것을 쥐어짜야 하는 구조이다.

　대기업의 구매 담당 직원들은 자신의 성과평가가 그 비용절감에 달려 있으니 더욱 더 공급업체의 가격을 후려칠 수밖에 없고, 대기업 경영자는 수익이 제품혁신보다 공정혁신에 의존하고 있고 투자를 해도 생산성 관련 투자일 수밖에 없으니 다른 방법이 없는 것이다. 납품기업의 입장에서 보아도 안정적 시장 확보는 되지만 판매이윤은 없으니 죽기살기식으로 제품혁신을 할 이유가 없게 되는 것이다.

　더구나 대기업이 글로벌 소싱에 나서면서 중소기업의 위상은 더욱 더 위협을 받는 상황이다. 상장사협의회 조사에 의하면 상장 대기업의 매출은 2007년에 비해 2016년 78.9% 증가하였으나 상장 중소기업의 매출은 20.4% 감소하였으며, 영업이익 면에서 대기업은 상당 폭 증가하였으나 중소기업은 절반 수준으로 감소하였다 한다. 우리의 중소기업들이 얼마나 열악한 거래환경 속에 있는가를 간접적으로 보여준다 할 것이다.

　문제는 재벌이 재벌 전체의 이익을 우선하는 강력한 중앙집권적 의사결정체제를 가진 시스템이라는 데 있다. 자원배분에 관한 중앙집권적 의사결정, 즉 개별기업의 이익이 고려되지 않는 제3의 모기업 차원에서 의사결정이 이루어진다는 점이다.

　반(反)생태계적인 수직적 하청관계를 생태계적인 수평적 협력관계로 어떻게 바꿀 것이냐 하는 것은 지난 수십 년간의 중소기업정책 과제다. 다시 말하면 대기업 의존 문제를 해결하지 않고서는 산업경쟁력에 대한 해법을 찾기 어려운 것이다. 보다 더 큰 문제는 제4차 산업혁명에서도 과연 이런 하청관계와 의사결정체제를 갖고 도전과 창조 중심의 혁신경제를 만들어낼 수 있다고 생각할 수 있겠느냐는 것이다.

셋째, 대기업들이 미래산업을 이끌 창업 생태계를 질식시키고 있기 때문이다. 대기업은 이미 가진 것이 많고 기존 분야에 투자한 것이 커 높은 위험을 부담하며 새로운 혁신에 도전하기 어렵다. 새로운 분야를 개척하는 파괴적 혁신보다 기존의 것을 잘하는 점진적 혁신에 능숙한 것이 대기업이다. 그러므로 대기업이라면 혁신적이고 스피드 있는 창업벤처기업들과 보완적 협력관계를 잘 구축해가는 것이 중요할 것이다.

그러나 우리 대기업을 보면 창업기업들의 혁신의 싹을 잘라내는 일을 해오지 않았나 생각된다. 제품을 개발한 벤처기업을 적절한 투자로 인수하는 대신 자신과의 거래관계를 이용해 기술정보를 알아내고 그 신생기업을 고사시키려는 행태가 있어왔다.

물론 창업기업의 성공적 등장을 가로막는 장애요소는 한둘이 아니다. 또한 벤처기업만으로 우리 경제에서의 대기업 자리를 메울 수 있는 것도 아니다. 노키아 몰락 후 핀란드에 앵그리버드, 슈퍼셀 같은 성공 창업기업들이 등장했다. 하지만, 그들이 노키아의 자리를 대신할 수는 없다. 그러나 당장 그 자리를 메울 수는 없다 하더라도 창업이 없으면 국가경제도 있을 수 없는 것이다. 제4차 산업혁명의 도래 또한 수많은 경쟁력 있는 벤처기업의 창업 없이는 불가능한 일이다.

하버드대의 클레이턴 크리스텐슨(C. Christensen) 교수가 한 언론과의 인터뷰에서 지적한 한국경제의 문제들-하드웨어산업들이 중국 등 후발 주자의 추격에 의해 부서지기 쉬운 성공의 정점에 있다는 점과 새로운 기회를 찾는 창업 노력이 취약하다는 점-은 특히 우리 경제가 유의해야 할 대목으로 보인다.

넷째, 대기업구조가 더욱 문제인 것은 그들의 의사결정 시스템 때문이다. 아돌프 벌(A. Berle)과 가드너 민즈(G. Means)는 1932년 『현대기업과 사적 소유』라는 책을 통해 현대 자본주의의 주요 특징으로 소유권과 통제권의 분리를 들었다. 자본주의는 이 소유와 통제가 분리된 주식회사라는 제도의 발전에 힘입은 바 크다. 이 분리를 통해 기업은 많은 타인자본을 수혈받을 수 있었고 전문경영인의 경영 능력을 활용할 수 있었다.

그러나 한국의 재벌 대기업은 소유경영체제로서 소유권과 통제권이 제대로 분리돼 있지 않아 대리인 문제가 일어날 확률이 매우 높은 구조라는 데 문제가 있다. 1~3%의 지분만 갖고 있는 소액주주인 경영자가 97% 지분의 외부주주들을 제치고 마치 전체 기업의 소유자처럼 의사결정을 지배한다는 점이다.

그동안 소위 재벌총수의 황제적 경영이 일상화되어왔기에 외부 주주의 이익은 심각한 침해를 받아왔다. 주요 경영상의 의사결정들은 베일에 가려지고 가장 기본적 정보인 회계정보는 분식회계로 덧칠해져 있기 일쑤였다. 재벌총수 가족들의 횡령과 배임 사건들도 너무 자주 일어나고 있다. 그러기에 재벌과 정치의 정경유착이 지속될 수 있었다. 오래전이지만, 어느 재벌 회장이 청문회에서 했다는 말, '편하게 살려고 냈다'는 말은 이런 재벌의 이탈이 결국 정치 권력자의 먹잇감이 됨을 보여주는 말이라 할 것이다. 때로는 권력이 손을 내밀고 때로는 재벌이 다가가면서 이러한 '권력과 재벌의 잘못된 만남'은 계속됐고, 정치 권력의 힘이 빠지는 임기 말이 되면 그동안의 은밀한 거래가 세상에 밝혀지며 재벌은 그 대가를 치르는 역사를 되풀이해왔다.

  물론 재벌 회장들이 경제성장 기여론으로 대부분 면책을 받았기에 그 일이 그만큼 심각하지 않았는지는 모르지만, 이런 뻔히 보이는 길을 계속 반복한다는 것이 과연 옳은 것인가 하는 것을 우리는 이제 진정 물어볼 때가 되었다. 이런 재벌구조와 행태를 갖고 과연 서구와 같이 100년 지속 가능한 기업을 만들 수 있는 것인가? 그들이 과연 투명하고 공정한 사회의 기초를 만들 수 있는 것인가?

(3) 창조적 파괴 : 대답은 공정경쟁질서와 지배구조 개혁

|

  산업 불모지였던 한국경제를 세계 11위의 경제대국으로 키운 찬사가 재벌 대기업에도 돌아가야 함은 물론이다. 일부 재벌 오너의 행태가 문제라 해서 재벌들의 기여가 무시되거나 폄하될 수는 없는 일이다. 그러나 문제는 이러한 재벌구조가 미래의 산업구조와 충돌한다는 점이다. 그들이 가진 구조적 경직성, 시장독점성, 불공정 행태, 황제적 지배구조가 맞

지 않다는 것이다. 이제 기업과 시장이 무엇이냐 하는 기본으로 돌아갈 필요가 있다. 과연 우리의 구조적인 재벌 대기업 문제를 어떻게 해야 경제에 다시 역동성을 부여할 수 있는 것인가? 필자는 그것이 시장에서의 유효경쟁 확보와 기업의 지배구조 민주화에서 시작돼야 한다고 믿는다.

① 공정경쟁질서를 획기적으로 강화해야 한다.

자본주의의 성공은 시장을 시장답게 작동하도록 하는 데 있다. 그 시장은 명목상의 경쟁이 아니라 유효경쟁에 의해 뒷받침되는 시장이고, 그 경쟁은 당사자들이 모두 평등한 교섭력을 가진다는 것을 전제로 하는 경쟁이다. 시장이 한두 기업의 독과점적 지배력에 의해 지배되면 그것은 '보이지 않는 손'이 아닌 것이다.

시장의 상당 부분이 독과점구조 속에 있는 우리의 경우 과연 어떻게 유효경쟁을 확보할 것이냐 하는 것은 매우 중요한 일이다. 우리의 광공업 부문에서 2013년 기준으로 품목집중도(CR3)는 66%, 산업집중도(CR3)는 52%에 달하고 있다. 수출에 비해 내수가 적은 우리로서는 국내시장이 이런 독과점 문제에 노출되기 쉬운 구조를 갖고 있기에 더욱 어려운 문제이다.

그러나 독과점은 시장실패를 야기해 시장의 효율적 자원배분 메커니즘을 방해할 뿐 아니라, 사회적 후생 면에서는 과소생산과 고용의 축소, 소비자 잉여가치의 축소를 유발하게 된다. 독과점기업이 시장차별화를 통해 내수가격을 수출가격보다 높게 한다거나 수출품과 내수품의 부품 품질을 달리한다는 비판에 직면하는 것도 같은 이유이다.

조지프 슘페터는 『자본주의, 사회주의, 민주주의』에서 '그럴듯한 자본주의'로 혁신을 대기업들이 독점 이윤이라는 보상을 보고 하는 행동으로 보아 독점의 긍정적 측면을 강조하였다. 그러나 이 독점적 위치는 일시적으로 주어질 뿐이다. 시장 진입에 장벽이 없다면 새로운 '창조적 파괴의 광풍'이 끊임없이 불어오는 곳이기에 그 독점지대는 지속될 수 없는 것이다.

한편 하버드대의 필립 아기온(P. Aghion) 교수와 브라운대의 피터 호위트(P. Howitt) 교수는 혁신의 촉진요소로서 경쟁을 강조한다. 경쟁은 기업으로 하여금 생존을 위해 신기술의 개발과 도입에 박차를 가하도록 압력을 가할 수 있으며, 역으로 기술적 우위를 차지하기 위해 선두다툼을 벌이고 있는 기업들 간의 경쟁 압력이 혁신활동을 촉진시킬 수 있는 것이다. 우리의 경우도 공정위 분석에 의하면 독과점구조 유지 산업의 평균 R&D 비율이 2.2%로, 광공업 전체 평균인 2.4%보다 낮다고 한다. 이는 우리도 이런 독과점 폐해가 있을 수 있음을 보여주는 것이라 하겠다.

대기업의 불공정거래 문제는 효율의 문제이기도 하지만, 경제 정의의 문제이기도 하다. 20세기 초 독과점기업들이 번창했던 미국경제를 경쟁구조로 탈바꿈시킨 사람은 시어도어 루스벨트 대통령이다. 19세기 말 소수의 재벌이 제조업 생산량의 88%를 지배할 정도로 독과점이 심화되자, 미국정부는 셔먼법(1890년)을 제정했고, 그럼에도 문제가 개선되지 않자 클레이턴법(1914년)을 다시 제정하여 시장지배 행위에 대한 민간인 제소권과 징벌적 배상제도를 도입했다. 그 결과 독점자본의 폐해를 완화시킬 수 있었다. 루스벨트의 결단이 없었다면 20세기 미국경제와 같은 강력한 경제국가의 출현이 늦어졌을지 모른다. 공정한 질서, 타인과의 공감 능력을 상실한 경제가 번영할 수는 없는 법이다.

더구나 지금 세계경제는 생태계 대 생태계의 전쟁이 되고 있다. 생태계가 경쟁력을 가지려면 협력과 상생이 전제돼야 한다. 투명성과 공정성 없이는 신뢰가 없고, 신뢰가 없으면 상생이 될 수 없다. 시장지배력을 가진 기업들의 반(反)경쟁적 행위에 대한 비판을 시장에 대한 비판으로 해석해서는 안 된다. 반경쟁적 행위가 지속된다면 결국 우리의 자본주의는 설 땅이 없을 것이다.

자본주의를 위해 무엇보다 권한, 기능, 역량 면에서 강력한 공정거래위원회를 만들어야 한다. 동시에 공정위의 심판절차가 투명하고 공정하게 되도록 절차를 개선하는 노력도 필요하다. 공정위의 전속고발권을 폐지하여 미국처럼 검찰의 공소권을 인정하는 것도 검토할 필요가 있다. 아울러 공정위 출신 로펌 인사들이 전관예우를 활용한 활동에 대해서도 대책이 있어야 한다.

다음으로는 공정거래법 및 하도급법 위반 행위에 대해 실효적인 규제조치가 이루어지도록 해야 할 것이다. 공정거래질서에 관한 글로

벌 스탠더드라 할 피해자 집단소송제, 징벌적 손해배상제, 법원에의
직접금지청구제('사소제도'), 중재제도의 신설 및 조정제도의 대상
확대 등이 검토될 필요가 있다.

② 지배구조의 개혁이 필요하다.

아시아 기업지배구조협회가 2014년 발표한 12개국의 국별 기업 지
배구조의 건전성 순위를 보면 우리는 태국(6위), 말레이시아(7위)에
도 떨어지는 9위를 기록했다. 재벌기업들의 지배구조에 대해서는
그동안 비판론과 옹호론이 대립해왔다. 전자의 오너경영 자체가 불
가능하도록 하자는 주장부터 후자의 오너경영이 갖는 의사결정의
기민성과 책임성을 강조하는 주장까지 다양한 의견들이 존재한다.
기업 지배구조에 하나의 유일한 형태란 존재하지 않는다. 그러나 우
리가 가야 할 큰 방향은 오너 리더십의 중요성은 살리면서도 그 의
사결정에 감시와 견제가 가능하도록 만드는 것이다. 황제식이 아닌
민주적 리더십에 대한 고민이다. 한마디로 오너가 '유익한 지배자'
가 될 수 있는 길을 고민하자는 것이다.

그러기 위해서는 우선 지금까지 논의돼온 지배구조의 투명성, 책임
성의 강화가 불가피하다. 지주회사로 전환, 사외이사 선출의 독립
성 및 권한 강화, 재벌총수 책임 강화, 경영 및 회계정보 투명성 강
화 등의 과제들을 더 이상 미룰 수 없다. 또한 대기업의 주주인 국민
연금이 제대로 감시자 역할을 하는 것도 중요하다. 해외 연기금들이

기업 감시에 적극적인 것은 자신의 자산을 지키기 위해서이다. 다만 금융투자가인 외부 소수 주주들이 경영 개입을 통해 직간접적인 방법(과잉 배당, 자사주 매입 등)으로 기업 돈을 **빼내**가는 행위 또한 방지되어야 할 것이다.

아울러 주목해야 할 것은 근래 재벌기업의 상속경영이 본격화되면서 3세, 4세까지 각종 사업에 뛰어들어 재벌이 구축해놓은 플랫폼에 무임승차하고 있다는 점이다. 재벌의 가족기업 분화 및 재벌구조의 실질적 확대재생산이 일어나고 있는 것이다. 이들이 중소기업시장으로 진출을 가속화하면서 재벌과 직간접적 연계를 갖는 또 다른 기업군으로 전체 시장지배가 확산되는 결과를 낳고 있다.

창업자에게는 그래도 창업단계에서 그들이 들인 땀이 있고 그 과정에서 그들이 체득한 지혜가 있기에 그들의 독단적 경영을 어느 정도 받아들일 수밖에 없는 측면이 있었다. 그러나 3, 4세에는 그들이 재벌이라는 플랫폼에 무임승차하여 그런 역할을 하도록 사회가 용인해야 할 정당성을 발견하기 힘들다.

무엇보다 경험이 없는 경영자의 실패위험이 너무 높고, 그 피해는 고스란히 외부주주와 국민에게 돌아가는 것이다. 정의가 아니라 효율의 문제에서도 적극적으로 막아야 한다. 오너의 가족이라도, 가족이 기업을 위해 일해야지, 기업이 가족을 위해 일할 수는 없다. 한진해운의 사례에서 보듯 경영 역량 없는 가족경영이 국민경제에 얼마나 막대한 부담을 주는지 이미 충분히 보아왔다.

이제 우리의 법 체계가 가족경영에도 확실한 잣대를 가져야 함은 물론이다. 주식회사의 기본성격이 소유와 경영의 분리라는 점에서 가족의 경우는 차라리 이사회 의장으로서 창업정신을 지키는 데 일차적 역할을 맡기는 것이 타당하다고 보인다. 경영권의 가족 승계를 원하는 경우는 그 승계가 적어도 외부인재와의 치열한 경쟁을 통해 가능하도록 하여야 할 것이다.

편법 상속 및 무임승차의 확산을 통한 재벌구조의 지속 및 확장은 심각한 불공정 행위일 뿐 아니라 창업기업의 생성을 억압함으로써 미래 한국경제를 결국 파국으로 이끌 수도 있는 요소이다.

③ 대기업의 사회적 책임과 기여에 대한 인식 제고가 필요하다.

우선 조세부담을 들 수 있다. 그동안 대기업의 실질적 조세 부과에는 경제 활성화라는 명목하에 많은 감면조치들이 있어왔다. 투자세액공제, 법인세 인하 등이 이루어졌다. 그 결과 최근에는 대기업들의 사내유보금이 많이 증가되었다. 30대 기업 사내유보금은 1990년 약 20조 원에서 2015년 약 700조 원으로 증가했다.

사내유보금은 일종의 자산으로, 미래의 투자를 위해서나 부채를 가진 기업의 사업위험을 고려할 때 적정규모의 사내유보금은 반드시 필요하다. 또한 시카고대의 피터 첸(P. Chen) 교수가 지적한 바와 같이 사내유보금(기업저축) 증가는 전 세계 대기업들의 일반적 현상이다.

그렇다고 너무 과다한 사내유보금을 갖는 것은 경제 운영 면에서 바람직하지 않다. 왜냐하면 투자나 배당이 늘지 않는 상태에서 사내유보금은 임금, 납품가격, 또는 세금으로 환류돼야 할 돈이 기업에 잠기는 것이고 기업으로도 대규모 자금을 내부에 묶어두는 것은 과다한 자유 현금흐름으로 인해 경영자의 도덕적 해이인 과잉투자를 초래하거나 자금 유용, 성과보수 등 사익(私益)으로 자금을 유출시키기 쉽기 때문이다. 그런 면에서 과다 사내유보금이 중소기업의 납품가격 인상, 비정규직 임금 인상 등으로 환류되도록 기업도 노력을 하고, 정부도 이를 촉진하는 제도를 마련하는 것이 바람직하다.

이제 우리의 재벌기업인들도 사회적 책임과 기여를 진지하게 인식할 때가 되었다. 20세기 초 독과점 재벌 문제로 고심하던 미국에 새로운 광명을 비춘 것은 존 록펠러, 앤드루 카네기, 헨리 포드 같은 대기업 오너들이 자신의 거의 전 재산을 기부하는 사회적 기여였다. 그들은 미국의 산업혁명 시기인 19세기 말부터 20세기 초에 엄청난 부를 모은 사람들로서, 그 부를 축적하는 과정에서 '날강도 귀족들'이라는 말까지 들으며 악착같이 부를 모았던 사람들이기에 사회 환원은 더욱 놀라운 일이었다.

이후 밴터빌트, 코넬, 스탠포드, 존스 홉킨스, 켈로그, 와튼 등의 슈퍼리치들의 기부가 계속 이어졌고 그 결과 세계 최고의 대학들이 그렇게 미국에 즐비하게 된 것이다. 사람은 바뀔 수 있고, 지도자가 바뀌면 언제나 세상이 바뀔 수 있는 법이다.

④ 경영진에 혁신적이고 탄력적인 조직문화를 이룰 결단이 있어야 한다.

이제 대기업이 살아남으려면 운영 소프트웨어와 사람을 바꾸어야 한다. 이건희 회장이 했다는 '마누라와 자식만 빼고 다 바꿔라'는 말은 여전히 이 시대에도 맞는 말이다. 변하지 않으면 글로벌경쟁에서 살아남을 수 없는 것이 오늘의 현실이다.

변화의 장애는 기본적으로 관료주의에 물든 조직문화이다. 기업도 커지면 관료주의가 나타난다. 권위적 문화이기에 상사에게 NO를 할 수 없고, 그래서 문제가 잠복되어진다. 미쓰비시, 토요타, 폴크스바겐 등의 위기는 이런 문화가 낳은 산물이다.

우리와 유사한 일본은 그래도 한때 전 세계를 풍미했던 JIT, 품질관리조 활동 등의 경영기법을 만들어낼 조직문화가 있었다. 그러나 우리의 기업 현실을 들여다보면 아직 갈 길이 멀다고 느껴진다. '기술을 모르는 임원도 기술경영을 맡고, 연간성과에 급급하여 장기 프로젝트는 거들떠보려 하지도 않고, 아이디어가 좋아도 위험이 큰 과제는 절차 따지며 피하려 하기 일쑤고, 실질성과보다 발표자료 잘 만드는 것이 더 능력 있다고 평가받는 조직문화'라는 비판에서 과연 자신 있게 아니라고 말할 기업들이 얼마나 될까?

조직은 장기적으로는 경영문화의 싸움이다. 차별화된 문화가 곧 경쟁력이다. 이를 위해 경영자는 조직을 가끔 혼돈 속으로 밀어 넣어야 한다. 이건희 회장은 1995년 휴대폰 애니콜 수십만 개를 불태워 없앴다. 그 뒤 삼성은 그 시장에서 1위의 리더로 올라설 수 있었다.

2장. 제4차 산업혁명과 창조적 파괴

미래기업으로의 변화는 DNA의 변화이고, 그것은 무엇보다 문화의 변화이다. 생산과 효율 중심 기업이 기술·지식과 창조 중심의 기업으로, 프로세스와 규칙 기반의 관리 조직이 가치와 사명감, 그리고 비전 기반의 자율 조직으로, 자기 혼자만의 나 홀로 조직이 외부기업과 언제나 결합해나갈 수 있는 레고형 결합 조직으로, 상명하복의 문화가 참여와 소통의 문화로, 위험 회피의 자세가 도전 찬양의 자세로 변해야 함을 의미한다. 마치 작은 벤처기업들의 결합 플랫폼처럼 되어야 하는 것이다.

이는 재벌총수가 한마디 한다고, 중간관리자가 결정할 수 있는 투자 규모를 올린다고, 근무시간을 자유롭게 한다고, 출근복을 자유롭게 한다고 될 수 있는 것이 아니다. 생각과 의식의 확실한 전환이 선행돼야 하는 것이고, 그것은 재벌 오너부터 정말 그렇게 자신을 만들어야 하는 것이다. 과연 그들은 그렇게 자신의 머리를 바꿀 수 있을까?

그래야 기업이 유연해질 수 있다. 유연해야 파괴적 혁신의 시대에 살아남을 수 있다. 파괴적 혁신이 일어나도 현재의 '황금 알을 낳는 거위'를 죽일 수 없다면 기업이 죽는 법이다. 아날로그 필름시장을 지배했던 코닥이 디지털카메라기술을 최초로 개발해놓고도 디지털 시대에 결국 도산할 수밖에 없는 이유이다.

정부 또한 유연해야 한다. 기업의 이런 변신에 걸림돌이 되지 않도록 자신의 관료주의가 만든 규제들을 말끔히 치워 없애야 한다.

재벌그룹은, 오랜 세월 수많은 사람들의 헌신으로 만들어진 역량의 집합체이다. 지식, 경험, 신뢰, 협력관계 등이 쌓여 만들어진 것이다. 재벌 대기업은 또한 글로벌경쟁에 유리한 조직이다. 비즈니스에는 엄연히 거대한 글로벌 비즈니스 플랫폼이 필요하고 이는 재벌 대기업밖에 할 수 없는 측면이 있다.

그런 조직을 새로이 만들려면 또 그만큼의 시간이 필요할 것이다. 그러기에 재벌을 인위적으로 해체하겠다는 주장은 황당한 주장일 수밖에 없다. 그 누구도 그런 역량을 쉽게 쌓을 수 없기 때문이다. 또한 자본주의경제에서 가장 중요한 원칙은 재산권의 보호이다. 재벌구조에 대한 논란에 있어서도 재산권의 보호는 지켜져야 한다. 다만, 그 재산권이 합리적이고 공정하게 행사되도록 질서를 만들어야 한다.

문제는 재벌이 가진 역기능이다. 역기능을 어떻게 치유할 것이냐에 지혜와 의지를 모아야 하는 이유다. 한국의 재벌구조가 갖는 가장 큰 논란은 그 행태가 과연 경제적 합리성과 사회적 공정성을 충족시키고 있는가 하는 의문이다. 한국의 재벌 문제에 대한 지적은 어제오늘의 일이 아니다. 많은 제안과 대책들이 있어왔지만 그 실질적 조치는 매우 미미했다. 겉으로는 요란한데 실제는 거의 아무것도 안 하는 상황이 지속되었다. 경기가 다소 침체되기만 하면 재벌의 잘못에 면죄부를 주는 일에 익숙한 것이 우리의 모습이다. 이는 우리 경제가 그만큼 재벌 의존도가 높다는 말이고, 재벌이 갖는 사회정치적 영향력이 그만큼 크다는 의미이다.

그러나 미래에 한국경제가 지속가능하려면 이제 재벌 행태에 대한 확

2장. 제4차 산업혁명과 창조적 파괴

실한 장기적 대안을 가져야 한다. 설혹 당장 부담이 되더라도 장기적으로는 그것이 재벌도 살리고 한국경제도 건강하게 하는 길이다. 대기업들이 가고자 하는 기술집약형 기업, 소프트웨어가 강한 기업, 플랫폼형 기업은 구호로 되는 것이 아니라 그에 상응할 만한 비전과 실천이 있을 때 가능한 일이다. 재벌기업에 대한 규제 하나 더한다고 이 문제가 해결되리라 기대할 사람도 없다. 문제는 지속적인 의지다.

그 출발은 국내시장의 공정경쟁질서의 확립과 재벌의 투명성과 책임성을 확보하는 것부터 시작해야 한다. 지금 수준의 투명성과 책임성을 갖고 세계 일류기업이 되고자 하는 꿈을 꾼다면 그것은 세계 수준을 너무 얕잡아 보는 것이다.

3) 노동시장 : 포용성과 유연성을 동시에 달성해야

|

(1) 만성적 노사갈등, 경제는 과연 지속가능할 것인가?

|

우리 경제가 지난 50여 년 경이로운 성장을 이룰 수 있었던 것은 무엇보다 우수한 노동력 덕분이라 할 수 있다. 현재는 매우 낮아졌지만, 우리의 경제성장에서 노동 부문의 기여도는 20% 정도로 높게 유지되어왔다. 이는 우리 산업이 그만큼 노동집약적 구조였다는 것을 말하는 동시에 노동을 어떻게 활용하느냐에 따라 경제가 큰 영향을 받았음을 의미한다.

지금도 우리 산업의 1차적 난제는 노사관계이다. 본래 노동시장에서 협상력 우위는 자본가가 갖기 쉽다. 왜냐하면 노동력은 자본과 달리 시장에서 노동자로부터 분리될 수 없고 시간이 지나면 곧 소멸되기 때문이다. 특히 초기 성장단계에 기업가를 대신해 정부가 노사관계의 한 당사자로 나서 노동운동을 억압함에 따라 노동의 협상력은 심한 비대칭적 상태에 있었다 할 것이다. 그러나 1987년 후 민주화가 진행되어 노조의 정치적 위상이 높아지며 노조의 협상력도 높아졌다. 일부 대기업 노조의 경우는 경영자 측을 능가할 정도가 되었다.

노사 간 협상력은 법적, 실질적 규범의 적용 상태에 따라 변하게 된다. 한국에서 노조의 협상력이 강화된 것은 노동3권이 그만큼 신장되었기 때문이다. 해고 등 경영자 측 대응에 법적 제한이 강화되면서 상대적으로 선행투자를 하는 경영자가 억류(holdup)되는 상황이 발생하기도 한다. 억류란 투자가 매몰비용이 되어버리므로 투자한 측이 상대에게 매이게 되는 것이다. 물론 억류가 언제나 최악의 시나리오로 귀결되는 것은 아니다. 협상의 관행이 잘 정착되면 억류의 위험을 최소화할 수 있다.

우리는 아직 노동시장을 안정화시키지 못하고 있다. 노사갈등은 여전하고 행태는 정치경제적 여건 변화에 따라 요동을 친다. 정규직과 비정규직이란 노동시장의 이중구조는 심화되었고, 노조들은 강력한 연대를 갖게 되었다. 대기업 노조의 강력화는 대기업 경영자에게 나름대로의 대응전략을 강화시켰다. 그 전략은 자동화의 확대, 고용의 비정규직화, 외주생산의 확대, 납품가격의 인하, 해외로의 생산기지 이전 등이다. 경영자의 입장에서 일종의 회피전략을 쓰는 것이다.

 문제는 이런 상태로 경제가 과연 지속가능할 수 있느냐 하는 것이다. 한국경제 위에 드리운 암운이 가시지 않고 있다. 노조, 경영자, 정부, 모두 제 역할을 못하고 있다. 기업이란 '황금알을 낳는 거위'를 죽일지 살릴지는 이들이 과연 어떤 역할을 하느냐에 달려 있다.

 지속가능한 경제를 말하는 것은 지속가능한 고용 기회의 창출이 그만큼 중요하기 때문이다. 고용 기회는 노동수요를 의미한다. 노동수요에 영향을 미치는 요소는 우선 성장과 투자를 들 수 있다. 그런데 고성장 고투자 시대가 저성장 저투자 시대로 바뀌며 노동수요의 감소가 피할 수 없는 현실이 되고 있다. 따라서 어떻게 성장과 투자를 회복시킬 것이냐가 고용 문제의 핵심이다.

 산업구조의 변화 또한 노동수요를 감소시키는 요인이다. 기술혁신이 일어날수록 저숙련노동에의 의존이 감소되는 경향이 있다는 것은 이미 알려져 있다. 자동화기술의 진전으로 단순노동자들이 설 자리를 잃는 것이다. MIT의 데이비드 오토 교수의 말대로 잘나가는 대기업일수록 노동력을 적게 사용하고 있다. 자동화기술투자가 적은 기업들은 경쟁에서 뒤처지고 있다. 이런 현상은 제4차 산업혁명의 진전에 따라 더욱 더 가속화될 것이다. 생산 시스템의 혁명, 즉 제2의 기계 시대를 열어갈 로봇틱스, 3D프린팅, 인공지능, 모두 일자리를 축소시킬 기술이다. 단순노동을 넘어 중숙련노동, 지식노동까지 수요의 감소가 예상된다.

 노동수요 문제는 노동 공급 문제와 맞물려 있다. 급속히 진행되는 저출산 고령화가 노동력의 공급 감소를 예상케 한다. 즉 장기적으로 노동시장에서 공급과 수요가 동시에 감소하는 하방균형이 일어날 것이란 의미이다. 노동 공급의 하락이 빠른 경우 실업 문제는 줄겠지만 하방균형의 깊이는 더 깊을 수 있다.

산업의 지속가능성이란 측면에서 노동시장이 당면한 가장 중요한 문제는 노동의 생산성을 어떻게 유지, 확보할 것이냐 하는 것이다. 고용의 핵심은 노동생산성이다. 모든 나라들이 노동생산성에 매달리는 이유이다. 그러나 한국경제는 아직 그 생산성에 대한 해답을 찾지 못하고 있다.

우리의 노동시간은 OECD 국가 중 2위를 기록할 정도로 긴 편이다. 이렇게 긴 노동시간으로 인해 '저녁 있는 삶'이란 정치구호가 국민의 가슴을 울리기도 하였다. 그러나 노동생산성을 보면 OECD 국가 중 28위(2015년)로서 이는 OECD 상위그룹 국가들의 절반에 불과한 수준이다. 노동시간당 GDP생산(2012년)은 $28.9로 미국의 45%에 불과했다. 대기업의 절대임금은 미국, 일본 등을 넘어서는데, 같은 모델의 자동차 1대를 만드는 데 걸리는 시간은 국내 공장 26.8시간, 미국 공장 14.7시간이라 한다. 더구나 중소기업, 서비스업의 노동생산성은 더욱 더 낮은 수준이다. 중소기업의 생산성은 대기업의 1/4에 불과하고 서비스업의 생산성은 제조업의 1/2에 불과한 실정이다.

일반적으로 생산성이 낮은 이유로는 장비 인프라 부족, 작업 프로세스 문제, 근로자들의 작업상 문제들을 유추해볼 수 있는데, 우리의 경우 평균적으로 보아 근로자의 작업효율에 상당한 문제가 있는 것으로 보인다.

타워스 왓슨이 세계 22개국 직원의 업무 완전 몰입도를 조사(2010년)한 바, 세계 평균은 21%이나 한국은 6%에 불과하였다 한다. 한국의 직장문화가 사무실에는 오래 있지만 일본이나 선진국에 비해 작업효율이 높지 않은 것으로 알려져 있다. 작업체제도 그렇고 잔업을 해야 수당도 받을 수 있고 어차피 야근도 밥 먹듯 하니 자신의 체력 보전을 위해 작업에 몰입을 할 수 없는 측면도 있다. 이런 시스템으로는 이 치열한 경쟁 속에서 경쟁력을 확보할 수 없다.

문제는 어떻게 생산성을 높일 것이냐 하는 것이다. 경영자 입장에서 생산성을 높이는 방법은 근로자가 더 열심히 하도록 할 환경을 만드는 것이다. 이 동기부여 문제가 현재 노사갈등의 주요 이슈이고, 그 차원에서 논의되는 것이 노동의 유연성 문제이다.

(2) 노동시장과 성공의 함정

한국경제가 처한 노동시장의 문제는 복잡하고 다양하다. 그중에서 몇 가지를 요약해본다면 다음과 같다.

① 노동시장의 경직성

우리의 노동시장은 고도의 경직성 속에 있다 할 수 있다. 일본과 유사하게 평생고용, 연공서열, 호봉제 문화가 암묵적으로 우리의 산업을 지배해왔고 노동 관련 법제가 이를 반영하고 있기 때문이다. 이

것이 근로자에게는 노동의 이동성을, 경영자에게는 해고의 용이성을 제약하고 있다. 연세대 양재진 교수의 논문에 의하면 외환위기 극복과정에서 정리해고제가 도입되었으나 규제조항의 추가로 오히려 정리해고 엄격성지수가 12에서 16.5로 증가되었고 그 결과 비정규직 고용 증가라는 문제가 초래되었다 한다.

경직성을 나타내는 OECD 통계(정규직의 고용보호 경직성, 2013년)를 보면 우리는 OECD 35개국 중 11위인 2.37(평균 2.04)로 일본, 미국, 영국 등 주요 선진국보다 경직적임을 나타내고 있다. 한국경제연구원 이진영 박사의 논문에 의하면 우리의 법적 해고비용은 14.74주로 OECD 평균(7.79주)이나 경쟁국인 일본(2.48주), 중국(14.06주)에 비해 매우 높은 편이다.

기업에 따라 다르기는 하겠지만, 일반적으로 해고비용이 높으면 노동자의 노동생산성과 기업의 고용에 부정적 영향을 미치는 것으로 알려져 있다. 즉 기존 근로자에게는 그만큼 나태할 여유를 주고, 신규 취업희망자에게는 그만큼 취업 기회가 봉쇄되는 것이다. 해고비용이 높으면 대기업의 기존 정규직원시장에는 일종의 진입장벽이 쳐지는 것이다. 신규 진입이 봉쇄된 시장은 항상 독점 지대의 추구가 가능하다. 기존 노동자의 과보호는 결국 대기업에 들어가길 기다리는 청년의 기회를 봉쇄하게 된다. 한국사회에서 대기업이 갖는 위상 때문에 그들은 자발적 실업자가 되기를 주저하지 않는다. 청년실업률이 높은 이유이다(한국 10.7%, 일본 5.1%, 2016년 ILO). 청년

실업은 실업 사태로 몇 년이 지나면 그들이 구조적 실업자로 전락하기 쉽다는 점에서 더욱 더 문제이다. 소위 그들에 낙인효과가 발생하고, 가진 지식도 진부화되기 때문이다.

노동시장이 경직되면 근로자나 경영자나 그 대안을 찾는 법이다. 근로자들은 노조활동에 더 매달려왔고, 경영자들은 비정규직의 고용 확대, 생산기지의 외국 이전으로 대안을 찾아왔다. 자동차산업협회에 의하면 자동차 생산이 2009년 국내 64.9%, 외국 35.1%에서 2016년 48.7%, 51.3%로 역전되었다고 한다. 노조의 힘이 잘못 발휘되면 결국 '생산 감소→고용 감소→소득 및 소비 감소→경기 침체→고용 감소'의 악순환을 만드는 것이다.

노동 유연성이 더욱 필요한 이유는 세계의 산업 시스템이 급격히 변하기 때문이다. 과거의 산업환경이 안정적이었다면, 미래환경은 혁신적이고, 단절적이며, 변동적일 것이다. 가치사슬은 이미 분절화, 세계화되었으며, 외주의 확대와 구조조정이 일상화되고 있다. 고용구조도 일시고용, 외주생산, 고지식 고숙련 노동, 성과 기반 임금 등으로 전환되고 있다. 수출대국이란 우리가 이런 파도에서 자유로울 수는 없다. 노동의 유연화는 이제 하나의 거스릴 수 없는 범세계적 대세가 되고 있다. 기존 산업의 구조조정 또한 불가피할 것이고, 이에는 무엇보다 노동의 이동성, 유연성이 중요할 것이다. 일본, 유럽 등 각국이 노동의 유연성 개혁을 추진하는 이유이다.

② 노동시장의 이중구조

우리의 노동시장은 정규직과 비정규직, 대기업과 중소기업의 임금에 있어 심각한 불균형을 보이고 있다. 노동시장이 분절화되어 있는 것이다.

● 비정규직의 과잉 : 정규직의 유지비용이 높아지며 전체 고용에서 비정규직 비중이 빠르게 증가되어왔다. 비정규직의 과잉 비중과 과소 임금은 경제 문제인 동시에 심각한 사회 문제이다. 임금 수준을 보면 대기업 정규직을 100(2014년 기준)으로 할 때, 대기업 비정규직은 66.1, 중소기업 정규직은 59.5, 중소기업 비정규직은 40.7에 불과하다 한다. '한국판 노동 카스트'가 존재한다는 말이 있을 정도이다.

그러나 지금 이 문제의 해법이 어려운 것은 대부분의 비정규직이 중소기업, 그것도 5인 미만의 소기업에 많이 고용되어 있다는 점이다. 취업구조(2016년)를 보면 대기업 정규직이 10.7%, 비정규직이 1.7%, 중소기업 정규직 56.5%, 비정규직 31.1%이다. 대기업보다 중소기업이 더 문제인 것이다. 이는 중소기업의 수익성, 생산성이 좋아지지 않고서는 근본적 치유가 어렵다는 이야기이다. 중소기업 중의 상당수가 대기업의 외주기업이거나 생산성이 낮은 서비스기업들이라는 점에서 특히 그렇다.

비정규직 문제는 우리의 제4차 산업혁명에 대한 대응과도 관련된 문제다. 기업의 고용은 기업 역량을 내부화하는 것과 외부화하는 것으로 나누어볼 수 있는데, 미래기업은 핵심 역량이 아닌 이상 모든 기능을 더욱 더 외부화하게 될 것이다. 고도의 지적 역량 및 집중력이 필요하지 않은 역량이면 모두 그럴 것이다. 이런 생산공정의 외주화까지를 과연 비정규직 고용이라 할 수 있는지는 의문이다.

● 중소기업의 낮은 임금 : 현재 대기업과 중소기업의 임금 격차가 너무 크다 할 수 있다. 중소기업의 대기업 대비 임금 수준이 일본은 80% 수준인데 한국은 60%대 수준에 불과하다. 중소기업의 저임금은 구조적 문제이다. 중소기업은 노동생산성이 낮을 뿐 아니라, 완제품은 저임의 개도국 제품과 경쟁해야 하고, 부품은 대기업의 납품가격 인하 압력을 받고 있다. 이런 상황에서 대기업 노조가 근로조건 개선에 집착을 보이면 보일수록 그 비용부담이 납품가격 인하를 통해 중소기업으로 이전되기에 중소기업의 빈곤화가 진행될 수밖에 없다. 이런 구조가 중소기업의 투자 감소, 임금 저하, 비정규직화를 유도하고 있는 것이다.

중소기업 문제는 결국 소비 부족의 문제를 초래하게 된다. 중소기업 근로자가 전체 근로자의 88%(일본은 70%)라 할 때 대부분 근로자들이 이의 영향을 받게 되는 것이다. 저임금 근로자의 가계소득을 높이지 않고서는 소비가 늘 수 없고 소비가 늘지 않으면 산업이 침체될 수밖에 없다는 점에서 임금 격차의 완화는 해결해야 할 과제이다. 이런 딜레마 상황을 풀 조정자가 필요하고 그것은 정부뿐이다.

③ 사회안전망의 미비

일본의 노동 시스템은 종신고용과 연공서열을 특징으로 한 기업 의존적 사회보장 시스템이었다. 우리도 사회안전망을 발달시키지 못하고, 대신 기업에 그 부담을 떠넘긴 구조였다. 기업의 해고비용이 높은 원인의 하나도 이 때문이다. 사회안전망의 미발달은 그만큼 노동 유연성 문제를 해결하기 어렵게 한다. 해고는 노동자에 큰 위협이기에 노동 유연성은 사회안전망의 작동을 전제로 한다.

그동안 한국사회는 사회보험의 확장과 공적 부조의 개혁을 추진해 왔다. 그러나 연세대 양재진 교수의 지적처럼 재정의 건전성 문제로 인해 재정 지원 없는 제도만 확대시킨 형국이었다. 실효성 있는 사회안전망이라 할 수 없다. 노동시장의 유연안전성(flexicurity)이 강조되고 있는 지금 사회안전망의 보완은 불가피해 보인다. 앞으로 닥칠 생산 시스템의 변화와 구조조정의 압력을 생각해서라도 그렇다.

(3) 창조적 파괴 : 대담은 유연하면서도 포용적인 노동시장

|

제1장에서 한국경제가 지향해야 할 새로운 패러다임으로 '민주적, 혁신적, 포용적 자본주의'가 제시되었다. '포용적'이라 함은 지금까지의 경제체제가 너무 단선적인 경쟁과 불균형적 성장을 추구하였다는 것에 대한 반성이다. 산업 관점에서도 포용의 관점은 중요하다. 생태계의 원리가 강조되고 다양한 참여자들 간 협업이 중요하게 되었다. OECD도 2015년

세계경제에 대해 시장원리에 기반한 '포용적 성장'을 제안한 바 있다. 이 개념은 사회경제적 불평등이 장기적으로 성장을 악화시킨다고 인식하고 건전한 거시경제정책과 신중한 재정정책의 기조 위에서 구조 개혁, 임금 격차 완화, 교육혁신, 기술혁신을 추구하자는 것이다. OECD의 우리에 대한 권고도 중소기업 혁신, 서비스업 생산성, 교육훈련, 여성·청년·고령자 고용, 비정규직 고용보호 격차 완화 등에 집중되어 있다.

포용적 자본주의란 소득 및 일자리의 불평등 완화를 의미한다. 임금 격차의 완화, 청년실업 해소 등의 문제에 적극적인 노력이 필요하다. 그러나 그 포용이 안주와 비효율을 의미하는 것은 아니다. 포용이 진정 가능하려면 더 높은 기술, 더 높은 효율의 성장동력이 필요하다. 이것이 전제되지 않는 포용은 경제의 몰락을 의미할 뿐이다. 포용을 생각해도 기술혁신이나 경제 시스템 개혁이 전제되어야 하는 이유이다. 비효율적인 시스템이라면 '돈 먹는 하마'일 뿐이다.

장기적 경기 침체 상황하에서 일자리 창출 대책으로 논의되는 것이 소득 주도 성장이라 하는 재정의 역할론이다. 소득 주도 성장론은 재정투입을 통한 일자리 창출로 가계소득과 소비를 증가시켜 성장을 촉진하자는 것이다. 통화정책이 한계를 보이는 국면에서 재정정책의 역할을 강조하는 것이다. 이러한 케인지언식 접근은 경기 침체의 위기국면을 타개하는 방안으로 생각해볼 수 있는 하나의 대안이다. 그러나 이 정책이 성장에 유효하려면 현재의 침체가 경기순환적인지 구조적인지를 판단해야 하고 재정과 경제의 효율에 미칠 영향들을 가늠해볼 수 있어야 한다.

구조적 장기 침체(secular stagnation) 상황에서는 재정 지출로 소비가 일부 는다고 투자가 자동적으로 늘지 않는다는 데 문제가 있다. 또한 개방체제에서는 소비의 증가가 국내 제품의 수요로 연결되는 데 제한적이다. 이 상황에서는 소비에 의한 소득 창출효과가 1회성 효과에 그치기 쉽고, 이는 케인지언식 접근이 잘 작동하지 않는다는 의미가 될 것이다.

일자리 창출 정책이라 해도 그 일자리가 성장에 도움이 되려면 생산성이 전제되어야 한다. 공공 부문의 일자리라도 과연 경제적 관점에서 생산성이 있는 일자리인지 따져보아야 한다. 그런 의미에서 우려되는 것이 공공 부문의 낭비성이다. 그동안 공공 부문의 씀씀이를 보면 자신의 돈이라면 그렇게 쓰지 않았을 것 같다는 생각이 든다. 애덤 스미스는 민간 부문(귀족)의 낭비로 나라가 망하는 경우는 흔치 않지만 국가의 낭비는 그 자체로 재앙이라 하였다. 아무리 일자리를 만들기 위한 일이라고 해도 공공 부문의 생산성을 어떻게 올릴지 고민부터 하는 것이 순서일 것이다.

경제가 지속가능하려면 경제논리와 복지논리를 혼동하지 말아야 한다. 이 둘을 뒤섞으면 나무의 낮은 가지에 열린 과일만 따 먹으려다 결국 나무를 죽여 나중에 먹을 과일까지 없애는 결과가 될 것이다. 경제에는 공짜 점심이 없는 법이다. 그러기에 정책에는 시중의 지혜가 필요하다. 정확한 병의 진단과 처방이 필요하다. 민주주의가 좋은 민주주의이어야 하는 것은 공론장을 통해 이런 진단과 처방을 위한 집단지성을 만들어낼 수 있기 때문이다.

1970년대 후 OECD 국가들은 장기적 고실업의 원인이 고용보호, 임금

보장이라는 노동시장의 경직성에 있다고 보고 이의 유연화를 추진하여 왔다. 우리의 문제도 어떻게 유연화를 수용할 것이냐 하는 것이다.

노동시장의 유연성은 외부 유연성과 내부 유연성으로 나누어볼 수 있다. 전자는 근로자 수를 조정할 수 있는 것이고, 후자는 근무 시간, 일정, 직무, 임금 등을 조정할 수 있는 것이다. 기업 입장에서 후자는 현재의 산업환경을 볼 때 불가피한 기능적 유연성이라 할 것이다. 성과급의 실시도 당연한 일일 것이다. 전자의 경우는 해고와 관련된 문제로 노사 간 이견이 심한 부분이다. 그러나 산업환경은 싫든 좋든 구조조정을 점점 더 필요로 하는 상황으로 바뀌고 있다. 이와 관련하여 우리가 먼저 결정해야할 일의 하나는 사회안전망의 문제로, 그 재정부담을 과연 누가 질 것이냐는 것이다. 그 부담을 정부가 기업과 나누어지기 위해서는 무엇보다 납세자인 국민의 동의가 필요할 것이다.

노동시장의 이중구조는 매우 풀기 어려운 과제라 할 수 있다. 비정규직 전환 문제는 직접적 규제보다는 간접적 유도가 바람직해 보인다. 왜냐하면 비정규직의 사유가 그만큼 다양하기 때문이다(일본의 경우 비용절감을 위한 비정규화는 절반에 불과하다는 조사도 있다). 기업이 재량권을 갖고 나름대로 기업별 특수상황을 반영하는 것이 필요하다. 그런 점에서 현재 중소기업의 비정규직 전환에 대한 정부 보조금 지원, 법인세 감면과 같은 간접적 유인조치들은 지속될 필요가 있다. 대기업에 대해서는 비정규직에 임금 가이드라인을 두는 것을 생각해볼 수 있다.

그러나 이러한 대증요법식 대응보다 훨씬 중요한 것은 중소기업과 서비스업의 생산성 향상이다. 비정규직의 상당수가 이 부문들에 있음을 고려할 때 생산성에 대한 획기적 대책 없이는 비정규직에 대한 논의가 공염불에 그칠 수 있다. 현실과 부합하지 않는 정책은 이벤트로 끝난다는 것이 지금까지의 경험이다. 그 핵심에 생산성 문제가 있는 것이다.

또한 비정규직 문제를 해결하는 데 있어 중요한 것이 대기업 노조 문제이다. 대기업 노조가 보다 유연해진다면 대기업에서 비정규직의 전환도 보다 쉬울 수 있고 중소기업에 대한 납품가격 인하 압력도 줄어들 것이다. 더구나 노조는 근로자에 요구되는 역량이 급속하게 변하고 있다는 것을 인식해야 한다. 일종의 역량 파괴가 예상되고 있다. 근로자가 생존하는 길은 자신의 고용가능성을 높이는 일이고, 이는 새로운 학습을 필요로 한다. 근로조건도 중요하겠지만 노조활동이 노조원들의 교육 및 훈련에 집중돼야 하는 이유이다.

공심(公心)을 대기업 노조에 요구할 수밖에 없는 것이 한국경제의 상황이다. 한국경제가 지속가능하려면 노조, 기업, 정부, 3축의 합리성이 강화되어야 한다. 합리성 기반에서 사회적 대타협을 이루어야 한다. 대타협을 위한 대승적 양보가 필요하다. 타협을 가로막는 가장 큰 장벽은 불신이다. 3자에는 불신의 골이 깊게 파여 있다. 그러니 자기 몫만 챙기려 드는 죄수의 딜레마 상황이 나타나는 것이다. 죄수의 딜레마는 사회적 후생을 감소시킨다. 이 불신의 늪을 걷어낼 조정자가 필요하다. 신뢰받는 정부가 필요한 이유이다.

정부의 신뢰에 있어 중요한 것이 일관성 있는 법집행이다. 지난 20년 사이 여러 번의 노사합의가 있었지만, 그 합의 한 번 제대로 지켜본 적 없는 것이 우리 모습이라 할 때, 어떤 이벤트성 구호보다, 합의한 것을 제대로 지키도록 일관성을 확보하는 것이 우선 중요하다 할 것이다.

여성, 청년, 고령층의 노동시장 참여에 대한 세밀한 대책도 요구된다. 여성의 일자리는 여성의 삶의 질과 저출산 문제에의 대응이란 관점에서도 매우 중요한 과제이다. 육아, 보육, 경력 단절 여성의 복귀 문제 등에 대한 획기적 대책이 필요하다. 또한 외국인의 이민 허용에 대한 보다 전향적 검토와 준비가 필요하다. 다만, 현재와 같이 한계기업을 연명시키는 저임 노동자 위주의 외국인 고용이 아니라 외국의 우수인재를 유입시킬 교육, 고용, 사회정책이 필요하다. 우리도 외국인재들과의 융합으로 역동성과 수월성을 키워야 하는 것이다.

4) 모방경제 : 창조적 경제로의 패러다임 전환

|

(1) 모방경제의 성공

|

한국산업은 모방으로 한강의 기적을 일구었다. 이른바 선진경제의 패스트 팔로워(fast follower)였다. 모방은 말하자면 벤치마킹이다. 벤치마킹이란 경제의 가장 기본적 생존전략이다. 모방은 지식장벽을 넘어 기술역량을 금방 확보케 할 뿐 아니라 초기 R&D 투자를 절약하여 가격경쟁

력을 쉽게 확보케 한다. 국가의 발전전략으로 모방은 중요한 전략이다. 독자적인 제도의 창조에는 높은 지식과 많은 경험, 막대한 금전적, 비금전적 투자, 그리고 무엇보다 오랜 시행착오와 많은 실패가 필요하기에 신흥국이 선택할 길은 선진국의 모방뿐이다.

그러나 이 모방전략이 언제까지나 지속가능할 수는 없다. 개도국 자신의 지식과 기술이 고도화될수록 배우고 모방할 선진 지식과 기술은 없어지고 자신이 쌓은 남다른 역량 또한 남의 모방 대상이 되어 후발자의 추격을 받기 때문이다.

그동안 우리에게도 과학기술 수준을 향상시키기 위한 노력이 많이 있었고 그 결과 우리의 과학기술 수준도 크게 높아졌다. 세계 수준에서 볼 때 과학경쟁력은 1997년 20위에서 2014년 6위로 개선되고, 기술경쟁력은 28위에서 8위로 크게 개선되었다. 절대적 수준에 있어 미국, 일본, 독일과의 순위 격차도 줄어들었다. GDP 대비 R&D 투자 비중은 4%대로 세계 최고 수준이다. 성과 면에서도 1인당 특허건수나 과학논문 편수 등 형식적인 면에서는 상당한 개선이 이루어졌다.

(2) 모방경제의 성공의 함정

런던정경대학의 카를로타 페레즈 교수와 UN대학의 뤽 소에트 교수는 '기술에서의 따라잡기'란 논문에서 기술적, 경제적 패러다임이 변화할 때 후발자에게 선발자를 따라잡을 기회가 생길 수 있음을 규명하였다. 과거의 패러다임을 거치지 않고도 새로운 패러다임에 뛰어들 수 있는 것이다. 중국은 개방 초기 전국 단위의 유선전화망이 제대로 갖추어 있지 못했지만, 기술이 무선통신 시대로 넘어가면서 다른 어느 나라보다 빠르게 전국 단위의 무선전화망을 갖출 수 있었다. 모방의 기술, 모방의 경제는 항상 이런 '따라잡히기'의 위협 속에 놓이기 십상이다.

서울대 공대 교수 26명을 인터뷰하여 한국산업의 경쟁력을 진단한 책, 『축적의 시간』에서 그들은 "한국이 10년째 소득 3만 달러를 못 넘는 것은 제조업에 원천기술이 없기 때문"이라고 했다. "한국산업은 지난 10년간 삼성전자, 반도체, 스마트폰의 착시에 빠져 있었다. 나머지 산업은 어려움을 겪고 있는데도, 몇몇 주력 품목만 선전하는 걸 보고 '한국이 이제 선진국 반열에 올랐구나'라는 착각을 했던 것이다."

서울대 이정동 교수는 '최근 산업 전반에 불황의 그늘이 드리운 배경에는 결국 핵심 기술력이 없는 한국 제조업의 문제가 있다'고 말하면서 '조립과 조합은 잘하지만 원천기술을 만들어 키우지 못했다. 원천기술이 있으면 불황기에도 버틸 수 있지만, 한국은 응용만 해왔기 때문에 위기에 쉽게 흔들린다'고 말한다.

우리 경제에 기술적 역량을 위한 투자는 나름대로 상당하나 그 성과는 별로라는 대중적 비판에 직면하는 것이 현실이다. 물론 과학기술에 대한 대중의 이해와 기대는 과학기술에 대한 전문가의 견해와 차이가 있을 수 있다. 그러나 문제는 들인 투자에 비해 실질성과가 너무 없다는 점이다. GDP 대비 투자 비중은 세계 1등인데, R&D 투자의 사업화 성공 비율은

43등이다. 기업들도 미국, 일본, 독일, 중국 등의 대기업들에 미치지는 못하지만 R&D 투자에 적극적인 노력을 기울이고 있고, 정부만 해도 연간 약 20조 원의 돈을 R&D에 집어넣고 있다.

그러나 CDMA 이후에 회자되는 성공 사례는 별로 보이지 않는다. 스마트폰이 최대 수출품목이라 하나 그 역시 모방제품에 불과할 뿐이다. 이는 그동안의 R&D 투자와 그 운용에 심각한 효율성 문제가 있다는 이야기이다. 99% 성공이라 자랑하는 R&D란 역으로 말하면 그만큼 필요 없는 곳에 자금이 지원되고 있다는 이야기이다. 이에 대해 그동안 많은 지적이 있어왔지만, 과연 앞으로 제대로 된 개선을 이룰 수 있을지는 의문이다. 그만큼 구조적, 행태적 문제가 꼬여 있다는 이야기이다.

① 모방에 익숙하다 보니 혁신을 할 수가 없다. 모방과 창조는 다르다. 모방은 이미 알려진 길, 주어진 길을 따라가는 것이고, 창조는 알려지지 않은 전인미답의 길을 가야 하는 것이다. 모방의 중점은 이미 알려진 해답을 다시 찾는 데 있지만, 창조는 해답보다 풀어야 할 문제를 제대로 아는 것이 우선이다. 그러니 모방에서 실패는 투자의 낭비를 의미하나 창조에서 실패는 미래의 발명을 위한 투자라는 의미가 된다. 모방은 불량을 줄이는 수율향상과 같이 주어진 것을 조금 더 잘하는 데 중점이 있으나 창조는 제품으로의 가치에 중점이 두어진다.

모방을 잘하면 창조를 하기 어렵다. 복제약에 맛들인 제약업계가 신약개발을 할 수 없는 것이다. 우리의 R&D 문화는 실패를 배척한다. 정부의 R&D 프로젝트 성공률은 100%에 가깝고 기업도 그렇게 크게 다르지 않다. 모두가 실패에 대한 책임을 먼저 생각해야 되고 새로운 아이디어는 일단 기피 대상이 된다. 문화가 이러니 국회나 감사원은 '국민 세금의 낭비를 막는다'는 명분으로 관료들을 닦달하고 그러니 관료들은 연구자들의 손발을 이리저리 묶는 규정 만들기에 바쁘다. 물론 개중에는 공금을 유용하는 사람도 있을 수 있다. 그러나 그 소수의 공금 유용규모와 모두가 암묵적으로 지불해야 할 규제 비용규모를 비교할 때 과연 어느 것이 더 클지는 심사숙고해보아야 한다. 규제의 품질이라도 높으면 그나마 다행인데, 우리의 규제 품질은 조악하기 그지없다. 정부, 감사원, 기업, 연구기관, 모두 자기 편하게 할 일만 찾는다면, 결국 실패가능성이 높은 고위험 프로젝트는 아예 하지 않게 되거나 아니면 실패를 성공으로 위장하는 시도만 양산할 수밖에 없을 것이다.

② 당장 쓸 수 있는 단기적 연구에는 관심이 넘쳐나지만 장기적 연구에는 관심이 없다. 위대한 과학적 발견은 100미터 달리기가 아니라 42킬로미터를 뛰는 마라톤에서 이루어진다. 벽돌을 한 장씩 끊임없이 쌓아 올려야 제대로 된 발명이 나오는 것이다. 우리는 이러한 '한우물 파기'가 취약하다. 특히 기초과학에서는 그렇다. 혹독한 도전과 실패의 연구과정이 필요한 것이 기초기술이다. 이론연구 분야,

노벨상의 대상이 될 연구에서는, 일본의 '헤소마가리(외골수)'정신, '오타쿠(마니아)'문화같이, 자기가 좋아하는 것, 남들과 다른 것을 한 우물로 파는 문화가 필요하다. 물론 기초와 응용의 구분은 상대적인 것이고, 연구는 어느 일방이 선행해야만 하는 것이 아니라 같이 동행적으로 이루어질 수도 있고, 일방적인 주도가 아니라 쌍방적 상호작용을 통해 더욱 발전을 이룰 수 있는 것이다.

문제는 장거리 경주까지 단거리 경주로 만드는 우리의 관리방식 때문이다. 정부, 대학, 연구기관, 모두 장기적 연구에는 큰 관심이 없다. 정권의 임기도 짧고, 자신의 임기도 짧다. 그들에게는 당장 보여줄 것이 필요하다. 국민이나 언론 또한 무엇이 하나 회자되면 그것에 쏠림 현상이 나타났다 금방 언제 그랬느냐는 듯 잊어버린다. '알파고' 소동처럼 말이다. 그러다 보니 당장 쓸 기술, 응용기술에만 투자가 넘쳐나고 원천기술에 대한 투자는 부족하다. 기초연구의 투자 시스템 없이 생각날 때마다 기초연구를 외쳐대니 '기초연구 아닌 기초연구'만 양산하는 것이다.

제4차 기술혁명이 이야기하는 것은 심층적인 지식과 기술이 범용화되고 보편화된다는 것이다. 이런 보편화는 산업화 후발주자들의 급부상과 종전의 경쟁우위산업들이 경쟁이 심한 레드오션시장이 되는 것을 의미한다. 이런 범용화 국면에서 당장 쓸 수 있는 응용기술에만 매달리는 것은 결국 자원을 낭비하는 길이다. 한국경제가 이미 기술혁신을 하면 할수록 기술 관련 국제수지가 악화되는 단계에 있다는 것은 그래서 심각한 문제이다. 그러나 그렇다고 '알파고' 파동처럼 기초기술, 원천기술 역량을 갖는다고 너무 성급히 나대는 것도 우물가에서 숭늉을 찾는 일이라 할 것이다.

③ 다학제적, 융합적 연구의 중요성은 알지만 실천을 하지 못한다. 서로 다른 영역들 간의 벽이 높아 창조의 기본인 지식융합이 활성화되지 못한다. 융합에 대한 전문적 경험이나 지식이 없으니 융합 프로젝트를 한다 하면서도 정작 그 추진이나 평가는 융합적 시각에서 이루어지지 않는다. 창조는 동종 교배가 아니라 이종 교배의 산물이다. 다양한 상인들과 지식인들이 왕래하였던 실크로드처럼, 다양한 학자들을 교류시킴으로써 창조의 르네상스 시대를 연 중세의 '메디치가'처럼, 또한 전화와 컴퓨터를 융합시켜 스마트폰 시대를 연 '스티브 잡스'처럼. 현대를 지식융합의 시대라 함은 이종 기술, 이종 기능, 이종 산업, 이종 시장의 융합이 폭발적으로 늘어나기 때문이다. 한마디로 경계가 무너지고 있는 것이다.

서로 다른 지식과 지혜가 하나로 뭉쳐져 기능할 수 있을 때 창조와 혁신을 할 수 있고, 경제적 성과도 낼 수 있다. 기술개발뿐 아니라, 팔릴 수 있는 제품이 되려 해도 공학 지식과 마케팅 지식이 합쳐져야 하는 것이다. 우리는 과연 그런 융합 역량을 갖추고 있는 건가? 현실은 반대이다. 우리의 집단주의 문화는 내부를 단합시키는 요소이지만, 외부의 이질적인 사람, 집단, 지식, 문화에 대해서는 배타적이 된다. 자율과 개방의 정신은 권위와 책임에 발목이 잡히고, 소통과 신뢰는 혈연, 학연, 지연의 폐쇄된 문에 갇혀 있는 것이 지금의 현실이다.

집단 내에는 위계의 상명하복 문화, 집단 간에는 불신과 불통 문화가 지배하고 있다. 그러다 보니 가치사슬이 자신을 넘어 외부로 확장하기 어렵고 혼자는 잘하나 같이 하는 것은 못하는 기질이 나타난다. 지식의 집합체라 할 대학이나 연구소에도 상호협력보다는 나홀로주의가 만연해 있는 상황이다. 자신의 주체적 사고도 부족하니 남의 생각을 쫓아가는 쏠림사회가 되고 있다. 지식인 또한 그 예외는 아니다.

④ 하드웨어기술개발에만 치중되어 소프트웨어에 대한 관심과 능력이 부족하다. 이미 산업의 부가가치는 소프트웨어에서 나오고 있다. 애플의 핵심 역량은 디자인 기획에 있고 미래 자동차산업의 부가가치도 소프트웨어에서 창출될 것이라 한다. 그러나 우리의 산업 기반은 아직 제조업 중심의 하드웨어에 머물러 있다. 제품 디자인, 사용자 친화적 소프트웨어, 플랫폼 기반 소프트웨어 등 미래의 산업 기반은 아직 갖춰져 있지 못하다. 특히 제4차 산업혁명에서 운위되는 기술 기반이 모두 소프트웨어에 있다는 점에서 우리가 가진 문제의 심각성이 있다 하겠다.

소프트웨어의 중요성이 강조되며 사회에 소프트웨어교육에 대한 관심이 늘어나고는 있으나 그 내용이 아직 코딩 학습의 수준을 넘지 못하고 있어 미래산업에서 요구되는 소프트웨어 설계 능력과는 거리가 멀다 하겠다.

⑤ R&D 관리 시스템에 관료주의가 곳곳에 배어 있다. 창조경제라 하였지만 그 방식은 구태의연하였다. 관료는 형식과 효율을 챙기는 데 익숙하다. 그것이 감사라는 중압감에서 벗어나는 방식이다. 대신 왜 투자를 해야 하는지, 어떤 성과를 내야 하는지에 대해서는 익숙하지 않다. R&D를 지원한다 해놓고 자금 쓰는 사람에게 의심의 눈초리부터 보내고 시시콜콜 따지려 들면 연구자는 실패할 가능성이 높은 혁신적 기술보다 그 요구 맞추기 쉬운 그저 그러한 중급기술을 개발하고 끝내는 것이 최선의 길이다.

정부가 권위적 태도로 연구기관을 다루는 사회에서는 그 연구원들은 관료들 비위 맞추는 데 우선 관심을 갖기 마련이다. 창조보다 관리에 관심을 갖는 것이다. 그러니 R&D 효과성을 올릴 쌍방향 소통보다 일방적 지시만이 있게 된다. 이러한 문제는 그 프로젝트가 장기적인 것이거나 철학이나 가치를 요구하는 일일 경우 더 큰 해악을 초래할 수 있다. 기초기술과 응용기술, 민간투자와 공공투자, 대학과 연구기관의 역할 구분을 하기 힘들고 그러니 각 기관이 제대로 된 비전을 갖기도 어렵다. 기관장이나 구성원들이 그 일을 왜 해야 하고, 어느 정도 해야 하는지 확신을 갖지 못한다. 과연 얼마나 비전과 역할에 확신이 차 있을까? '형식 챙기기→성과 보이기→관계자 책임 면피'라는 악순환 속에서는 연구 프로젝트 선정부터 쉽게 관리되거나 성과를 낼 수 있는 것을 고를 수밖에 없다. 관료주의가 프로젝트 관리에 만연하고 있는 것이다.

정부의 정책 및 평가체계 또한 그렇다. 연구성과가 정성적이지 못하고 정량적이니 과제건수에 매달리고, 그러다 보니 나눠 먹기식이 되어 수많은 소형 과제를 양산하고 있는 것이다. 과제 수가 5만 개가 넘는다 하니 과연 몇백 명의 연구관리기관이 그 과제들을 제대로 관리할 수 있을지 의문이다. 서류 위주의 형식적 관리일 수밖에 없다. 평가를 위한 평가보다는 차라리 좀 누수가 있더라도 믿고 맡기는 것이 더 낫지 않을까.

또한 연구기관들의 평가 기준도 문제이다. 기초연구를 할 사람들에게 중소기업을 지원하라 하거나 중소기업 지원 연구기관에 SCI 논문으로 평가를 하려는 사례도 있다. 평가기관들 또한 부처별로 나누어져 있는 데다, 능력 있는 연구자들이 모두 프로젝트 따는 데 매달리다 보니 성과평가는 정작 그 분야 비(非)전문가들이 맡는 형국이 된다. 물론 평가는 필요하고, 공정성을 위해서 그 구성원의 자기 절제나 다중(多衆)의 감시와 통제가 필요하다는 점이 있다. 그러나 그렇다고 읽어보기조차 힘들 정도의 깨알 같은 관리 조항들을 나열하는 것은 R&D 프로젝트를 서류화, 관료화시키는 길일 것이다.

(3) 창조적 파괴 : 정부 R&D 시스템 개혁, 기업가정신 고양

|

창조와 혁신은 이제 한국경제에 피할 수 없는 화두이다. 일찍이 창조와 혁신을 이룰 수 있었던 나라는 흥하였고, 이룰 수 없었던 나라는 쇠퇴하였다.

17세기 네덜란드는 조선기술의 혁명으로, 18세기 영국은 증기기관의 발명으로, 19세기 미국은 철도의 건설로 새로운 시대를 열었다. 판이 바뀌는 제4차 산업혁명의 도래는 선진경제들에 창조를 요구하고 있다. 창조적인 지식의 한계효용은 커지고 창조적 소수에 거는 기대는 그만큼 높아지고 있다.

산업적 창조의 역량을 강화하기 위해서는 기술개발의 역량과 기술의 사업화 역량이 동시에 높아져야 한다. 과연 우리의 상황에서 어떻게 해야 이런 역량을 만들어낼 것인가?

① 기술적 기회를 확대하기 위해서는 사고의 자유와 문제의식이 강조되어야 한다. 사고의 자유란 다른 것을 생각하게 하고 다른 것을 쉽게 받아들이게 한다. 인간의 사고에는 과거의 경험에 묶이는 프레이밍효과가 있어 다른 생각을 한다는 것이 그만큼 어렵다. 그러기에 전통과 권위, 획일성에 찌든 사회에서는 창조가 어렵다. 자유와 혁신, 다양성에 친숙한 사회일수록 창조가 쉽다.

괴짜가 될 수 있는 자유, 실패할 수 있는 자유가 필요하다. 성공의 보장보다 실패가 훨씬 값진 것일 수 있다. 실패의 교훈이 미래의 성공 확률을 그만큼 높일 수 있다. 이런 의식은 그 사회에 내생적인 것이다.

진정 창조적 사회가 되려 한다면 우리 사회의 DNA를 바꾸겠다는 각오가 필요하다. 권위주의에 찌든 우리 사회 곳곳에 어떻게 생각의 자유를 확대시킬까 하는 고민부터 해야 한다. 기업의 문화가 바뀌어야 하고 정부의 의식이 바뀌어야 하고 감사원이나 국회의원의 보는 눈이 달라져야 한다. 대한민국을 거대한 상상력의 전시관으로 만들겠다는 생각을 해야 한다.

R&D에도 옳은 정답을 찾기 이전에 옳은 질문을 찾는 노력이 필요하다. 질문이 옳아야 엉뚱한 곳에서 헤매지 않는 법이다. 문제의식이 선행돼야 한다. 혁신은 기술적, 경제적, 사회적 문제를 해결하는 것이기에, 혁신을 하려면 문제가 무엇이냐는 정의부터 필요하다. 정부가 제대로 된 R&D 과제에 지원을 하려면 정부부터 문제의식을 제대로, 제때에, 가져야 한다. 미국이 높은 R&D 성과를 낼 수 있는 것은 DARPA 같은 연구관리기관들이 R&D 관리에 있어 프로젝트 목표(사회 문제 해결을 위한 기초과학의 파스퇴르형 혁신) 및 도전 기술을 명확히 하고, 최고의 전문가가 주도하는 팀 구성, 프로젝트 선정 및 예산 수정, 진행평가에서의 자율성 보장(연구 실패 시에는 미래의 발견 기회로 생각) 등을 실천할 수 있었기 때문이다.

다만, 우리가 한 가지 명심할 것은 문제의 핵심이 하드웨어나 형식이 아니라 그것을 움직이는 소프트웨어나 실질에 있다는 것이다. 그리고 그 근저에 있는 우리의 의식과 문화를 바꾸지 않고서는 이 소프트웨어를 바꿀 수 없다.

② 다양한 기술들을 융합시킬 협력과 소통이 필요하다. 21세기는 이질적 지식과 기술의 통합 시대이다. IT, 바이오, 나노 등의 기술이 기존의 기술과 합치고, 제품과 서비스가 시장에서 결합되고 있다. 아이팟, 아이폰이 성공할 수 있었던 것도 부품기술들을 합치고, 제품(아이폰)과 서비스(앱스토어)를 결합시켰기 때문이다. 이런 융합이 쉬워지려면 이질적 영역 간에 소통이 잘되어야 한다. 소통은 서로 다른 지식을 융합시키는 길이다.

소통이란 일방이 아닌 쌍방의 소통을 잘하는 것이다. 이러한 소통은 서로에 대한 신뢰가 없으면 이루어질 수 없다. 소통을 위한 다양한 대책들이 만들어져야 한다. 디지털 소통도 신뢰를 만들어갈 수 있다. 온라인 백과사전인 위키피디아가 그 작성에 많은 지식인의 참여를 이끌어낼 수 있었던 것도 그것이 비영리 단체로 공공 이익에 이바지한다는 믿음을 주었을 뿐 아니라 대중의 감시가 가능했기 때문이다.

③ 도전정신을 고취하기 위한 사회적 결단이 있어야 한다. 미래는 불확실하고 투자에는 위험이 따른다. 그러니 국민 세금을 써야 하는 관

료의 입장은 신중해질 수밖에 없다. 그렇다고 불신을 앞세워 '낮은 신뢰→요란한 관리→낮은 성과→낮은 신뢰'라는 악순환에만 빠져 있을 수는 없다. 이 악순환의 고리를 끊어줄 실마리가 필요하다.

'세상을 바꾸는 연구는 조건 없는 지원에서 탄생'하는 것이다. 한 방법으로, 우선 고위험 R&D, 저위험 R&D를 구분해 전자에 자유로운 지출 결정권을 주는 것을 고려해볼 수 있다. 전자의 경우 총R&D 예산의 일정 비율을 할당하고, 그 성공률이 50% 이하가 되도록 단계별 목표를 세워보는 도전적 방법도 시도해볼 만하다. 물론 이 숫자는 성공률을 관리하라는 것이 아니라 그만큼 위험도가 높은 프로젝트를 선정해야 한다는 의미이다.

이 프로젝트에 대해서는 모든 관리지침의 적용대상에서 제외시키는 것도 한 방법이다. 그래야 과거의 관행에서 벗어날 수 있을 것이다. 정 관리가 필요한 부분은 프로젝트가 끝난 후 무작위 추출로 정밀 감사대상을 일부 선정해 예산이 프로젝트 성공을 위해 제대로 집행되었는지를 정밀하게 따져보는 사후적 검증 방법을 도입하는 것도 하나의 방법이다.

우리에게 권위적이고 일사불란한 문화가 한편에 있다면, 다른 한편에는 자율적이고 자유분방한 문화가 있다. 우리 사회는 지금 전자에서 후자로 이행되는 전환기에 있다. 창조를 하려면 사람을 다루는 방식부터 바뀌어야 한다. 과거의 권위적, 획일적, 쥐어짜기 식의 방법이 아니라 서로 다름을 인정하고 그 가운데 통합과 조화를 추구하는 방법이 존중되어야 한다. 사후적 검증을 강화하고 문제가 있다면 징벌적 배상을 하게 하는 것이 그 한 예라 할 것이다.

④ 기술을 사업화시킬 기업가정신이 강화돼야 한다. R&D가 경제성장에 기여하는 실증적 메커니즘은 최근에 들어서야 보다 명확해지고 있다. 경제성장에는 혁신이 중요한데, R&D를 혁신으로 연결하는 데는 조직화 과정, 즉 기업가정신이 필요하다. 경제가 발전하면 기업가정신도 증가되는 현상을 보인다.

조지프 슘페터는 『경제발전의 이론』에서 경제를 움직이는 동력이 혁신과 기업가정신에 있다고 하였다. 그에 의하면 기업가는 제품, 기술, 시장 등의 다양하고 새로운 조합을 통해 혁신을 창조하는 영웅적 인물이다. 우리가 압축성장을 이룰 수 있었던 것도 따지고 보면 남다른 기업가정신이 있었기에 가능한 것이었다. 모방기술이라 하더라도 이를 비즈니스로 만드는 실력이 달랐던 것이다. 그래서 피터 드러커는 한국을 기업가정신이 충만한 나라라 칭송하였다.

문제는 이 기업가정신이 죽어가고 있다는 점이다. 한국은행 분석은 우리의 기업가정신지수가 2000년 53에서 2007년 18로 곤두박질 쳤음을 보여주고 있다. 최근 세계 기업가정신 발전기구(GEDI)가 발표한 2017 세계 기업가정신지수에 따르면 한국은 27위에 머물고 있다. 생계형 창업은 많지만 혁신형 창업은 별로 없고, 창업이라는 도전을 시도해볼 청년들은 대기업에 들어가고 공무원이 되는 일에 매달리고 있는 상황이다.

창업의 분위기가 진작되려면 실패에 대한 관용이 있어야 한다. 시카고대의 교수였던 프랭트 나이트(F. Knight)는 기업가란 동태적으로 변하는 시장의 불확실성을 헤쳐 나가야 하는 사람이라 한다. 꿈은 실패를 통해 다져져야 현실이 된다. 창업은 실패하더라도 그 경험이 국가와 개인의 자산이 되는 것이다. 윤리의 실패는 용납되지 않아야 하지만, 도전의 실패는 관용으로 감싸야 한다. 그러나 우리는 도전의 칭송에는 너무 인색하고 실패에는 너무 가혹한 비난을 보낸다.

특히 지금 우리 사회에는 창업에 대해 불신이 너무 높아 있다. 창업이 활성화되려면 다음의 네 가지 문화적 불신을 불식시킬 수 있어야 한다. ① 남의 아이디어를 죄의식 없이 베끼는 문화 ② 창업기업 제품에 대한 시장의 무조건적인 구매 기피 ③ 창업기업가들의 창업투자자금 유용가능성 ④ 창업기업가의 경영 노하우 부족 등이 그것이다. 이제는 이러한 불신문화를 바꿀 때가 되었다. 사회가 도전을 격려하지 않는다면 과연 누가 그 도전에 나서겠는가?

그러면 정부가 기업가정신을 위해 할 일은 무엇인가?

도전에의 장애물을 제거하는 획기적 규제 개혁이 필요하다. 우리의 현실은 뭐 하나 하려 하면 규제는 많고 절차는 복잡하며, 경쟁은 억압되고 보호는 만연해 있다. 규제 범위가 너무 포괄적이고 규제 집행자는 너무 경직되어 있다.

카우프만재단과 같이 기업가정신을 일관되게 강조하고 확산시켜나갈 기구가 필요하다. 경제단체들이 핵심 사업으로 이러한 기능을 담당한다면 매우 의미 있는 일일 수 있을 것이다.

대학을 창업의 진정한 메카로 만들 실질적 노력이 필요하다. 대학들이 창업지원 조직들을 만들고 있지만 그 노력이 외형주의, 관료주의 속에 있는 듯 보인다.

우리의 R&D 시스템에서 정부의 역할이 과연 무엇이어야 하는지 한번 성찰부터 해봐야 한다. 정부는 지금 너무 많은 영역에서 너무 많은 일을 해야 하는 강박관념 속에 있는 듯이 보인다. 관치문화가 R&D 시스템에도 작동하고 있다. 연구개발은 그 어느 분야보다 자율이 필요하고 선택과 집중이 필요한 분야이다. 독일의 프라운호퍼연구소, 미국의 연구 중심 대학들은 무엇을 할지 스스로 결정한다. 반면 우리의 연구소나 대학들은 정부가 발주하는 프로젝트 따기에 급급하다. 관치는 자율성을 파괴하기에 악순환을 불러온다. 미래정부 역할이 어디에, 어느 정도 있어야 하는지에 대한 자기 확신이 필요하다.

정부가 R&D 시스템을 관리하려 한다면 나름대로 확고한 기술개발 로드맵을 가져야 한다. 그래야 일이 있을 때마다 허둥지둥하지 않을 수 있다. 알파고 돌풍이 불자 불과 며칠 만에 정부예산 1조 원을 포함해 총 3.5조 원의 상용화 투자를 약속하는 지능정보산업 발전전략을 내놓는 조급함으로는 장기적 전략이 필요한 R&D 시스템을 관리하기 쉽지 않아 보인다.

정부가 지원을 하려면 연구 실패, 시장 실패의 가능성이 높은 기초 연구, 장기 연구에 집중을 해야 한다. 응용연구는 원칙적으로 기업에 맡겨야 한다. 과도한 정부 지원의 R&D가 오히려 혁신을 저해한다는 것이 정설이다. 정부 내 각종 연구기관에 대한 미션도 기술개발 로드맵에 따라 확실해야 한다. 이런 의미에서 유용성이 떨어지는 연구기관에 대해 과감한 구조조정이 필요하다. 9조 원 가까운 정부 예산(2015년)을 쓰고 있는 정부 연구기관들이 그동안 보인 성과를 감안할 때 연구기관을 제로베이스에 놓고 그 역량을 새롭게 검증하는 것이 필요하다. 그 결과 존립의 필요성이 낮게 나타난 기관들은 차라리 대학이나 정부 내 인력으로 전환을 시키는 것이 재정의 효과성을 높이는 길이 될 것이다.

사업화 촉진을 위해서는 마케팅 같은 보완 인프라를 강화하는 것이 중요하다. 정부 구매기관인 조달청의 보다 적극적 역할도 요구된다. 스웨덴은 조달청에 구매요청기관들이 품목이 아닌 해결해야 할 문제들을 제시하게 하고 이에 대해 참여기업들의 해결방안 제안을 받아 구매를 하게 된다고 한다. 이런 수요 유도형 개발도 생각해볼 수 있을 것이다.

5) 대량교육 : 모든 답은 교육 개혁에서 출발

|

(1) 오바마가 칭찬한 한국교육의 효율성

|

한국경제의 압축성장과 대량생산 시스템을 뒷받침한 제일의 요소는 한

국의 교육 시스템이라 할 수 있다. 우수한 두뇌의 학생들과 학부모의 교육열에 기반한 교육 시스템의 효율성이 경제성장에 필요한 우수한 인적 자원을 만들어냈다.

한국의 교육 시스템은 적은 비용으로 많은 학생들을 교육시키는 대량 교육 시스템을 취하고 있다. 이는 동일한 제품을 다량으로 찍어내어 규모경제를 추구하는 대량생산 시스템과 마찬가지로 획일적 교육내용으로 동일한 지적 능력을 가진 다수의 인력을 조기에 육성하고자 하는 시스템이다. 주어진 정답에 익숙한 학생들을 조기에 길러내기 위해 주입식, 암기식, 문제풀이식 수업방식이 불가피하며, 그러니 그 학업성과의 평가도 교수가 말한 정답을 그대로 썼느냐로 평가된다.

이 대량교육 시스템이 갖는 문제는 학생들을 하나의 획일적 사고를 가진 인간으로 길러낸다는 점이다. 기존 사고에의 순응주의자나 천편일률형의 인재를 기르는 것이 목표가 될 수밖에 없다. 학생들에게 생각할 자유가 허락되지 않으니 창의적인 생각이 나올 수 없는 것이다. 교수의 숨소리, 농담까지 적어 넣어야 만점을 받을 수 있다는 우스갯소리도 있다. 또한 학생들의 성과 평가 또한 하나의 획일적 평가가 되다 보니 우리 사회와 같이 교육열이 높은 곳에서는 과다한 경쟁이 일어나기 쉽다. 장기적 교육의 성과를 생각하기 이전에 대학 입시와 같은 단기적 평가에 목숨을 걸게 되는 것이다. 이 과정에서 여러 부작용들이 일어나다 보니 정부의 실질적 투자는 별로 없는데도 규제는 갈수록 강화되고 교육부는 모든 교육에 만기친람하는 기관이 되었다.

이와 같은 획일주의, 과당경쟁, 사교육 의존, 규제과잉의 현상이 오늘 우리 교육 시스템의 현주소라 할 것이다.

(2) 대량교육 시스템의 성공의 함정

|

OECD 통계(2013년 기준)에 의하면 우리의 GDP대비 교육비 투자율은 OECD 국가 중 8위로 일본(10위), 독일(12위)보다 높았으나, 고등교육(대학)에서의 학생 1인당 투자규모는 OECD 평균의 59.1%에 불과한 수준이다. 또한 세계경제포럼(WEF)이 2016년 평가한 한국교육 시스템의 질은 138개국 중 75위에 머무르고 있으며 수학 및 과학교육의 질도 36위에 불과한 실정이다. 우리 교육 시스템의 효율성과 성과를 한마디로 나타내주는 지표라 할 수 있다.

우리의 대량교육 시스템의 장점은 한마디로 비용 절약에 있었다. 투자자본이 취약한 한국경제로서는 모방의 시대를 통하여 지식조달비용을 낮추어야 했으며, 이를 저투자(콩나물 교실, 교사 부족)와 규모경제를 통해 달성하였다. 그나마 해온 투자도 교육의 콘텐츠나 실험보다 교실과 건물을 짓는 데 집중되었다. 질보다 양을 늘리기에 급급해온 것이 우리의 교육이었다. 비록 투자는 별로 이루어지지 않았지만, 대신 '잘살아보세'라는 기대심리와 '나도 할 수 있다'는 경쟁 심리를 촉발시킴으로써 학습성과를 확보할 수 있었다. 그러나 이러한 투자 없는 교육, 경쟁 위주 교육으로는 교육의 질을 고도화시킬 수 없으니 학교를 단지 경쟁을 배우는 곳으로 전락시켰다. 특히 중고교와 대학에 평준화정책이 도입되면서 교육 품질은 하향평준화로 귀결되었고, 경쟁심리가 확산되니 이기기 위해 초중고에서는 사교육경쟁, 대학에서는 스펙 쌓기 경쟁이 벌어졌다. 실질적 실력보다 형식적 점수가 모든 것의 목표가 되어버렸다. 그 점수를 얻기 위해 엄청난 규모의 사교육시장이 만들어지며, 공교육은 형해화되어갔다.

맹목적 평등의 정서가 사회를 지배하며 수능은 수(水)능화되었고, 협력하고 배려하는 마음으로 미래 공동체의 주역이 돼야 할 학생들의 마음은 '1점 더 얻기'에 예민해지면서 퇴행하고 있다. 말로는 융합의 시대라 호들갑을 떨면서 정작 사람 관계를 가르치는 도덕교육이 교육현장에서 사라지게 하는 무신경이 바로 우리이다. 과연 이런 교육 시스템으로 경제 걱정에 앞서 이 사회가 지속가능하기나 한 것인가?

제4차 산업기술혁명은 지식정보의 고도화, 연결화, 융합화, 지능화를 이루어나갈 것이다. 산업현장에서 작업의 기계화, 자동화, 정보화는 획기적으로 진전되고 있으며 '지식의 디바이드'는 계속 심화될 것이다. 지식은 이미 평생을 걸쳐 배워야 할 만큼 고도화되고 복잡해졌고, 그러면서도 언제든 검색만 해보면 대부분 알 정도로 보편화되었다. 어느 한 부분만 파면 전문가가 되는 것이 아니라 다양한 분야의 지식을 합쳐야 진정한 전문가가 될 수 있는 세상이 되었고, 자고 나면 새로운 지식이 나오니 어제 배운 것조차 쓸모없는 세상이 되어버렸다. 그러기에 새로운 창조적 지식의 가치는 그만큼 더 높아졌다. 이러한 지능사회가 오고 있는데 과연 현재의 교육 시스템을 다소 개량하면 된다고 할 수 있을 것인가? 획일적인 교육으로 이 고도의 다양성 사회를 열 수 있고 새로운 지식 창조를 해 나갈 수 있을까? 지금의 스펙경쟁 일변도의 교육으로 지식융합을 이루고 파편화된 가치사슬에서 비즈니스 기회를 창출시킬 수 있을까? 더구나 인구의 급격한 감소가 예견되는 인구절벽의 시대가 눈앞에 다가오고 있는 상황에서.

미래학자 토마스 프레이(T. Frey)는 '전 세계 대학의 절반은 20년 내에 문 닫을 것'이라고 전망한다. 일본의 사례를 보면 1990년대 중반부터 학령인구의 감소로 초등학교 폐교가 문제되면서 2000년도 이후 6000개교가 문을 닫았다 한다. OECD 국가들과 비교해 턱없이 높은 대학 진학률을 자랑해온 우리 사회도 이제 그 버블이 꺼질 일만 남았다. 한마디로 너무 대량생산 시스템에 의존한 교육 시스템이었고, 이제 이 비정상적 시스템은 막을 내릴 수밖에 없다.

(3) 창조적 파괴 : 창의성, 협동심, 리더십 기반의 교육 시스템

교육은 장기적으로 모든 문제의 귀결점이다. 교육이 제대로 서야 지금 이 사회의 모든 문제에서 해결의 실마리를 찾을 수 있다. 제4차 산업혁명을 당면한 지금의 1차적 과제는 지식생산 및 학습구조의 변화, 경제사회 환경의 파괴적 변화를 어떻게 시스템적으로 수용할 것이냐 하는 것이다. 이 점에서 특히 심각한 문제는 대학교육이다. 대학의 경쟁력이 중요한 것은 대학이 경제사회의 중요 발전기제이기 때문이다.

미국이 작금의 경제위기에서 탈출할 희망을 갖게 하는 것도 그 근본을 따져보면 미국 대학의 경쟁력이라 할 수 있다. 앞에 놓인 고도 지식 기반 사회를 대학의 창조적 역량 없이 헤쳐 나갈 수는 없다. 그럼에도 우리의 현 모습은 한 교수의 말과 같이 '19세기 교실에서 20세기의 교사가 21세기 학생들을 가르치고 있는 모습'이다.

3%에도 미치지 못하는 잠재성장률, 중국의 기술과 산업 앞에 맥없이 무너져 내리는 우리의 산업을 보며, 우리는 과연 무엇으로 미래를 꿈꿀 수 있단 말인가? 그 답은 우선 대학에서 찾아져야 한다. 대학은 변할 수밖에 없다. 그러지 않으면 머지않아 건물과 땅만 남기고 교수는 사라지는 조직이 될 수도 있다.

창의적 사고 능력 배양에 중점을 둔 스탠퍼드대의 D스쿨, 플립드러닝을 결합한 온라인 토론방식의 미네르바스쿨, 창업 관련 교육에 특화한 드레이퍼대학, 이 모두 새로운 대학의 모습을 선보이는 곳이다. 그러나 한국의 대학은 아직 잠을 깨지 못하고 있다. 눈 가리고 아웅식의 '개혁'이란 구호만 요란한 것이 대학이다.

학교가 한국사회를 이끌 인재를 기르는 곳이 되려면 창의성, 협동심, 리더십이란 세 가지 관점에서 대개혁이 이루어져야 한다.

① 창의성의 중요성은 너무 지당하다. 과학의 기본동력은 호기심과 문제의식이다. 호기심이 생기려면 자유롭게 '생각할 자유'를 학생들에게 주어야 한다. 그러려면 우선 정부의 학교에 대한 간섭을 없애야

한다. 모든 교육 관련 규제를 제로베이스에서 출발하는 것이 필요하다. 교육부의 대학정책기구를 폐지하고 대학에 교육에 관한 모든 권한을 돌려주어야 한다. 대학과 중등교육 담당자들의 인식과 역량 전환도 필요하다. 교육 콘텐츠에 혁명을 일으킬 교사 역량이 만들어져야 한다. 교사가 지식 공급자가 될 것이 아니라 학생들 스스로 자신이 학습할 대상을 정하고 교사는 이를 돕는 안내자가 되도록 시스템을 재설계해야 한다. 이를 위해서 획일적인 평등교육의 환상을 걷어내야 한다. 옳은 정답보다 옳은 질문, 하나의 정답이 아닌 다양한 대안을 탐구하는 교육이 되도록 재설계돼야 한다.

대량생산 시대의 교육이 반복과 훈련을 통해 정답을 빨리 익숙하게 찾는 것이라면, 창의적 교육은 옳은 질문을 우선 찾아내는 것이다. 세상은 과학의 문제가 아닌 철학의 문제로서 접근을 요구한다. 제대로 된 질문에는 인간과 세상이 갖는 다양한 측면의 관조와 통찰이 필요하다. 문제의식은 새로운 관점을 갖기를 요구한다. 문제 해결 능력에 앞서 문제의식이 선행되어야 한다.

최근 인문학에의 관심 증가가 인문학자들에게 반가운 일일 수도 있으나, 한편으로는 중요한 도전이기도 하다. 인문학 비(非)전공자에게 인문학은 세상에 던질 이 진정한 질문을 위해 필요한 것이다. 인문학자들이 과연 이 사회가 필요로 하는 역할을 하고 있는지 진정한 성찰이 필요하다. 대학은 또한 창조적 실험정신을 조장하여야 한다. 공과대학이라면서 정작 학생들이 자유롭게 자신의 아이디어를 실험해볼 실험제작 공간 하나 제대로 갖추지 못한 것이 그간의 현실이었다. 교수가 주인이 되는 실험실은 그렇게 많으면서 학생이 주인이되는 실험실은 없는 것이다. 주인의식이 있어야 흥미가 지속될 수있는 법이다.

2013년 문을 연 카이스트의 '아이디어팩토리'는 그런 점에서 우리대학에서 찾아보기 힘든 학생전용 실험공간이라 할 것이다. 디지털화로 '팹랩'(3D프린터, 레이저 커터기 등 디지털 제작 장비를 갖추고, 설계와 실험제작을 해볼 수 있는 랩)이란 실험실을 저비용으로구축할 수 있게 된 지금, 이곳은 학생들 자신의 놀이터이자, 자신의아이디어를 실험하는 창조의 공간, 친구들과 협력하는 나눔의 공간이 되었다.

창조란 새로운 것에의 '끌림과 몰입'에서 시작된다. 논어에 이르기를 '아는 것은 좋아함만 못하고, 좋아함은 즐기는 것만 못하다' 하였다. '아이디어팩토리'의 전국적 확산이 필요한 이유이다. 그래야 창업도 스펙용 창업이나 비즈니스 모델형 단순 창업이 아니라 지속성장이 가능한 제품혁신형 창업이 될 수 있는 것이다.

기술 역량은 생각지 않고 창업만 드라이브하는 것은 젊은이들을 신용불량자로 만드는 길이다. 교육과 함께 대학의 또 다른 기능은 연구 기능이다. 창조적 과학기술의 산실은 역시 대학이다. 지식은 벽돌을 쌓는 것과 마찬가지이다. 축적의 과정이 필요하다. 한국사회의문제는 이 축적이 주로 개인 기반으로 이루어지고 조직을 통해 이루어지지 않는다는 점이다.

예를 들어 한국대학에서 실험실 랩문화는 교수 기반으로서, 해당 교수가 은퇴하면 그 랩은 사라지고 그 랩이 가졌던 지식과 문화도 사라진다. 일본대학들에서는 지식이 랩에 축적되고 랩을 통해 계승된다. 일본대학의 연구성과가 한국대학보다 높은 것은 서로의 역사가 다르고, 연구투자규모 탓도 있겠으나 한국대학에는 없는 이런 문화가 있다는 데 있다. 그것이 도쿄, 교토, 나고야대학 등 일본대학들에서 노벨상 수상자들을 배출하고 있는 이유이다.

② 사람과의 관계를 배우는 교육이 돼야 한다. 학교는 지식을 배우는 곳인 동시에 다른 사람들과 함께 살아가는 법을 배우는 곳이다. 한 사회인으로 과연 어떻게 타인과 교감을 할 것인가를 배우는 곳이다. 인간에게는 이러한 감성 지능(EQ)이 있고 이것을 키워나가야 하는 곳이 학교이다. 그러나 경쟁만 강조되다 보니 학생들은 오히려 타고난 이런 품성조차도 잃어버리고 있다. 학교에게 주어진 교육사회적 의무에 무의식적으로 역행하고 있는 것이다.

경쟁만 있고 협력이 없으면 그 사회는 불신과 불안정 속에 놓이게 되고, 그러면 그 사회에서 경제주체들 간의 거래비용이 매우 높아지기 마련이다.

도덕교육은 사치가 아니라 이 사회의 거래비용을 줄이기 위해 해야 할 투자이다. 협동심이 중요한 또 하나의 이유는 창조와 혁신의 기반이 다원성이기 때문이다. 창조는 다양한 분야 지식의 새로운 결합을 통해 나타난다. 그래서 융·복합이 돼야 한다. 어느 하나의 일을 성취하려 해도 다양한 지식의 결합이 있어야 한다. 미켈란젤로가 '천지 창조'를 그릴 수 있었던 것은 그가 그림 이외에 해부학과 조각에 깊은 지식을 갖고 있었기 때문이다.

지식의 분화가 이루어졌던 3차 산업혁명을 넘어 제4차 지식 혁명이 가지는 특징은 특히 이런 다학제적 지식의 융합적 접근이다. 나 혼자 잘해서 되는 시대는 갔다. 문제는 학자들이 자기 경계를 지키려는 속성이 강하다 보니 그들 간의 담장이 너무 높아져 있다. 옆의 학자, 옆의 학과가 무엇을 하는지 모르는 게 대학사회다. 폐쇄적이고 배타적이기까지 하다.

그런 가운데 외국 석학들과 협동 연구를 하라고 하지만 그 연구가 제대로 될 리가 없다. 외국 석학 유치사업인 WCU 사업으로 거금을 주고 초빙한 외국 학자들이 몇 년 있다 짐 싸고 돌아가면서 한국대학의 이런 풍토를 적나라하게 꼬집는 비판은 아프지만 안타깝게도 우리의 현실이다.

융합교육도 마찬가지이다. 융합한다고 학생들은 복수전공하느라 고생하는데 실상은 수박 겉핥기식 공부만 하게 된다. 산업현장과 학교교육도 유리되어 있다. 몇 사람도 읽어보지 않을 SCI 논문은 존중받고, 수백 명을 먹여 살릴 현장기술은 천박하게 바라보는 것이 대학이다.

논문에 매달릴 연구 중심 대학에는 모르지만, 모든 대학에 이런 획일적 잣대를 요구하니 산업계와 대학이 유리될 수밖에 없다. 가장 응용학문이라 할 공학의 공대에서도 논문 몇 편 더 쓰는 데만 매달리니, 학생들이 산업기술 배우러 별도로 학원에 갈 수밖에 없는 것이다. 산업과 학교의 이 담장을 어떻게 부술 것인가를 실질적으로 고민해야 할 시점이다.

③ 학교는 또한 리더십을 배우는 곳이다. 다양한 사람들과 관계를 맺기에 그 과정에서 사람들의 개성을 이해하고, 다른 사람을 설득하고 동기를 부여하는 기술들을 배우게 된다. 리더는 태어나는 것이 아니라 육성되어지는 것이다. 리더를 만들 줄 아는 사회가 되어야 그 사회가 리더의 실패를 최소화할 수 있다.

무엇이 리더십인가? 첫째는 참다운 자기희생의 정신이다. 리더는 사회로부터 존중을 받고, 리더의 지위 자체가 권력을 가져다준다. 그러나 사회가 리더에게 이러한 특권을 주는 것은 그를 필요로 할 때마다 그가 자기희생을 하리라는 기대 때문이다. 그것이 '노블리스 오블리제'이다.

한국의 현대 리더들이 갖는 공통적 문제는 특권만 향유하려 하지 자신에게 주어진 의무, '노블리스 오블리제'를 방기한다는 것이다. 이러니 사람들은 리더들에 배반감을 느끼지 않을 수 없다. '리더의 품성'을 가진 리더를 키워내는 첫걸음은 교육이다. 그러나 우리 사회에는 리더를 기르는 교육이 없다. 기업도, 정부도, 정치권도, 학계도, 그러기는 마찬가지이다. 리더가 없으니 모든 조직의 암묵적인 관리비용이 커지고, 그 조직의 비전도 보이지 않는 것이다.

둘째는 타인을 부릴 줄 아는 기술이다. 리더는 불가피하게 많은 다른 사람들과 관계를 맺는다. 그러기에 그에게는 남다른 소통기술, 동기부여의 능력이 필요하다. 그러나 우리 교육에는 이러한 점이 매우 취약하다. 개인의 이기심과 결합된 권위주의의 상명하복 문화가 아직 뿌리 깊게 자리를 지키고 있을 뿐이다. 이런 전통과 문화가 지배하는 사회에서 우리는 제4차 기술혁명이 요구하는 소통기술, 협업기술을 발휘해야 한다. 그러니 우리의 리더들은 서구의 리더들보다 오히려 더 탁월한 역량을 가져야 하는 것이다. 아무나 리더를 하겠다고 나서는 것이 그래서 죄악인 것이다.

3장

국가경영과
민주주의의 실천

01

자본주의와 민주주의의
조화와 선택

자본주의와 민주주의는 현대 국가를 지탱하는 두 가지 시스템이다. 경제 영역의 자본주의는 정치사회 영역의 민주주의와 불가분의 관계를 갖는다. 한국의 자본주의는 이제 '권위적 자본주의'에서 '민주적 자본주의'로 나가고 있다. 그만큼 민주주의가 중요하게 된 것이다.

1) 좋은 민주주의, 나쁜 민주주의

(1) 민주주의의 발전

산업혁명을 이끌어온 3대 동력은 산업기술, 자본주의, 민주주의라 할 수 있다. 산업기술은 과학기술자, 생산자, 소비자, 투자가, 시민 등 다양한 사람들에 의해 선택되고, 연구되고, 투자되고, 소비됨으로써 사회적 가치를 갖는다. 자본주의와 민주주의는 그 가치를 담아내는 그릇이다.

자유로운 사고가 창의와 혁신을 만들고, 그 혁신이 경제적 가치를 만드는 시스템이 자본주의이다. 민주주의 또한 과학기술혁명을 가능하게 한 그릇이었다. 신과 왕과 귀족의 예속으로부터 인간을 해방시키지 못했더라면, 즉 민주주의라는 사회정치적 시스템이 없었다면, 자본주의도 지금의 성과를 내기 힘들었을 것이다.

신과 왕의 전지전능함을 퇴장시키며 인간의 이성을 그 자리에 세운 사람들이 갖는 의문은 과연 이 사회를 어떻게 꾸려갈 것인가 하는 것이었다. 계몽주의사상가들이 이 질문에 대해 찾은 대답의 하나는 자연법적 질서였다. 자연법은 세속적인 권력이 만들어낸 실정법(애덤 스미스에 의하면 입법법(legislative law))과 대비되는 질서로서 자연스럽게 언제, 어디서나 존재하는 보편적 불변적 법칙이다. 이는 장구한 역사를 통해 인간에 의해 진리로 받아들여진 양심과 정의의 법이다. 이는 불변의 천리(天理)이고 칸트의 정언명령(定言命令)이다. 이 자연법사상은 근대에 들어서며 자유와 평등의 개인주의로 연결되어 민주주의 발전의 기초가 되었다.

계몽사상가들이 주목한 또 하나는 고대 그리스의 민주주의와 로마의 공화정이었다. 인간의 존엄성과 정치적 참여를 보장하는 그리스의 민주주의와 행정권을 가진 집정관, 입법권을 가진 호민관, 의결권을 가진 원로원의 3두마차로 정치 권력의 분리와 견제를 실현시킨 로마의 공화정은 민주주의를 이끈 양두마차였다. 계몽사상가들은 그리스와 로마에서 찾아진 지혜를 새로운 정치체제에 대한 담론으로 이어갔고, 그 지적 담론의 결과 근대 민주주의는 수많은 위협에도 불구하고 그 뿌리를 깊게 내릴 수 있었다. 그러나 민주주의는 자본주의에 비해 그 발전이 매우 느리게 진전되었다. 계몽주의로부터 300여 년의 세월이 흘렀건만 민주주의는 아직 권력을 향한 인간의 욕망과 위협 속에 서 있다.

(2) 좋은 민주주의, 나쁜 민주주의

민주주의의 모습은 나라들 숫자만큼이나 다양하다. 경제적 관점에서 민주주의에는 좋은 민주주의도, 나쁜 민주주의도 있을 수 있다. 나쁜 민주주의는 자원배분을 왜곡시키고 시장에 거품을 만들어낸다. 민주의 간판을 내걸었더라도 반민주 행태가 재현될 수 있다.

민주는 '소수의 횡포', '다수의 횡포'를 통해 비(非)민주화되어간다. 프리드리히 하이에크(F. Hayek)가 『예종의 길』에서 지적한 것처럼 독재자는 쉽게 나타날 수 있다. 히틀러는 가장 민주적이고 자유로운 선거를 통해 선출됐지만, 인류 역사상 가장 증오스러운 독재자로 남았다. 독재가 아니더라도 소수의 지배 엘리트들이 특정 개인, 계층, 이익집단의 로비에 포획된다면 그 또한 소수의 횡포라 아니할 수 없다.

민주주의에는 '다수의 횡포'도 있을 수 있다. 다수결이라 해서 그 정당성이 언제나 담보되는 것은 아니다. 다수에 의한 소수 이익의 침해가 언제든 일어날 수 있는 것이다. 다수가 지지하는 정책이라도 그 책임이 자신에 귀속되지 않고 다른 대중에 전가되거나 현재 세대가 아닌 미래의 세대로 미뤄지는 포퓰리즘 정책이라면 이는 '다수의 횡포'일 뿐이다.

존 스튜어트 밀(J. S. Mill)의 '다수의 횡포', 프리드리히 하이에크의 '흥정적 민주주의', 이 모두 포퓰리즘 정치에 대한 우려다. 알렉시 드 토크빌(A. Tocqueville) 또한 민주주의가 미천한 다수를 고귀한 지위로 끌어올리려는 정당한 열정 대신 고귀한 소수를 열등한 다수로 끌어내리려는 '다수의 타락한 열정'에 의해 지배될 수 있음을 경고하고 있다.

다수의 횡포가 일어나면 국가의 경영 능력은 퇴화된다. 통화, 금융, 재정상의 건전성을 해치는 선심성 정책들이 남발되는 경우 국가가 미래의 위기에 대응할 '탄력성'은 상실되는 것이다.

이러한 소수의 횡포나 다수의 횡포가 일어나면 정책과 제도는 왜곡될 수 있고, 그것은 자본주의와 민주주의 모두를 심각하게 훼손시키게 된다. 민주주의를 실천하는 사람들에게 자유에의 헌신, 타인에 대한 존중, 독재에 대한 경계라는 성찰과 지혜가 없다면 민주주의는 이렇게 허울 좋은 이름만의 민주주의일 뿐이고, 그런 민주주의와 동행하는 자본주의는 지속 가능하기 어렵다.

(3) 경제의 번영과 민주주의

경제번영은 민주주의를 촉진하는가? 이에 대한 대답은 긍정적이다. 자유시장주의자인 밀턴 프리드먼(M. Friedman)은 '경제적 자유가 정치적 자유를 촉진하게 되고 이 경제적 자유는 정치적 자유를 지속가능하게 하기 위해 필요하다'고 했다.

그러면 역으로 민주주의가 경제적 번영을 촉진하는가? 이에 대해서는 아직 통일된 이론이 없다. 학자들에 따라 긍정적이기도, 부정적이기도 하다. 싱가포르, 한국, 중국 등과 같이 민주주의가 잘 작동하지 않던 국가에서도 자본주의는 성공하였다.

그러나 자유민주주의가 작동하지 않는다면 그 발전이 지속가능하기 어렵다. 맨슈어 올슨(M. Olson)에 의하면 여러 세대에 걸쳐 좋은 경제성과를 거둔 나라는 민주정치의 나라들이었다. 그동안의 연구를 보면 민주주의가 성장에 충분조건은 아닐지라도 좋은 민주주의가 성장에 기여한다는 것은 틀림없어 보인다. 문제는 국가가 과연 경제적 성공에 적합한 옳은 결정을 하느냐는 것이다.

옳은 선택이 있어야 좋은 성과가 있을 수 있다. 민주주의는 선택의 절차를 규정한 시스템일 뿐이다. 민주주의 자체가 선택의 품질을 결정하는 것은 아니다. 민주주의의 선택은 최악을 피할 수 있을지 모르지만 최선의 선택은 아닐 수 있다. 남미와 같이 민주주의가 경제를 파괴하기도 한다. 사회는 파괴하기는 쉬워도 창조하기는 어렵고, 정치나 정부가 국민에 고통을 주기는 쉬워도 행복을 주기는 어려운 법이다. 현실에서 민주주의는 최악과 최선의 중간 어느 지점을 선택하게 된다. 최악에 가까운 민주정치는 중우정치이고, 최선에 가까운 민주정치는 집단지성이 발휘되는 정치이다.

2) 민주주의의 딜레마, 자유와 평등

|

(1) 자유와 평등의 원리

|

민주주의의 기본원리는 자유와 평등이다. 자유는 창조와 혁신을 낳는다. 이 자유는 자기 이익을 챙길 자유를 전제로 하고, 민주주의는 이를 포함한 모든 생각과 행동의 자유를 기초로 한다.

자유를 믿는 것은 인간의 잠재력을 믿는 것이다. 아시아인 최초로 노벨 경제학상을 받은 아마르티아 센 하버드대 교수는 "사람들의 역량을 증대시키는 것이 곧 자유의 확장이고 이것이 바로 경제발전의 요체"라고 한다.

평등은 인간 삶의 중요한 조건이다. 평등은 사회에 대한 신뢰를 만들고 일체감을 촉진시켜 협력과 통합의 에너지를 만든다. 평등이 전제돼야 사회가 지속가능하다. 국가가 발전하려면 이 두 힘이 다 작용해야 한다. 국가가 이루어야 할 경제의 성장과 사회의 통합이 이를 통해 이루어진다. 그러나 이 두 힘은 서로 상충적일 수 있다. 자유로우면 불평등이 커지고, 평등해지면 혁신이 이루어지기 어렵다. 그러기에 국가가 지속가능하려면 이 두 힘들이 균형과 조화를 이뤄야 한다.

자유와 평등에는 한계가 있을 수밖에 없다. 자유에는 사회공익을 위한 책임과 규율이 있어야 한다. 그것이 도덕과 법치(法治)이다. 법과 도덕은 상호보완적이다. 그러기에 적어도 어느 한쪽이 살아 있으면 사회는 작동을 한다. 문제는 도덕과 법치가 동시에 무너지는 경우다. 그러면 정신과 행동이 무너지기에 탐욕과 방종이 나타나는 법이다. 도덕과 법치의 수준이 낮으면 사회는 만인과 만인이 투쟁하는 정글이 된다.

한편 평등에는 나태와 안주를 막을 장치가 필요하다. 인간의 이기심은 인간을 헌신케 하는 가장 중요한 원천이다. 헌신하지 않고 열매를 딸 수 있다면 인간은 그 고통스러운 헌신을 버릴 것이다. 평등이 중요하다 하더라도 헌신에 대한 차별적 보상이 있어야 하는 이유이다.

정치적 민주주의의 발전은 이 법치와 차별(불평등)을 어떻게 다룰 것이냐 하는 문제로 집약된다. 국가의 제도란 근본적으로 이런 법치와 차별을 다루는 문제다. 얼마나 자유를 제한할 것이고 얼마나 사람들에게 차별적 대우를 할 것이냐, 그 균형과 조화의 점이 어디냐는 것이다. 자유를 너무 많이 제한하면 폭정이 되고, 평등을 너무 추구하면 경제적 과실을 거두지 못하게 될 것이다.

(2) 경제적 불평등과 민주주의

|

1990년 6월 13일 베를린 장벽의 공식 철거를 선언한 날, 사람들은 장벽에 올라 만세를 불렀다. 그다음 날 아침, 파리의 한 신문은 'La Gauche est mort?(좌익은 과연 죽었는가)'라는 칼럼을 실었다. 우익의 논리가 세상의 진리로 등극한 그 아침, 파리의 지성이 좌익의 논리였던 경제적 평등 문제를 다시 꺼낸 것이다.

평등의 문제는 지난 200여 년간 시대 담론의 핵심 주제였다. 그리고 그것은 냉전 시대를 지난 지금까지도 경제적, 사회적, 정치적 갈등의 핵심 주제다. 민주주의 체제 내에도 그 갈등은 존재한다. 경제에는 불평등을 확대하려는 힘이 작용하고, 정치에는 불평등에 저항하는 힘이 존재하기 때문이다.

'민주적 자본주의'란 경제의 동력을 유지하는 한도 내에서 평등을 지향한다. 평등을 기회의 평등과 결과의 평등으로 나눈다면 기회의 평등은 경쟁조건이 평등하다는 공정경쟁을 의미한다. 경쟁조건에 임의적인 차별이 존재하지 않는 것이다. 기회가 평등하면 결과가 불평등하더라도 그 결과를 수용할 가능성이 높아진다. 기회의 평등은 그래서 자본주의와 민주주의 모두에서 존중돼야 할 가치다.

문제는 이 경쟁의 조건이 구조적으로 평등하지 못할 때, 즉 게임규칙이 불공평할 때다. 영국의 진화경제학자 제프리 호지슨(G. Hodgson)에 의하면 비대칭적인 경쟁조건은 '착취'의 문제를 발생시킨다. 착취가 구조화되면 정치체제는 지속가능하기 어렵다. 그래서 애덤 스미스는 '어느 사회도 대부분 구성원들이 가난하고 불행한 상태를 지속하게 만들 수는 없다'고 했다.

현대사회의 문제는 기술적, 경제적, 사회적 조건의 불평등이 구조적으로 심화되고 있다는 데 그 심각성이 있다. 1980년 미국기업 최고경영자의 평균 보수는 근로자 보수의 42배였으나 2012년에는 380배에 달했다. 노벨경제학상을 받은 프린스턴대학의 앵거스 디턴(A. Deaton) 교수는 부의 집중이 "창조적 파괴의 숨통을 막아 민주주의와 성장의 기반을 약화할 수 있다"고 했다. IMF조차 불평등이 경제성장을 저해하고 있다는 경고를 보내고 있다.

세계가 점점 더 불평등 문제에 직면하면서 일반 대중의 미래에 대한 불안과 사회를 이끌어온 지배 엘리트에 대한 반감이 커지고 있다. 반면 이를 활용한 정치권의 인기영합적 구호에 대중은 점점 더 열광하고 있다.

UC 버클리대 교수인 로버트 라이시(R. Reich)는 경제적 불평등 문제의 해결이라는 관점에서 민주주의의 역할에 주목한다. 그는 사회가 성취해야 할 공동선을 만들어가는 시스템이 민주주의라 한다. 자본주의의 관점에서 민주주의는 두 가지 역할을 한다. 첫째는 자본주의가 초래하는 빈부격차, 고용 불안, 환경 위협 등의 사회적 문제를 해결하는 데 기여한다. 그러기에 민주주의에서는 이러한 사회 문제들에 적용할 규칙을 어떻게 만드느냐는 것이 과제다.

둘째의 역할은 사회의 성장과 평등에 기여하는 것이다. 앞서 말한 바와 같이 경제성장과 평등은 국가의 핵심 문제다. 어떻게 성장의 열매를 키우고 어떻게 배분할 것인가 하는 문제는 시민들의 중요한 관심사이고 사회통합 여부를 결정짓는 핵심 요소다. 사회가 지속가능하려면 민주주의가 그 역할을 해야 하는 것이다.

(3) 착취적 제도, 포용적 제도

|

경쟁조건의 불평등에 의한 착취 문제에 대응하는 방법이 민주주의라

는 것을 지적한 학자는 MIT의 대런 애스모글루(D. Acemoglu) 교수와 하버드대의 제임스 로빈슨(J. Robinson) 교수다. 그들은 21세기 국부론이라 일컬어지는 『국가는 왜 실패하는가』에서 착취적 제도와 포용적 제도를 구분한다. 전자는 소수 개인들이 다수의 대중을 최대한 착취할 수 있는 제도이나, 후자는 다수 대중이 의사결정 과정에 참여함으로써 다수가 소수에 의해 이용될 가능성이 최소화되는 제도다.

전자에서는 소수가 정치 권력을 장악하고 혁신과 개선의 여지를 봉쇄함으로써 경제성장이 어려운 악순환이 일어나나, 후자에서는 경제적 자유와 함께 혁신의 에너지가 발현되도록 인센티브가 주어짐으로써 경제를 성장시키는 선순환이 일어난다. 남한이 후자를, 북한이 전자를 대변하는 사례라 할 것이다.

기술혁신과 창조적 파괴가 필요로 되는 시대에 착취적 제도는 더욱 경제의 실패를 초래하기 쉽다. 경제적 성공이 가능하려면 사유재산권이 보호되고 공정한 경쟁환경이 보장되는 포용적 제도가 돼야 하는 것이다. 이러한 경제제도의 차이를 만드는 것은 결국 정치제도이다.

포용적 제도에서는 권력구조가 충분히 중앙집권적이어서 법질서의 집행에 필요한 합법적 폭력을 중앙정부가 가지면서도, 다원적 민주정치로 인해 이 정치 권력에 대한 효과적인 견제 또한 가능해지는 것이다. 그들은 수많은 역사적 사건의 예시를 들면서 그 하나하나는 비록 예측 불가능한 작은 사건들이었지만 사회가 그것을 사회경제적 혁신이 가능한 포용적 제도로 받아들이느냐, 아니면 혁신이 불가능한 착취적 제도로 받아들이느냐 하는 선택에 따라 경제가 번영이냐 실패냐의 갈림길로 갈라졌다고 한다.

이러한 애스모글루와 로빈슨 교수의 연구는 기득권층의 자기보호 노력을 제도발전에의 중요한 장애요소로 받아들임으로써 정치제도에서 기득권에 대한 문제를 제기했다는 데 큰 의미가 있다.

3) 게임규칙과 민주주의의 선택

|

(1) 게임규칙과 민주주의

|

국가의 경제성장은 게임규칙의 설정에 달려 있다. 경제성장은 투자와 자원배분에 의해 결정되며, 이는 어떤 게임규칙이 적용되느냐에 따라 달라진다. 『사회계약론』의 저자 장 자크 루소의 지적과 같이 사회는 구성원들의 대등한 계약에 의해 이루어진다. 민주주의는 누구도 우월적 지위를 갖지 못하는 공정한 계약이 전제이다. 그러나 현실에서 계약은 계약 당사자의 상대적 위치에 따라 그 내용이 달라진다.

사회에는 그 사회를 지탱하는 수많은 공적 제약들이 존재하며, 그 제약은 개인들의 상대적 위치와 이익에 중요한 영향을 미친다. 이 공적 제약은 그 사회의 규율이며 사회제도를 의미한다. 제도는 사람들이 경쟁하는 조건을 결정하고, 이는 게임규칙이 된다.

민주주의 정치는 게임규칙을 결정하는 시스템이다. 사회에서 게임규칙이 공정한가 아닌가 하는 것은 개인들이 '공동체의 정치에 양도한 그 권리'가 어떻게 작동되느냐에 달려 있다. 그러기에 사람들은 경쟁조건을 자신에게 유리하게 만들기 위해 부단히 노력한다. 이런 노력은 개인의 '의도된 합리성'이다. 사회에서 이런 사람들의 노력은 충돌되기 마련이다. 그러기에 사회는 나름대로 합리성을 갖고 모든 사람들에게 공정하게 적용될 게임규칙을 만들어야 한다.

(2) 게임규칙의 왜곡

문제는 사회의 게임규칙이 합리적이고 공정하지 않을 수 있다는 것이다. 왜 게임규칙은 합리적이고 공정하지 않기 쉬운가?

첫째, 게임규칙을 의도적으로 왜곡시키는 경우가 많기 때문이다. 사회에서 게임규칙은 제도로 나타난다. 제도는 사회의 공익을 대변하여야 한다. 맨슈어 올슨은 제도에 있어 두 가지 기준을 제시한다. 하나는 '경제가 번영하려면 계약의 이행과 재산권을 보증해주어야 한다'는 것이고, 다른 하나는 '이익집단들의 여러 유형의 강탈 행위들을 방지해주어야 한다'는 것이다.

제도는 이기적 인간과 집단들에 의해 왜곡될 수 있다. 만일 특권계층이나 이익집단, 압력집단의 이기적인 '의도된 합리성'에 의해 제도가 결정된다면 그로 인해 게임규칙은 왜곡되고, 경쟁조건은 불평등하게 된다. 이는 특히 일반 대중이 '합리적으로 무지한' 존재일 때 발생한다. 제도의 왜곡을 원하는 계층이나 집단이 대중의 무관심을 이용하여 제도의 결정자에게 영향을 미치는 것이다. 이런 왜곡은 사회의 신뢰를 저하시키고 분업구조에서 상호협력을 방해한다.

둘째, 게임규칙이 구조적으로 왜곡되는 경우다. 시장에서 한 당사자가 타 당사자에 대해 지배력을 갖는 경우는 흔한 일이다. 한 계약자가 지배력이 큰 경우 협상력에 차이가 생겨 타 계약 당사자의 우위에 있는 수직적 관계가 형성되는 것이다. 이러한 지배력을 갖게 되면 계약자는 자신에게 유리한 조건으로 계약을 체결할 수 있다. 이는 1인 다수표라는 의사결정체제를 가진 자본주의에서 문제가 되지 않는 일이다.

그러나 그것이 사회적 공익에 위배될 때는 문제가 될 수 있다. 예를 들어 기업이 독과점이나 담합으로 공급을 장악하는 경우 소비자들은 높은 가격을 지불해야 하고 사회적으로는 후생이 감소하는 비효율이 발생한다. 납품기업인 하청기업의 경우에도 생산을 위해 투자한 것이 많을 경우 그 투자로 인해 구매기업에 인질로 잡히게 되므로, 납품기업은 구매기업의 부당한 요구에 저항할 수 없게 된다.

민주주의에서 이런 구조적 불평등관계는 본질적인 문제다. 민주주의는 1인 1표에 의한 의사결정 시스템이기에 지배력이나 수직적 관계를 용납하지 않는다. 그러나 현실에서는 지배력의 구조적 차이가 존재하기 마련이다. 재-정-관-언(財-政-官-言)의 지배계층은 일반 서민과 다른 지배력을 갖고 있다. 그러기에 민주주의에서는 서민들의 실질적 자유와 평등이 과연 보장되느냐 하는 것이 중요하다.

셋째, 게임규칙이 정보적으로 왜곡되는 경우다. 계약자들 간에 정보의 비대칭(우열)이 있는 경우 발생하는 대리인 문제다.

대리인 문제란, 주인이 대리인을 감시하기 어려울 경우 주인과 대리인 간에 발생할 수 있는 이익의 충돌을 말한다. 대리인이 주인의 이익을 위해 일하지 않는 것이다. 예컨대 기업의 주주와 그 대리인인 전문경영인의 관계에서 경영인이 주주 이익에 반하는 자기 이익 추구 행위를 할 때 발생한다. 그러기에 대리인 문제는 계약 불이행의 위험을 높이고 거래비용을 증가시켜 결국 비효율을 초래한다.

이러한 기회주의적 행태의 대리인 문제는 다양한 정치사회적 거래관계에서도 쉽게 찾아볼 수 있다. 대통령이 국민의 이익을 위해 일하지 않을 수 있고, 국회의원이 유권자 이익을 위해 일하지 않을 수 있다.

만약 민주주의가 이러한 제도의 의도적 왜곡, 지배력 문제, 대리인 문제를 효과적으로 제어하지 못한다면 그 민주주의는 자본주의와 동행하기 어렵게 된다. 그래서 노벨경제학상 수상자인 인디애나대학의 엘리너 오스트롬(E. Ostrom) 교수는 사회제도가 작동되려면 그에 신뢰할 만한 '약속의 이행'이 있어야 하고 규칙 위반자들을 쉽게 발견해낼 수 있도록 '상호 감시'가 이루어져야 한다고 했다.

4) 제도의 설계와 국가의 선택

|

(1) 제도의 역할

|

게임규칙으로서 제도는 경제주체를 규율하며 그 행동을 특정한 방향으로 유인한다. 제도가 경제성장을 유도하는 방향으로 만들어지면 보다 많은 사람들이 그런 행동을 선택하게 될 것이다. 제도에 따라 사람들이 '불확실한 기회에 도전적 실험을 하고, 기회를 찾고, 개방에 반응하고, 솜씨를 발휘하는 것' 등이 다를 수 있는 것이다. 이러한 제도의 역할에 학자들이 관심을 보이기 시작한 것은 비교적 최근의 일이다. '제도주의 학파'가 그것이다.

경제학자로서 제도 문제를 처음 착안한 더글러스 노스(D. North) 교수는 제도를 '한 사회의 게임규칙'이라 정의하며, 제도를 사람들의 협력을 결정하는 공식적 법규, 사회규범, 비공식적 행동 패턴 등으로 이해한다. 경제발전의 요소로 '경제하려는 의지'를 꼽은 아서 루이스도 사람들의 경제의지가 제도의 차이에 연유한다고 한다.

맨슈어 올슨 또한 재산권을 기반으로 하는 시장경제가 경제번영을 가져오는 제도임을 강조하면서, 한 국가의 경제적 번영이 정책 및 제도의 선택에 따라 크게 달라진다고 한다. 그는 인센티브가 사회 구성원의 합리성을 확보하는 데 중요하며 제도가 성과를 내기 위해서는 제도의 실행자가 의도된 행동을 하도록 인센티브가 필요한 것이라 한다.

러시아 국가경제연구원의 자원경제센터 소장인 피터 카즈나체프(P. Kaznacheev) 박사 또한 제도가 미비한 국가에 자원이 많으면 그 자원이 오히려 재앙이 된다는 점을 지적한다. 예를 들어 베네수엘라는 세계 최대의 석유매장국이면서도 경제는 붕괴 직전에 있고 국민들은 식량 부족으로 신음하고 있다.

제도에 따라 이처럼 경제성과가 달라질 수 있다. 민주주의가 발전할수록, 재산권의 보호가 높을수록, 시장의 진입장벽이 낮을수록, 정치 권력이 고르게 배분될수록 경제성과가 높기 쉽다.

(2) 국가경영과 합리적 선택

국가의 중요한 역할은 이런 제도를 어떻게 만들 것이냐 하는 것이다. 민주사회에서 제도를 결정하는 주체는 정치, 정부, 국민이다. 제도의 입법자와 정부의 견제자로서의 정치, 제도의 실행자로서의 정부, 이러한 권력을 위임한 국민, 이 모두 제도 선택의 품질을 결정한다.

선택을 옳게 하려면 선택을 하는 사람이 옳은 생각을 해야 하고 그 선택의 환경 또한 이에 친화적이어야 한다. 다시 말해 정치, 정부, 국민이 합리적으로 생각할 수 있고 또한 그 합리적 선택을 하게끔 환경이 만들어져야 한다. 국가경영 능력이란 이런 합리성 위에서 가능한데, 문제는 합리적 선택이 어렵다는 것이다.

합리적 선택을 제약하는 첫째 요인은 인간의 이기심이다. 이기심은 개인으로서도, 집단으로서도, 계층으로서도 나타난다. 기득권 보호, 부정부패, 집단 이기주의, 대중 포퓰리즘 등 다양한 형태로 나타날 수 있고, 이이기적 욕구가 비합리적 선택을 유도한다.

　두 번째 제약요인은 사회심리적 요인이다. 사회에는 그 나름의 심리적 트렌드가 있다. 쏠림이란 군중심리, 이념적 진영논리, 안주주의 등이 그것이다. 사회에는 또한 문화적 요인도 있다. 권위주의 문화, 집단·연고주의 문화, 정보의 비대칭인 사회 불투명성 등이 그것이다. 제도의 설계에는 이런 인간적 요인과 사회적 요인을 어떻게 볼 것이냐 하는 그 사회의

[그림 2] 게임규칙 설정의 영향변수들

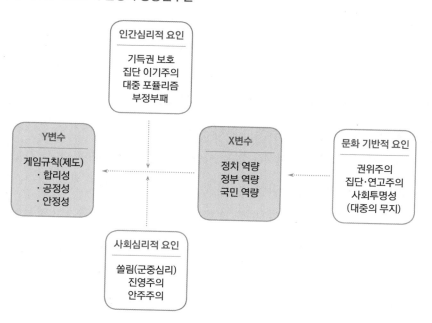

경제와 민주주의의 하모니

철학이 반영된다. 이러한 국가경영의 변수들이 게임규칙(제도)에 영향을 미치는 메커니즘은 [그림 2]와 같이 나타낼 수 있다.

5) 한국의 현실과 미래로의 도전

|

(1) 경제발전과 민주주의의 현실

|

① 압축성장의 그늘

튀니지의 한 시장에서 만난 상인은 한국인이라 하자마자 '빨리빨리' 라고 외친다. 아마도 그가 접해본 한국인에게서 가장 인상적이었던 것이 이 '빨리빨리'라는 말이었던 것 같다.

이 '빨리빨리'로 우리는 그 어느 누구도 흉내 내기 어려운 압축적 근대화를 이루었다. 땀과 눈물, 그리고 고뇌가 그 근대화에 함축돼 있다. 그러나 압축적이란 말이 내포하는 것을 달리 표현하면 그만큼 정상적으로는 가능하지 않은 일을 가능하게 했다는 말이다. 엄밀히 말하면 비정상적으로 일하는 데 익숙해졌다는 말이고, 수많은 편법이 일상화되어 있다는 말이다.

'안 되는 일도 되게 하라'는 말에는 장기적으로 손해라도 막무가내로 밀어붙이고, 잘못되어 고쳐야 할 일이 있어도 '눈 가리고 아웅' 하고, 남의 기술을 빼앗고 이익을 짓밟아도 어느 정도 용인되는 문화가 자리를 잡고 있다는 의미가 포함되어 있다.

우리의 지난 50년을 이끌었던 비정상적 방식의 성공방정식은 이제 수명을 다했다. 그런 의미에서 근대화 50년의 적폐가 곳곳에 나타나고 있다. 대한민국이 한마디로 박삭미리(撲朔迷离 : 암수구별이 어려울 만큼 상황이 복잡함)의 상황에 처한 것이 아닌가 생각된다. 우리 사회를 새 부대에 담는 일의 시초는 이런 '비정상을 정상화'시키는 것에서부터 시작해야 한다.

OECD 자료는 우리 사회가 비정상적 구조 속에 있음을 보여준다. 38개국 중 소득은 24위, 교육은 6위, 시민 참여는 10위, 주거는 17위, 직업은 17위이나 삶의 질은 28위, 환경은 37위, 건강은 36위, 일과 삶의 균형 36위, 자살률은 1위에 달하고 있다.

지난 60여 년간 선진국 '따라잡기'를 통해 명목상의 소득은 따라왔으나 삶의 모습은 아직 많이 떨어져 있음을 알 수 있다. 한국사회의 위기는 지난 60년의 발전 패러다임이 수명을 다했음을 말해준다. 우리 사회는 곳곳이 동맥경화에 걸려 있다. 과거 압축성장 과정에서 용인됐던 비정상적 혈전들이 혈관을 막으면서 시스템 장애를 일으키고 있는 것이다.

경고는 이미 1997년에 내려졌었다. 다행히 그때는 응급수술로 상처를 봉합할 수 있었다. 그러나 우리는 발전 모델의 근본적 체질 개선에는 실패하였다. 그로부터 20년 후에 던져진 2017년의 위기는 다시 한 번 우리에게 매우 근본적 질문을 던지고 있다. 그 질문은 우리의 시장과 정치, 나아가 자본주의와 민주주의를 과연 어떻게 개조할 것이냐 하는 것이다.

② 경제발전과 민주주의

우리에게 민주주의라는 형식이 마련된 지 70년의 세월이 흘렀지만 우리의 민주주의는 아직 혼돈의 시대에 있다. 형식적 민주주의는 이루었어도, 실질적 민주주의는 미완의 상태이다. 실제로는 아직 권위주의 시대에 머물러 있는 것이 우리의 현실이다. 그렇다고 권위주의가 과거처럼 작동되기도 어렵다. 세계가 찬탄한 '한강의 기적'은 어디까지나 경제의 근대화이고, 물질적 근대화였다. 경제가 성공적이면 성공적일수록 정치적 근대화는 뒤로 밀렸고 성장의 목소리에 자유와 평등의 목소리는 잦아들어야 했다.

그러나 1987체제의 출범은 그 점에서 정치적 근대화의 문제를 전면화시킨 하나의 분기점이었다. 일방주의적 성장주의의 위세에 움츠러들었던 시민의 자리를 되찾고자 하는 자각이 일어났다. 성장의 그늘에 감추어졌던 기업, 지역, 계층의 불균형 문제가 사회 어젠다의 중심으로 등장하며 사회 전반적으로 갈등의 긴장도가 높아졌다. 압축성장이 잉태한 소득 불균형, 대·중소기업 불균형, 노사 불균형 문제가 본격적으로 전면에 나타났다.

그러나 그로부터 30년이 흘렀지만 이러한 갈등을 용해할 사회적 경험과 메커니즘은 아직 준비돼 있지 않다. 우리의 민주주의 시스템은 아직 미완이고 그 역량은 미숙하다. 정치인들은 갈등을 풀기보다 진영논리의 포로가 되었고 그 감정싸움에서 자신의 정치적 이해득실을 계산해야 했다.

시민의 양식 또한 이런 정치를 바로 세울 힘을 갖지 못하였다. 그들의 선거 표심이 지연, 학연, 이념의 포로가 되면서 그들은 그 정치로부터 무시당하는 존재가 되었다.

민주주의의 실패는 사회를 혼돈 속으로 밀어 넣기 마련이다. 우리 사회도 그렇다. 결핍의 사회(불안), 욕망의 경제(불만), 갈등의 정치(불신)가 사회를 싸고돌며, 이 사회는 갈 길을 잃고 있다. GDP규모 세계 11위 경제대국에 올랐음에도 대한민국의 근대화는 민주주의란 점에서 아직 한참을 더 가야 하는 미완의 근대화에 놓여 있다. 그런 의미에서 우리가 가진 과제는 민주주의의 진정한 진전이다.

(2) 경제발전과 민주주의의 미래

① 민주주의와 국가경영

대한민국의 경제위기에 대한 질문은 간단하다. 과연 미래를 위한 의사결정을 할 수 있느냐는 것이다. 경제는 합리적 결정을 요구하지만, 정치는 비합리적 결정을 요구하기 때문이다. 경제가 요구하는 것은 시장을 시장답게 돌아가게 해야 한다는 것이지만, 정치에는 이에 대한 저항이 존재한다. 그러므로 정치에서 어떻게 보다 합리적 결정을 만들어낼 수 있느냐는 것이 핵심이다.

의사결정을 가로막는 기업과 노조, 정규직과 비정규직, 혁신과 규제, 시장과 정부의 갈등을 풀어내야 한다. 그러나 우리에게는 이 갈등을 풀 사회적 신뢰가 없다. 구조조정은 노조에 부딪히고, 비정규직 해소는 정규직과 경영진에 부딪히고, 규제 개혁은 정치와 관료에 부딪히고, 공공조직 개혁, 사회 개혁은 당사자의 저항에 부딪히고, 유럽식 사회적 대타협(정부, 노조, 재계의 합의)은 정치적 저항에 부딪히고 있다.

그러나 가야 할 길은 명확하다. 시장친화적 개혁이다. 다만 그것은 과거의 '권위적, 모방적, 배제적 자본주의'시장이 아니라 '민주적, 혁신적, 포용적 자본주의'시장이 돼야 한다는 것이다. 그러기 위해서는 시장에 대한 풀뿌리 혁신이 필요하다.

풀뿌리 혁신이란 첫째, 공정한 경쟁이 돼야 한다. 맨슈어 올슨의 말처럼 시장에서 약탈이 일어나지 말아야 한다. 대기업의 독과점 지대의 추구나, 로비나 담합에 의한 게임규칙의 왜곡을 막아야 한다. 이는 우리의 '재-정-관-언(財-政-官-言)'의 소수 지배 엘리트층에 대해 그들이 변할 준비가 되어 있느냐는 물음이다. 그들의 진정한 노블리스 오블리제가 필요하다. 그들이 각성하지 않으면 사회가 변할 수 없다.

경제 개혁은 우리 일상에서 허용했던 '비정상을 정상화'하는 과정이다. 즉 안되는 일은 안되는 것이고 원칙과 정의, 도덕과 배려의 선택

대안들을 보는 것이다. 그것이 공정성이다.

둘째, 사회의 혁신을 가로막는 제도들이 혁파돼야 한다. 정부의 규제 개혁, 재계, 정치, 정부, 사회의 기득권층의 기득권 보호질서의 혁파를 이루는 것이다. 이는 자유와 경쟁의 확대를 의미한다.

생각의 자유, 활동의 자유, 진입의 자유와 함께 사회 모든 곳에서 자유로운 경쟁이 촉진돼야 한다. 자유주의의 진정한 장점은 모든 영역에서 끊임없이 활력이 일어난다는 것이다. 그 활력은 자유와 경쟁으로부터 나온다. 그러나 한편 자유로우면서도 절제된 욕망, 유연하면서도 규율이 있는 행동, 느리더라도 실질적인 성과의 추구, 이런 사회가 돼야 진정한 활력이 나오는 것이다. 우리의 의식 혁명이 변화와 개혁의 전제가 돼야 하는 이유다.

② 민주주의의 역량

민주주의의 과잉이 위기를 부르고, 위기는 민주주의의 위축을 부른다. 우리 사회에 민주란 이름이 넘쳐나면서 절제와 규율이 사라졌다. 이를 뒷받침하는 도덕과 법치가 붕괴되었다. 너무 쉽게 제도를 만들고, 위반하더라도 온정주의가 너무 과해 책임을 묻지 않는다. 사회적 공분을 사는 사건에도 처음에는 야단이지만 며칠 지나면 흐지부지되기 일쑤다. 처벌이 엄하면 너무한다는 동정의식이 강해진다. 문제는 이런 제도의 운영은 지키는 사람에게만 손해를 안겨준다는 것이다. 그러니 모두가 법을 지키려 하지 않는다. 이런 현상은 서구의 제도가 그 실효성을 확보하고 있는 것과 비교된다.

법과 제도에는 마키아벨리적 사고가 필요하다. 마키아벨리는 '국가의 입법자는 모든 인간은 사악하며 자유로운 기회가 주어지면 언제든지 사악하게 행동하려 한다는 것을 염두에 두어야 한다'고 했다. 서구의 제도는 이런 마키아벨리의 사고를 반영하고 있다.

영미법의 징벌적 배상의 원칙이 그 한 예이다. 소위 악의적인 불법행위에 대해 몇 배의 특별한 배상 책임을 부과하는 것이다. 그러나 동양의 사고는 다르다.

동양사회는 인간은 선하다는 전제 위에 있다. 그러니 제도를 만드는 데 큰 고민을 안 하게 되고, 위법을 해도 처벌을 주저하게 되는 것이다. 사회의 법 준수율이 낮다는 것은 그만큼 우리의 법치 역량이 낙후되어 있다는 의미다. 제도가 신뢰를 잃으면 결국 모두 제도를 지키지 않게 된다. 법은 있으되 지켜지지 않는 것이다. 사회가 이러면 경제의 거래비용은 커지고 효율은 나타나기 어렵다. 경제는 거짓말을 못하기에 자유가 자유가 아닌 방종이 될 때, 그것은 경제위기로 나타난다.

미국의 1930년대 대공황, 한국의 1997년 외환위기와 2008년의 금융위기, 모두 그 안에는 방종과 만용이 있고 거짓과 위선이 있었다. 위기가 찾아오면 해결책이 필요하고 그 해결은 언제나 희생과 비용을 요구한다. 벼랑 끝에서의 개혁이기 때문이다.

앞서의 위기 모두 수많은 기업과 공장들의 문을 닫게 하였고, 수많은 근로자들은 일자리를 잃고 길거리를 방황하게 되었다. 과연 이런 벼랑 끝에 몰려야만 개혁이 가능한 것인가? 대답은 위기를 미리 알아차릴 수 있는 지혜, 그리고 위기를 예방하는 사전적 개혁뿐이다. 그 개혁에는 정치력이 요구된다. 위기의 대응에도 정치력이 요구된다. 1930년대 대공황이 주는 교훈을 연구한 메릴랜드대학의 존 월리스(J. Wallis) 교수는 위기에 대응하기 위해서는 기술 진보나 성장 증대가 아니라 효과적인 정치적 조정 능력이 있어야 한다고 강조한다. 조정이란 개인으로서는 합리적 결정이라도 사회적으로는 해가 될 수 있기에 개인과 사회의 이해관계가 조화될 수 있도록 조정해주는 것이다. 지난 대공황의 경험은 자본주의와 민주주의가 그런 점에서 취약하다는 것을 암시한다.

조정을 위해서는 현실에 대한 통찰력이 요구된다. 그러나 플라톤이 말한 동굴의 우화는 우리가 언제나 현실을 보지 못하고 있음을 지적한다. 우리의 눈이 그림자에 가려진 현실을 볼 수 있게 하기 위해서는 우선 우리의 마음이 맑아져야 하는 법이다. 우리의 미래를 보는 통찰력은 마음 상태에 따라 다르다. 마음이 안정되고 투명해질수록 더 멀리, 그리고 더 내면의 것을 볼 수 있는 것이다.

02

국가경영,
왜 실패하는가?

국가 시스템은 하나의 오케스트라 같다. 지휘자, 연주자, 악기의 조화가 새롭게 만들어져야 한다. 국가경영은 이런 오케스트라를 지휘하는 일이다. 좋은 화음(경제성과)은 악기(제도)와 연주하는 연주자들(기업, 정부, 정치권, 시민)과 지휘자(정치지도자)의 호흡이 맞아야 가능하다. 좋은 화음을 내려면 연주자들이 자신의 연주 호흡(욕망)을 타 연주자들과 조율해야 한다. 한 연주자의 욕망은 타 연주자의 욕망과 충돌한다. 그의 욕망이 과잉이면 화를 부르기 쉽다. 욕망을 견제하고 조율을 이루기 위해서는 지휘자의 역량과 청중의 몰입(국민의 정신)이 필요하다. 이들이 이를 효과적으로 지휘하고 몰입해야 좋은 화음을 낼 수 있다.

패러다임의 변화란 새로운 곡을 연주하는 것이다. '권위적, 모방적, 배제적 자본주의'가 명령, 규율, 효율의 곡을 연주하는 것이라면 '민주적,

혁신적, 포용적 자본주의'는 자유, 책임, 혁신, 포용, 효과라는 곡을 연주하는 것이다. 새로운 곡을 연주하는 데는 언제나 위험이 따른다. 연주가 성공할 수도 실패할 수도 있다. 그렇지만 새로운 곡을 연주해야 하는 것이 오케스트라의 운명인 것처럼 제도, 정부, 정치를 새롭게 만들어가야 하는 것도 국가 시스템의 운명이다.

1) 개인적 합리성, 사회적 합리성

경제학은 인간의 합리적 선택을 전제로 한다. 그러나 이는 현실과 동떨어진 이야기다. 인간은 편익과 비용을 계산하는 계산기가 아니다. 인지과학의 길을 개척한 대니얼 카너먼(D. Kahneman) 교수는 인간의 심리적 측면에 집중한다. 그는 의사결정이 직관적 시스템과 합리적 시스템의 두 가지 인지과정이 상호작용을 한 결과라 한다. 전자는 즉흥적으로 어림짐작하는 자동적인 과정이고 후자는 노력을 기울여 하는 숙고의 과정이다. 숙고의 과정이 중심을 이루면 보다 합리적 결정이 가능해 질 것이다.

한편 컴퓨터과학자, 인지과학자이면서 노벨경제학상을 받은 허버트 사이먼(H. Simon) 교수는 인간이 합리적인 존재가 아니고 합리적이기 위해 노력하는 존재라 말하며, 의사결정이 본질적으로 정보가 제한되는 '한정된 합리성'의 산물이라고 한다. 그는 합리적 의사결정을 제약하는 요인들로 지식적 측면, 인지적 측면, 시간적 측면을 들고 있다. 이런 제약으로 인해 의사결정자는 최적의 대안을 찾으려 하기보다 자신이 만족하는 수준의 대안을 찾으려 노력한다는 것이다.

국가 차원의 의사결정도 개인의 의사결정이 모인 결과다. 그러나 개인의 이익과 사회의 이익은 충돌하기 쉽다. 환경오염에서 보듯이 개인으로서는 오염시키는 행위가 이익이 되나 사회로서는 손해가 된다. 공익과 사익은 이처럼 대립된다.

경제위기도 공익과 사익을 조화시키는 일에 길을 잃었기에 발생하는 것이다. 그 조화의 접점을 찾는 것은 쉽지 않은 일이다. 개인의 이기적 욕망을 효과적으로 통제할 제도가 발전되지 못한 사회에서는 이기심이 초래할 사회적 위험이 커진다. 자본주의 에너지의 근원이 이기적 욕망임을 전제로 할 때 우리는 이런 개인의 '의도된 합리성'이 사회의 '의도된 비합리성'으로 전환되지 않도록 제도를 만들어가야 한다. 그러나 합리적 국가 제도를 만드는 데는 많은 장애물들이 존재한다.

2) 사회의 합리적 선택을 방해하는 요인들

|

(1) 인간의 이기적 심리요인

|

① 기득권의 보호

어느 사회에나 기득권층은 존재하기 마련이고, 자기 이익을 보호하려는 그들의 행태는 모두 같을 것이다. 더구나 어떠한 제도나 규정이든 한번 만들어지면 그 제도로 인해 혜택받는 계층이 존재하고, 그들은 자신의 기득권을 지키기 위해 무엇이든 하려고 하기에 이러한 왜곡을 시정하는 것은 어려운 일이다.

마키아벨리는 "대부분의 분쟁은 기득권자 때문에 일어난다. 이미 얻은 것을 잃을지 모른다는 두려움은 가지지 못한 것을 가지려 하는 욕망을 일으키며, 대체로 사람들은 가진 것을 확실히 지키기 위해 더 많이 지켜야 한다고 믿는다"고 했다.

행태심리학적 관점에서 보면 기득권 지키기에는 다양한 심리가 작용한다. 지금의 이익을 지속시키려는 현상유지의 심리, 그것을 얻기 위해 들였던 노력을 헛되게 할 수 없다는 매몰비용의 심리가 작용하기에 그들은 이러한 인식에서 벗어나기 어렵다.

기득권을 지키려는 심리는 인간의 본능이기에 탓하기 어렵지만 그것이 집착이 되면 사회적 문제를 일으킨다. 자신의 이익이 공익에 문제를 초래한다는 것을 알지라도, 그 유혹이 그들에게 자신이 옳다는 주장을 하게 만드는 것이다.

기득권층의 구체적인 행동은 합법적일 수도 있고 불법적일 수도 있다. 미국에서는 로비가 합법적이지만 우리나라에서는 불법이다. 따라서 우리는 로비할 필요가 발생할 때 음성적인 형태를 띠기 쉽다. 이러한 로비 형태가 우리에게 특히 문제인 것은 우리가 연고와 인맥의 사회이기 때문이다.

우리 사회의 주요 의사결정자들인 기업 임원, 관료, 정치인, 언론인들 사이에도 그런 인맥이 존재한다. 사회가 공정하고 투명하다면 이들 재-정-관-언(財-政-官-言)은 소원한 관계이고 그들 사이에는 견제와 균형이 이루어진다. 그러나 인맥사회에서는 재-정-관-언에 비공식적 담합이 일어나기 쉽다.

1997년 외환위기를 맞아 정실자본주의에 대한 수많은 비판과 이를 극복하려는 제언들이 있었지만 아직 이런 문화를 고쳤다고 말하기 어려워 보인다. 그러나 이 암묵적 담합의 문화가 불식되지 않고서는 정책과 제도, 정부에 일반 대중의 신뢰가 생기기 어렵다.

제도나 정부가 신뢰를 잃으면 제도나 정부에 영(令)이 설 수 없고, 정책이 의도하는 효과도 잃게 된다. 기업, 정부, 정치, 학교, 언론, 시민단체 등 그 모두에 기득권을 지키려는 계층은 존재한다. 문제는 이를 얼마나 유효하게 통제할 수 있느냐 하는 것이다.

② 집단 이기주의의 팽배

개인의 이기심이 집단으로 뭉쳐져 사회화된 것이 '집단 이기주의'다. 우리 사회가 극심한 경쟁 속에 놓이면서 다양한 개인을 포용하는 공동체로서의 집단의식은 없어지고 정서적, 이기적, 집단적 행태만이 남게 되었다. 집단의식이 좋은 공동체주의로 발전되지 못하고 지연, 학연, 혈연을 넘어 다양한 이해관계의 소집단주의로 축소된 것이다.

사회에는 많은 이익집단이 존재하고 그들은 자신의 이익을 극대화하기 위해 노력한다. 소집단일수록 내부적 합의가 수월해 그런 노력이 쉬워진다. 산업, 직업, 지역 등 다양한 이익집단이 존재하는 이유이다. 그러나 그 노력은 제도를 왜곡시키고 일반 대중에게 손해를 끼칠 수 있다. 특히 제도에 일반 사람들의 관심이 적은 경우 이익집단이 그 제도를 자신에 유리하게 만들려 하는 것은 흔한 일이다.

이해관계를 가진 특정 집단에는 어떤 제도가 목숨을 걸 정도로 중요한 것일 수 있지만, 일반 사람에게는 그것이 어떻게 만들어지든 상관이 없는 문제이거나 그 문제에 간섭하려면 너무나 많은 비용을 치러야 하는 일일 수 있다. 그러니 국회나 정부의 제도를 만드는 과정이 일부 소수집단의 절대적인 영향권에 놓일 수밖에 없다. 소위 '과대 대표'의 문제가 발생하는 것이다. 농민단체, 경제단체, 노동조합 등 이익집단의 위력이 강력한 이유다. 부채 탕감, 무상복지, 재정금융지원, 세금 감면 등의 사례에서 볼 수 있는 행태이기도 하다. 일반 대중은 이에 이해관계가 없어 조직화되기 힘들다. 다만, 대중이 깨어날 경우는 선거를 통해 응징할 수 있다. 문제는 유권자가 그만큼 깨어 있느냐 하는 것이다.

이 같은 집단적 이기심은 겉으로 드러나지는 않더라도 정치인, 관료, 사회적 활동가들과 '정당성의 연대'를 형성하여 활동함으로써 자신들의 이익을 강화시킬 수 있다. 특히 우리 사회의 학연과 지연을 바탕으로 한 연고주의가 그 토양이 되고 있다. 이런 연고는 자연

발생적이기에 유대감을 갖기 쉽고 그러기에 비록 자신에게 구체적 보상이 주어지지 않더라도 그 유대감에 매몰되는 것이 우리의 모습이다. 일부 약삭빠른 소수는 이런 연고집단을 자신의 개인적 욕망의 도구로 이용한다. '우리가 남이가' 하는 구호에서 보이는 한국사회의 특별한 현상은 그러기에 공정해야 할 사회의 경기규칙을 왜곡시키는 문제를 낳는다.

경기규칙이 어떻게 정해지느냐에 따라 자신이 확보할 수 있는 이익의 규모도 결정되기에, 그들은 연고 인맥의 청탁을 통해 규칙 제정에 영향을 미치려 한다. 이러한 집단적 이기심에 의한 '제도의 포획' 현상이 계속되면 '제도의 실패'가 일어나고 국가도 실패하게 된다.

③ 대중 포퓰리즘의 득세

포퓰리즘이란 유권자인 대중의 비합리적인 요구가 증가하는 현상이다. 그 요구가 전체 공동체의 이익을 무시할 수도 있고, 다른 소수 계층의 이익을 침해할 수도 있다. 그러기에 포퓰리즘은 민주주의에 대한 위협이다. 맨슈어 올슨은 민주주의 정치에서의 포퓰리즘을 경계한다. 민주주의가 발전할수록 정치인들이 분배와 복지를 강조하여 대중의 비위를 맞추려 하기에 오히려 경제번영에 나쁜 영향을 미치는 정책이나 제도를 만든다는 것이다.

대중들이 포퓰리즘에 쉽사리 휩쓸리는 것은 그들이 가진 이기적 욕망과 미래에 닥칠 위험에 둔감하기 때문이다. 우선 포퓰리즘은 무임승차, 다시 말해 공짜를 바라는 인간의 욕망과 연결돼 있다. 포퓰리즘은 돈뿐 아니라 일자리, 교육 기회, 미운 자 때리기 등 다양한 형태를 띨 수 있다. 그 모두 그것에 대한 비용은 생각지 않는다는 것이다. 미국의 생물학자 개릿 하딘(G. Hardin) 교수의 말처럼 주인이 없는 공동의 목초지에 농부들이 자신들의 소를 경쟁적으로 끌고 나옴으로써 결국 그 목초지를 황폐화시켜버리는 '공유지의 비극'은 우리 주위에서 흔히 볼 수 있는 현상이다. 대중들의 근시안적 이기주의가 공공의 재화와 서비스를 쉽게 낭비하고 고갈시키는 것이다. 프린스턴대학 대니얼 카너먼(D. Kahneman) 교수의 말대로 유혹을 거부하는 데는 자신의 자아가 고갈되는 '자아 고갈'이 일어나기에 인간은 유혹에 무너지기 쉽다.

그러나 한편 포퓰리즘을 대의 민주주의의 한계를 교정하는 하나의 장치로 보는 견해도 있다. 사회에는 다양한 소외계층이 존재하고, 그들의 의사 또한 포용하려고 노력하여야 한다. 대중의 지지를 필요로 하는 민주주의 정치는 그들의 목소리에 귀를 기울이게 되고, 이를 통해 정치는 그 요구를 어느 정도 받아들여야 하는가를 결정하게 된다. 일반 대중 속에 '지배 엘리트들이 우리를 속이고 지배하려고만 한다'는 인식이 커가는 한 이런 대중 포퓰리즘은 피할 수 없을 것이다.

④ 부정부패의 지속

부정부패는 우리의 고질병 중 하나다. 국제투명성기구의 2014년 부패인식지수에서 한국은 세계 175개국 중 43위, OECD 34개국 중에서는 27위였다.

부정부패는 특정 개인이나 집단이 자신만의 편익을 위해(지대 추구) 타인이 그 비용을 부담하도록 게임규칙을 왜곡시키는 것이다. 제도의 왜곡은 제도에 대한 신뢰를 붕괴시키고 거래비용을 증가시켜 시장 기능이 작동되기 어렵게 한다.

우리에게 부정부패가 많은 것은 정부의 권력이 폐쇄적이고 독점되었기 때문이다. 투명하지 못하면 부패는 증가하기 마련이다. 정부가 개방적일수록, 선거가 빈번히 이루어질수록 부패는 감소한다. 부패는 또한 당사자 사이에 교섭력의 차이가 있으면 일어나기 쉽다. 훌륭한 제품이라도 청탁을 해야 납품을 할 수 있다면 그 청탁의 끈을 찾을 수밖에 없다.

부패는 반시장적 규제가 많아지면 증가한다. 기업은 규제이행비용이 너무 높기에 규제를 회피하려 할 것이고 그러기에 기업은 관료를 포섭하려 할 것이다.

부패는 또한 감시제도의 발달이나 의식의 변화와 관련돼 있다. 사법제도나 감시제도가 발달한 곳에서는 부정부패가 발생하기 어렵다. 전관예우 현상은 대중의 사법제도에 관한 신뢰 문제를 야기한다. 평판이 중시되는 문화에서는 평판이 사법적으로 보호받는 계약이 있는 것과 마찬가지의 효과를 갖는다.

사회에 공정성에 대한 존중이 없으면 감시제도가 발전하더라도 부패는 은밀해질지언정 사라지지 않는다. 우리 사회에 부패 문제가 지속적으로 대두되는 것도 연고와 인맥이 중시되면서 이 공정성에 대한 인식이 부족하기 때문이다. 과거보다 규모나 빈도가 현저히 감소되었다고는 하나, 그것이 사라진 것이 아니라 은밀화되었다고 보는 견해도 이런 이유 때문이다. 일부 '재-정-관-언' 인사들의 일탈 행위가 그렇게 자주 뉴스에 나오는 것도 이런 우리의 문화를 반영하고 있다. 2016년의 최순실 사건, 진경준 사건 속에는 이런 우리의 문제가 노정되어 있다.

(2) 사회심리적 요인

① 쏠림의 군중심리

'쏠림'이란 어느 한쪽으로 과도한 편향이 일어나는 것이다. 이러한 쏠림은 주로 감정적 동조화이다. 한쪽으로 공동의 정서가 형성되는 것이기에 개인들 상호 간의 의견조정 없이도 서로 비슷한 행동을 하는 현상을 지칭한다. 의사결정자가 대중의 흐름에 따라가는 이런 현상은 소위 '편승효과', '군집행동', '정보폭포' 현상으로도 알려져 있다.

심리학자들에 의하면 인간에게는 남의 의견에 순응해가려는 심리가 존재한다. 인간에게 결정은 고통스러운 일이기에 두뇌는 그 상황을 피하려 한다. 근래 우리 사회에도 쏠림 현상이 강하게 나타나고 있다. 바이코리아 열풍, 건강식품 선호, 붉은 악마 응원, 부동산 투기, 쇠고기 수입 반대, 탄핵 촛불시위 등 경제, 사회, 정치 등 영역을 불문하고 나타나고 있다.

이런 현상들은 대체로 '공명의 장(場) 발생→에너지 유입→끌개의 대두→변곡점 통과→긍정의 피드백 효과 발생' 등의 단계를 거치며 확산된다. 이런 현상은 특히 온라인을 매개로 하여 증폭된다.

문제는 이런 쏠림이 아날로그 세상보다 디지털 세상에서 나타나기 쉽다는 것이다. 뉴욕대의 클레이 셔키(C. Shirky) 교수는 소위 '대중의 아마추어화' 현상이 온라인을 지배하고 있다고 지적한다. 온라인에서 비전문적이고 편향된 의견으로 집단화와 쏠림 현상이 쉽게 일어날 수 있다는 것이다. 셔키 교수는 '인터넷이 완전히 새로운 형태의 집단행동을 가능하게 해주고 있다'고 한다. 자신의 의견을 확산시키기도 쉽고, '플래시몹'처럼 같은 생각의 사람들을 모으기도 쉽고, SNS에 올리는 남의 의견에 '좋아요' 하나 누르는 것으로 자신의 의견을 표출할 수도 있다.

이런 쏠림에 대해서는 긍정평가와 부정평가가 공존한다. 민주적 공론형성의 매체라는 찬미가 있는 반면, 포퓰리즘을 조장한다는 비판도 있다. 사람을 커뮤니티로 묶어낸다는 평가도 있지만, 파편화, 분절화시킨다는 평가도 있다.

우리에게는 보수와 진보의 논쟁이 있고 사회의 분절화가 핵심 이슈로 등장하고 있다. 분절화는 대립의 감정을 상승시키기에 이성을 마비시킨다. 감정적 쏠림은 책임을 선택하는 의사결정의 경험과 학습을 막는다. 쏠림에서는 그 책임이 1/n이 되어 책임의식이 사라진다. 그러니 비도덕적인 일을 하면서도 용감해질 수 있다. 책임감의 결여는 사회의 숙의(熟議) 능력을 감소시킨다. 덜 생각하는 사회는 겉으로는 화려하지만 속으로는 빈 공론장을 만들 수 있는 사회다. 사회적 의제가 한두 마디 구호로 단순화되고, 그 구호를 통해 선동이 일어난다. 토크빌이 지적한 '다수의 폭정'이 일어날 수 있는 것이다.

대한민국의 민주주의는 이런 면에서 실험단계에 있다. 떨어질 절벽은 옆에 항상 준비되어 있다. 쏠림이 진정한 공론의 가치를 고민하지 못할 때 그 쏠림은 국가를 절벽 아래로 밀어 넣을 것이다.

② 진영주의 심리

어떤 가치체계를 중심으로 그것이 옳다 주장하며 그 주장에만 매달리는 집단, 파벌, 무리들을 우리는 진영이라고 한다. 그것은 하나의 논리적 진영이다. 진영에 귀속되면 진영의 논리가 자신의 사고 프레임이 되며 의사결정 시 하나의 준거틀로 작용하게 된다. 이런 '사고의 프레임' 함정에 빠지면 집단적 사고에 맹목적으로 따라가는 현상이 나타난다.

진영주의는 리더나 동료의 생각에 대한 비판을 봉쇄하고 내부논리를 절대화한다. 위험에 대한 외부의 경고를 무력화시키며 구성원의 윤리적, 도덕적 감각을 마비시킨다. 이러한 상태에서는 문명의 논리가 아닌 야만의 논리가 득세할 수 있다. 내 편이 아니면 언제나 적이고 적은 무조건 거꾸러뜨려야 할 상대다. 상대 진영이라면 무조건 배격하는 당동벌이(黨同伐異)의 행태가 나타나는 것이다. 그들은 집단의 생각에 갇혀 다른 시각으로 현상들을 보려 하지 않기에 의사결정의 근본적 오류에 빠지기 쉽다. 프레임이 다르면 대화가 '논의'가 되지 못하고 '논쟁'이 되고 나아가 반드시 이겨야 할 '말의 전쟁'이 되기 쉽다.

진영논리는 진영의 생각을 뒷받침하는 증거들만 수용하고 그와 배치되는 정보들은 부정하려는 '확인증거 찾기의 함정'에 빠지게 한다. 그들은 자기편의 뉴스, 블로그, 유튜브, 팟캐스트에 빠진다. 그러면서 더욱 더 자신만의 독선을 키운다. 자기와 의견이 다르면 어느 순간 적이 된다. 수많은 상충되는 정보를 골라내야 하는 과정이 의사결정 과정이라 할 때, 이 함정은 의사결정의 오류를 일으키는 요인이 된다.

이 진영논리의 함정은 때로는 자기 앞에 놓인 객관적 증거까지도 자신의 입맛대로 조작하거나 해석함으로써 의사결정을 망치게 한다. 이런 진영논리는 사회의 합의를 가로막는다. 진영논리가 커지면 소통과 조정의 문은 닫히고 마찰, 갈등, 배척, 떼법이 지배하는 사회가 될 것이다. '나는' 선, '너는' 악인 흑백논리에는 타협과 절충이 있을 수 없다. 이러면 사회는 공동 이익을 추구할 기회를 상실한다.

③ 안주주의 심리

　모든 결정은 미래를 향한 선택이고, 한 사회의 운명은 결국 미래로
향한 선택에서 어느 길로 접어드느냐에 달려 있다. 그러나 미래가
현재와 단절적이고 불확실할수록 그 결정은 미루어지고 거부되는
경향을 보인다. 선례가 없고 관행에 맞지 않으면 하지 않는 것이다.
도전에는 현재의 익숙함과의 결별이라는 고통이 따르기 마련이다.
사람들이 혁신적, 도전적인 의사결정을 주저하는 이유다. 심리적 함
정으로서 '고정관념의 함정', '현상유지의 함정', '매몰비용의 함정'
이 작동하는 것이다.

　이런 심리적 함정들은 현실에서 보수적 입장을 강화하는 경향을 보
인다. 모든 직장이나 사회에서 새로운 아이디어가 보다 쉽게 거부되
는 이유이다. 특히 관료적인 조직이거나 고위직의 인사일수록 이러
한 경향을 보인다.

　고정관념의 함정을 극복하려면 의사결정자가 항상 자신이 가졌던
기존의 견해를 의심하면서 새로운 정보에는 개방적 태도를 가져야
하는 법이다. 매몰비용의 함정을 극복하려면 과거의 결정을 잊고 미
래를 위한 결정에 초점을 맞춰야 한다. 매몰비용은 과거의 일이고,
새로운 투자는 미래의 일이다. 국가 차원에서도 이미 벌어진 일에
매달리면 미래를 위한 옳은 결정을 하기 어렵다. 위기를 초래한 원
인은 분석해야 하지만, 위기적 상황일수록 과거에 들인 노력과 투자
는 잊어야 한다.

(3) 사회문화 기반적 요인

① 권위주의 문화

불과 얼마 전만 해도 퇴근 무렵 부장이 '이봐 한잔하지' 하고 말하면 부원들 전부 말없이 따라나서야 하는 것이 우리의 직장문화였다. 일종의 '애빌린 역설'이 작동하는 권위적 집단문화이다.

유교의 가부장적 전통에 뿌리를 내린 이 권위적 집단문화가 우리 가정, 기업, 정부, 정치, 언론 등 모든 영역에 뿌리내리고 있다. 연령, 지위, 권력, 재산 등 다양한 기준에서 상하를 나누는 서열적 사고가 일반화되어 있다. 이런 사회는 수평적이고 유연한 사고보다 위계적, 경직적인 사고에 의해 지배되기 쉽다.

우리 문화는 지시와 명령 위주의 하향식 문화다. 하향식 문화는 '안되는 것도 되게 하라'고 독려할 수 있는 문화이고 단기간에 효율을 낼 수 있게 하는 문화다. 그러나 이런 권위적 문화는 몇 가지 문제를 초래한다.

첫째, 비합리적 의사결정이 쉽게 내려지고 유지되게 한다. 윗사람 말에 NO라고 말하기 어려운 문화이기에 그런 의사결정이 쉽게 내려지고, 그 잘못된 결정이 장시간 집행되는 상태에 있을 수 있다. 우리나라에서 최고의 의사결정 능력을 가져야 할 청와대에서조차 대통령에게 "안 됩니다"라고 말하는 것이 조선 시대 임금에게 "안 됩니다"라고 말하는 것보다 어렵게 되었다. 이러다 보면 결국 위기가 초래되기 쉽다. 일본의 미쓰비시, 도시바, 독일의 폴크스바겐 등 권위주의가 강한 외국기업에서도 이로 인해 큰 위기가 초래된 경험이 있다.

둘째, 조직 운영의 경직성을 강화한다. 하부 조직의 창의적이거나 현장밀착적인 아이디어를 억압하기 일쑤이고 상사가 없으면 아무 결정도 하지 못하는 공백이 초래되는 문화다. 세계 초일류기업이란 기업에서도 회장이 잠시라도 유고되면 아무런 중요 결정을 하지 못하는 것이 지금의 현실이다. 최순실 사건에서 보듯이 정부도, 정치도, 이런 문화적 장애를 갖고 있다.

셋째, 상사의 갑질을 촉진하고 상사에의 아첨을 유도한다. 아첨은 옳은 생각, 옳은 행동을 하는 사람을 밀어낸다. 우리 사회의 도처에 갑질과 아첨의 언사가 난무하는 것은 이런 문화 때문이다. '권위적 자본주의'는 이런 권위주의 문화 기반 위에 만들어진 발전 모델이다. 권위주의 문화는 민주사회에서 일반 대중이 가진 에너지의 활용을 제약하는 힘으로 작용한다.

② 연고주의 문화

인간은 사회적 동물이다. 그러기에 집단에의 귀속감을 원한다. 그러나 우리에게는 보다 특별한 연고 기반의 집단주의 문화가 있다. 혈연, 지연, 학연이란 연고 속에서 안정감을 찾고 연고집단에 동조화하는 정서가 있다.

연고주의는 일종의 동종 교배의 결과를 낳기 쉽다. '우리가 남이가'하는 의사결정이 이루어지는 것이다. 이는 조직과 사회를 폐쇄적으로 만드는 일이다. 어떤 사회든 사회가 폐쇄성을 갖게 되면 혁신과 성장이 제약되는 결과가 초래된다. 캘리포니아 버클리대의 유리 고로니센코(Y. Gorodnichenko) 교수에 의하면 끼리끼리의 집단주의가 강화되면 소위 '가진 자', '성공한 자'들이 자신들의 이익만 챙기고 사회 결속력을 해칠 것이라는 두려움이 확대되며 사회는 불신 속에 놓이게 된다. 사회에 신뢰가 약화되면 남과 협력하고 융합하고 소통하기가 어렵게 된다. 인맥 중심의 이익 챙기기가 성행하면 사회적 병리 현상이 초래되는 것이다.

연고적 집단주의는 동양의 문화적 속성으로 지적돼왔다. 다행히도 우리 사회 전체의 집단주의 규율은 일본에 비하면 매우 약해 보이고, 상대적으로 개인주의적 성격이 강하게 나타나고 있다. 오히려 너무 튀는 사람이 많은 것이 문제가 아닌지 모르겠다. 이런 개인주의 속성은 민주주의 작동에 그만큼 긍정적 요소가 될 것이다.

③ 사회 투명성(정보 비대칭성)

어떠한 선택에 즈음해서 한 당사자가 다른 당사자에 비해 결정에 적합한 정보를 더 우월하게 가지고 있는 정보의 비대칭 문제는 사회의 합리적 의사결정을 저해한다. 정보를 많이 가진 측의 기회주의적 행태로 인해 도덕적 해이나 역선택이 나타나는 것이다.

도덕적 해이는 정보를 가진 측이 정보를 갖지 못한 측의 이익에 반하는 행동을 하는 것이다. 역선택은 정보를 갖지 못한 측이 자신에 불리한 비합리적 의사결정을 하는 것이다.

투명하지 못하고 비밀주의에 싸인 사회에는 사기, 위선, 과장이 증가하게 된다. 문제는 일반 대중들이 이런 정보의 비대칭으로 인해 바보 같은 결정을 하게 되고, 그 결과 피해의 당사자가 된다는 사실이다. 영화 〈빅쇼트(The Big Short)〉는 2008년의 금융위기를 만든 미국의 주택저당증권에 대한 무분별한 투자가 월가 금융 시스템이 방조한 일종의 시스템적 사기였다는 결론을 보여준다. 공인된 투자은행들의 무분별한 투자가 갖는 위험은 축소되었고, 그 축소된 위험은 감독기관과 신용평가사의 눈감기로 인해 감추어졌다. 그 사기극의 종국적 피해자는 왜 자기가 당해야 하는지도 모르는 일반 서민이었다. 이 영화는 이 사기극의 귀결이 단 한 사람의 은행 임원 구속과 약 3조 달러의 공공 부문의 부담으로 끝났다고 말하고 있다.

우리 정부도 메르스 사태에서 이와 비슷한 문제를 보였다. 정부의 관련 부서가 첫 번째 한 일은 문제를 축소하는 것이었다. 비난과 질책으로부터 당장의 면피가 급하기에 근거가 없더라도 국민이나 상사를 안심시키는 것이 우선이었다. 정보를 공개하면 패닉에 빠질 것이라는 과도한 우려가 그들의 비밀주의를 합리화시키는 논리였다. 그러면서 정작 실질적 대응에는 미적거렸다.

1997년의 경제위기에서도 비슷한 상황이 발생했다. 동남아에서 위기가 들불처럼 번지는데도 장관들은 미적거렸다. 실무 관료의 경우는 선례가 있고, 규정이 있고, 지시가 있고, 면책의 길이 확실해야 움직이니 위기가 찾아와도 일단 모든 것을 감추려 하는 것이 그 생리다.

투명성이 낮으면 이중적 행태가 많아지고, 그러면 신뢰는 사라지고 의심은 커져 거래비용이 높아진다. 위기일수록 투명해야 한다. 투명하지 않으면 신뢰가 생기지 않고 힘이 모아지지 않기 때문이다.

④ 대중의 합리적 무지

대중은 정치적으로 어리석다. UCLA대학의 수잔 로만(S. Lohmann) 교수는 대중은 '자신이 (특히 암묵적으로) 지불해야 하는 비용이나 손실에 대해 잘 모른다'고 한다. 그리고 이와 같은 정보의 비대칭에 대해 그 상태를 변경시키기 위한 노력도 하지 않는다. 그들은 사회 문제에 대해 느낌에 따라 선택을 한다.

조지메이슨대학의 리처드 셍크먼(R. Shenkman)은 '어리석은 유권자의 다섯 가지 특징'을 제시한다. 1) 뉴스의 주요 사건들을 모르고 정부의 기능과 책임을 모르는 완전한 무지 2) 믿을 만한 정보를 제공하는 매체를 찾는 일에 소홀한 태만함 3) 사실이 무엇이든 자신이 믿고 싶은 것을 믿으려 하는 우둔함 4) 국가의 장기적 이익에 반하는 공공정책을 지지하는 근시안적 사고 5) 두려움과 희망을 이용한 정치선동에 쉽게 흔들리는 멍청함이 그것이다.

공공 부문에는 그렇게 허황된 구호가 난무하고 임기가 지나갈 때쯤 되면 손가락을 잘라야겠다는 탄식들이 들린다. 그들이 이런 선택을 하는 이유는 사회 문제들을 알기 위하여 많은 노력을 하지 않기 때문이다. 대중으로서는 모르는 것이 편한 '합리적 무지'의 필요성이 있기 때문이다.

스탠퍼드대의 존 크로스닉(J. A. Krosnick) 교수는 대의 민주주의란 유권자가 자신을 대리할 사람을 뽑는 것이지만, 그들은 자신과 정책 비전을 공유할 사람을 뽑기보다 지식이나 지명도 등에서 가장 그럴듯해 보이는 사람을 뽑는 경향을 보인다고 한다. 한 번의 투표를 위해 수많은 정책 이슈들을 미리 공부한다는 것은 그들에게 너무 힘든 일이다. 그러나 이런 이미지에 기반한 선택은 잘 모르는 정치인에게 모든 것을 맡겨버리는 것이어서 위대한 선택이 되기보다 치명적인 최악의 선택이 되기 쉽다.

대중의 정치적 심리 문제는 또한 그들이 '차선(次善)'이 아닌 차악(次惡)'의 후보를 선택하는 문제와도 연관된다. 좋은 정보와 나쁜 정보에 있어 나쁜 정보가 후보자 이미지에 결정적 영향을 미치게 되므로 유권자는 덜 나쁜 사람을 선택하려는 경향을 보인다. 선거 캠페인에서 네거티브 캠페인이 기승을 부리는 이유다. 이미지 선동 전문가는 항상 이런 대중들의 무지를 파고든다.

3) 한국의 국가경영, 무엇이 문제인가?

(1) 경제사회적 주류의 문제

한국사회가 당면한 위기는 '가진 자'의 위기다. 지난 40여 년간 한국사회는 사상 유례없는 압축성장을 이루어냈다. 성장을 통해 빈곤으로부터의 탈출이 이루어졌고, 많은 사람들이 성장과 출세의 사다리를 타고 상위 계층으로 올라섰다. 그러나 그 물질적 성공은 다른 한편으로는 계층, 지역, 분야의 불균형을 심화시키며 사회의 구조적 모순과 갈등을 야기했다. 재산, 권력, 지식, 학벌, 영향력 등 그 모든 면에서 가진 자와 못 가진 자의 분화가 이루어졌다. 일종의 주류와 비주류로의 분화라 할 것이다.

사회에서 주류는 두 가지 의미를 가진다. 하나는 사회의 주요 의사결정에 영향력을 미치는 계층이란 의미이고, 다른 하나는 일반 사람들에게 그 행동을 따라 하고 싶게 하는 롤모델이 된다는 의미이다. 이러한 영향력 때문에 주류에게는 좋으나 싫으나 남다른 도덕성과 책임성이 요구된다.

주류와 비주류, 이 양 계층의 긴장이 높아가는 이유는 주류에 그런 도덕성과 책임감이 보이지 않기 때문이다. 주류를 주류답게 할 정신적 가치가 만들어지지 못하였기에 주류의 '자기 이익 챙기기'가 기승을 부리며 세상은 수단과 방법을 가리지 않는 정글이 되었다.

주로 특정 직종에 종사하는 주류는 특별한 솜씨나 지식을 갖고 있기에 더 많은 돈을 받거나, 더 많은 권력을 갖거나, 더 많은 명예를 갖는다. 그런데도 더 큰 이익을 얻으려 자신의 영향력을 이용해 '게임규칙'을 위반하는 것을 우리는 종종 보고 있다.

프린스턴대학의 앵거스 디턴 교수는 말하기를 "성공한 사람들이 그 성공을 자신에 유리한 게임규칙을 만드는 데 쓸 경우 그 성공은 사회로부터 축하를 받을 수 없다"고 한다.

법치주의는 법 앞에 만인의 평등을 요구한다. 만인이 평등하다는 의미는 주류의 법에 대한 복종을 요구한다. 그것은 누구도 옳고 그름을 자기 입맛대로 재단할 권한을 갖지 못함을 의미한다. 법이 정한 절차와 내용에 대한 권력자의 복종, 그것이 민주주의의 요체다. 유권무죄, 유전무죄(有權無罪, 有錢無罪)가 많은 우리 사회의 모습은 그래서 민주주의를 위기로 몰아놓는 주범이다. '가진 자'의 일탈, 그것은 민주주의의 기반을 흔드는 일이다.

더욱 문제는 주류와 '재-정-관-언(財-政-官-言)'의 암묵적 담합이다. 이 담합은 게임규칙을 비주류에 불리하게 만든다.

'재-정-관-언(財-政-官-言)'에 연고주의와 부정부패가 물들면 민주주의는 꽃피우기 어렵다. 그런 점에서 국가의 권력기관들인 검찰, 공정거래위, 국세청, 정보기관, 감사원의 공권력 집행이 어떻게 이루어지느냐 하는 것은 민주주의 성공을 가늠하는 요체이다.

책임성은 사회발전에 기여할 책임이다. 사회에는 항상 대립과 갈등이 있는 법이고, 갈등의 매듭을 풀려면 좀 더 여유 있는 주류의 양보와 포용이 있어야 하는 법이다. 우선 주류의 책임은 안주주의에서 벗어나 변화를 유연하게 받아들일 줄 알아야 한다는 것이다.

주류는 자신의 권익이 변화에 의해 침해받지 않기를 바라지만, 비주류는 고착화된 기존 질서에 의해 새로운 기회가 제약되는 것을 원치 않는다. 주류가 지금의 성과를 밤낮으로 성실하게 피땀 흘려 일한 대가라고만 생각하고 무엇을 양보해야 하느냐고 억울해한다면 그것은 주류의 책임을 포기하는 것이다.

장강(長江)이 흐르는 것은 뒷물이 앞물을 밀어내기 때문이다. 그것이 변화와 혁신이다. 변화가 막히면 사회는 썩기 마련이다. 우리 사회에는 지금 이런 점에서 주류가 과연 옳은 기여를 하고 있는가 하는 심각한 의문이 제기되고 있다.

미국의 대학들이 세계 최고인 것은 부자들이 아낌없이 자신의 개인재산을 기부했기 때문이다. 대학이 그러니 세계의 인재들이 미국으로 모이는 것이다. 우리 젊은이들의 '금수저, 흙수저'라는 말에는 점점 사라지고 있는 '성장의 사다리'에 대한 한숨, '헬조선'이라는 넋두리에는 기존 질서에 대한 원망이 들어 있다. 이런 것을 주류가 자기 일로 생각하지 않는다면 사회는 지속가능할 수 없다.

어느 국가나 그 국가가 발전하려면 사회를 이끄는 주류의 '노블레스 오블리제'가 선행돼야 한다. 사회는 그 누가 뭐래도 주류가 이끌고 가는 것이다. 촛불이 아무리 타올라도 촛불이 국가를 경영할 수는 없다. 주류의 책임감이 없으면, 비주류는 세상의 진리에 믿음을 가질 수 없고, 그래서 선순환의 수레를 굴릴 수 없다. 애덤 스미스는 '부자의 여유로움이 빈곤한 자의 분노를 야기하고 부자의 소유에 대한 공격을 야기하게 만든다'고 하였다. 주류에 도덕성과 책임감이 없다면 비주류는 주류의 경제사회적 위치를 인정하기 어렵다는 것이다.

과연 어떻게 이 갈등이 조정돼야 하는 것인가? 대답은 간단하다. 서구의 사회처럼 주류의 노블레스 오블리제가 민주주의의 전제라는 것을 가르쳐야 한다. 한국사회에서 주류의 반성은 불가피해 보인다. 지도층에 있으면서 상대적으로 소외된 사람들에게 관심을 덜 가졌던 반성, 좋은 학교 나와 좋은 직장을 다닌 것이 당연하다고 여기고 자신을 부러워했을 사람들에 대해 배려를 하지 못한 것에 대한 반성, 본인을 위해선 많은 돈을 쓰면서도 남에 대해 인색했던 것에 대한 반성, 겉으로는 국민을 위한다는 명분을 내걸고도 실제론 자기 권익만 챙기려 했던 것에 대한 반성, 그런 것들에 대한 진솔한 반성이 없이는 이 위기는 계속될 것이다. '견리사의(見利思義 : 이익 앞에서 먼저 의로움을 생각하라)'는 이 시대의 주류가 가슴속에 새길 말이다.

(2) 정치사회적 리더의 문제

사회가 결국 소수 리더에 의해 움직인다는 점에서 리더는 중요하다. 사회는 의사결정자가 필요하고, 의사결정은 '재-정-관-언'의 소수 엘리트에 의해 이루어질 수밖에 없다. 미국의 유명한 언론인이었던 월터 리프만(W. Lippmann)은 "민주주의 국가에서 실질적인 결정을 내리는 사람은 다수가 아니라 소수이며, 대중들은 그럼에도 자신들이 중요한 결정을 내리고 있는 것으로 착각할 뿐"이라 한다. 한국사회가 위기를 겪는 이유 중 하나는 이 소수들에 참다운 리더가 부족하기 때문이다.

공자는 정명(正名)을 이야기한다. 사회의 다양한 직명에 부여된 권한과 의무를 바르게 수행해야 한다는 것이다. 리더 한 사람의 생각이 세상을 바꾸는 법이다. 리더가 되기 위해서는 지식과 경험, 미래에의 통찰, 그리고 사회에의 헌신과 책임을 필요로 한다.

한국사회에는 리더인 양하는 사람은 많으나 이 역량을 가진 리더가 없다. 리더가 되려면 경영 능력, 소통 능력, 도덕 능력이 조합돼 있어야 한다. 이런 능력의 소유자들이 우리 사회에 없는 가장 큰 이유는 한국에 그런 리더를 기르는 교육이 없기 때문이다. 그나마 있던 조선 시대의 선비정신 마저 사라져버린 지금에.

① 경영 능력의 문제

경영 능력이란 미래 비전을 제시하고 이를 실천할 능력이다. 비전을 제시하려면 자신만의 꿈이 있어야 하고, 비전을 실천하려면 다양한 이해관계를 조정할 능력이 있어야 한다. 그 꿈은 자신만의 특별한 꿈이어야 한다. 그 꿈이 있기에 리더가 될 수 있는 것이다. 한편 민주주의에서 리더의 역할은 무엇보다 조정자다. 이해관계자들을 설득하려면 자신만의 통찰력이 있어야 한다. 포퓰리즘에 대해 쓴소리를 하고, 진영논리에 과감히 맞설 용기도 있어야 한다. 제4차 산업혁명에의 대응은 수많은 저항을 넘어야 하기에 특히 이런 능력이 필요하다.

또한 경영 능력이란 부하들의 행동을 꿰뚫어 보고 동기부여를 할 수 있는 능력이다. 능력 있는 리더는 말 몇 마디로도 부하들을 움직이게 할 수 있다. 이런 능력들은 리더가 된 이후에 배울 수 있는 능력이 아니다. 리더로서의 기간은 무엇을 배우는 기간이 아니라, 이미 갖춰진 지식과 지혜를 쓰는 기간이어야 한다.

리더의 능력이란 잘생긴 얼굴과 말재주에서 나오는 것이 아니라 국가경영의 폭넓은 지식과 국가의 미래에 대한 고민에서 나오는 것이다. 그러나 공직에의 지식도, 경험도, 국가에 대한 고민도 없던 사람을 하루아침에 장관, 수석 자리에 앉히고 천하의 명장관, 명수석이 되기를 바라는 것이 대한민국의 현주소이다.

권위주의 정부 시절보다 오히려 국가경영의 리더십이 후퇴하고 있다. 권위주의적 규율과 질서는 무너졌는데, 그 자리를 메워줄 원칙과 가치의 리더십이 자라나지 못하고 있기 때문이다. 비전도, 통찰력도, 용기도 보이지 않는다. 그런데도 무엇인가를 보여주려 하니 하지 말아야 할 일조차 하게 되는 것이다.

② 소통 능력의 문제

리더는 대중과의 소통을 필요로 한다. 현대는 정부와 시민사회의 협치가 강조되는 시대이다. 더구나 제4차 산업혁명은 경쟁과 협력, 융합과 창조, 신뢰와 소통을 요구한다. 그러나 우리 사회의 운영방식은 상하의 쌍방적 참여와 소통보다 리더의 일방적인 지시와 명령에 익숙해 있다. 이런 소통방식은 다양한 사람들이 만들어내는 집단지성의 힘을 이용할 수 없게 한다. 자신이 진정 낮아지지 않으면 다른 사람의 지식과 지혜, 통찰력, 그리고 협력을 이끌어낼 힘이 원천적으로 봉쇄된다. 그러니 정치에서 리더와 대중이 서로 겉돌게 된다. 국민의 말을 알아듣지 못하는 '벌거벗은 임금님들'이 도처에 산재한다. 리더의 지혜도, 대중의 지혜도 없으니 리더는 대중의 눈치를 살피고, 정치는 대중의 감성에 이끌린다. 지역주의, 포퓰리즘, 진영논리 속에 정치가 함몰되고 있다. 정치인에게 문제를 해결할 정치력이 없으니, 걸핏하면 고소, 고발이 이루어진다.

국민의 감성에 업혀진 리더들은 국민의 감성이 변하면 추락할 수밖에 없는 사람들이다. 대통령들의 실패는 이런 점에서 이미 예견되었던 것인지 모른다.

③ 도덕 능력의 문제

리더의 도덕심은 대중의 신뢰를 창조한다. 리더의 탐욕은 대중의 존경을 앗아간다. 탐욕과 양심의 싸움에서 양심이 이기는 사람이 리더

다. '자신의 덕으로 대중의 덕을 밝히는 사람(以明明德爲新民之端)'
이 또한 리더다. 리더는 자기 자신과 싸우는 사람이다.

'정-관-언(政-官-言)'의 리더들이 범하기 쉬운 탐욕은 이미 언급한
기득권층과의 담합이다. 많은 리더들이 이로 인해 몰락했다. 사회는
이해관계의 망 속에 있다. 어느 사회나 이해관계의 갈등이 있기 마련
이지만, '재-정-관-언(財-政-官-言)'의 리더들이 기득권의 대변자
가 되어서는 다수의 대중이 새로운 기회를 찾고 도전하기 어렵다.

나라에는 도(道)가 있어야 한다. 그래서 태백(泰伯)은 "나라에 도가
있는데 가난하고 천한 지위에 있는 것은 수치이며, 나라에 도가 없
는데 돈 많고 높은 지위에 있는 것은 부끄러운 일이다"라고 했다. 나
라에 도(道)가 있게 만드는 사람이 리더다.

리더의 또 하나의 도덕적 책임은 후대의 리더들을 키우는 일이다.
지난 수십 년 정치의 중심에 있었던 3김조차 제대로 된 정치 리더들
을 키우지 않았다. 누가 자신의 자리를 차지하지 않을까 하는 노파
심이 더 컸던 것은 아니었는지 모른다.

리더의 부재는 비단 정치 영역만이 아니다. 경제, 사회, 모든 분야에
서 그러하다. 특권층은 있어도 양반은 없고, 알려진 명사는 많으나
존경받을 인사는 없다. 이러니 대립과 갈등이 생겨도 그 중재를 부
탁할 어른이 없다. 기득권 집착을 나무라고, 포퓰리즘을 꾸짖고, 탈
법과 저속함을 야단칠 그런 어른이 없다. 그러니 법치와 도덕은 땅
에 떨어지고 갈등만이 증폭될 수밖에 없다.

리더가 없는 사회는 남 탓만이 넘쳐날 뿐이다. 정부 탓, 정치 탓, 기업 탓, 사회 탓이 넘쳐나고 있다. 참다운 리더가 없으면 우리 사회가 앞으로 이념과 지역의 무모한 실험을 해야 하고, 그 결과 만만치 않은 암묵적 실패비용을 지불해야 한다.

참다운 리더는 오케스트라의 지휘자와 같아야 한다. 좋은 연주를 하려는 지휘자는 연주자들을 믿어야 하고, 연주자들에게 협력하는 마음이 우러나게 해야 한다. 좋은 화음을 낸다는 것은 연주자 개인에게 작은 탈음이라도 용납하지 않는 엄밀성과 다른 연주자의 연주를 뒷받침해주는 헌신성이 요구된다. 자신의 헌신과 함께 타인과의 협력이 동시에 요구되는 것이다. 화음의 근본에 신뢰가 있듯이 사회의 조화에도 이런 신뢰가 있어야 한다.

권력자의 권력이란 의미는 정치, 정부, 경제, 언론, 문화, 시민사회 등 모든 영역에 존재한다. 이 영역에 존재하는 권력은 제도적 권력이나 하드 파워만을 의미하지 않는다.

오히려 현대에는 시민 권력, 문화 권력, 지식 권력, 인터넷 권력과 같이 비제도적 권력이나 소프트 파워가 점점 더 중요해지고 있다. 과거에 서민 계층에 불과했던 사람들이 이제 자신도 모르는 사이 권력자로 부상하고 있는 것이다. 그러나 문제는 이에 대한 통제 시스템이다.

우리 사회는 아직 제도적 권력에 대한 합리적 통제 시스템도 취약한 상태다. 그런 가운데 이 소프트 파워가 빠르게 부상하고 있다. 이 권력은 하

드 파워보다 사회적으로 훨씬 통제되지 않는 비(非)제도적 영역에 놓여
있다. 이는 민주주의의 내용과 절차에 중대한 문제를 초래할 수 있다. 왜
냐하면 그들이 행동은 하지만 책임은 지지 않을 경우 결국 민주주의가 위
험해지기 때문이다.

(3) 지식인의 문제

|

지식인이란 비판정신과 창조정신에 의해 움직이는 지식공동체에 살고
있는 사람들이다. 지식사회의 위기란 이런 비판과 창조의 역할이 수행되
지 못하는 것이다.

① 현재 한국 지식인에게 가장 큰 문제는 건전한 비판정신의 실종이
다. 비판은 없고 적대적 비난만이 성한 것이 한국의 현실이다. 사회
의 공론이 건강함을 유지하려면 사회에 소금 역할을 하는 그룹이 있
어야 한다. 즉 사회적 담론이 조화와 균형, 양식과 품격을 벗어났을
때, 이를 알아차리고 사회에 경고를 발할 계층이 있어야 한다.
독일의 경제학자 빌헬름 뢰프케(W. Roepke)는 지식인의 역할에서
그것을 찾았다. 그는 3개의 지식인 그룹-학자, 법조인, 언론인-을
사회의 소금으로 보았다. 이 3사(士)는 정부를 견제하는 우리로는
일종의 선비그룹이다. 이들은 '사회의 잠재적 압제자에 대항할 초국
가적 힘을 대변하며, 국가의 강압적 지배에 기꺼이 반대하는' 사람

들이다.

학자는 사회발전을 위한 비판자로서 미래에 경종을 울리는 일을 하고, 법조인은 사회질서의 마지막 수호자로서 현실을 교정하는 역할을 해야 하며, 언론인은 사회의 공기로서 현실을 고발하는 역할을 해야 한다. 3사(士)들이 그 역할을 해야 대중의 신뢰가 생길 수 있다. 대중들이 선택의 갈림길에서 무엇이 옳은 길인가 하는 방향을 상실했을 때 그 빛이 되어줄 역할은 이런 신뢰가 있어야 가능하다. 신뢰는 대중들이 듣고, 보고, 배울 만하다는 확신을 가질 때 성립하는 것이다. 그런데 바로 이 지식인의 역할이 사라져가고 있다. 문제는 사회의 소금으로서의 결기와 품격을 스스로 내던졌다는 것이다. 지식인 스스로 부와 권력의 포로가 되기를 자청하였고, 사회에 이름이 알려지는 일이라면 청탁을 가리지 않게 되었고, 이념과 가치는 자신의 이름을 내는 도구가 되었다.

우리 사회에서 어느 사이에 존경받는 지식인, 존경받는 원로를 찾아볼 수 없게 됐다. 우리의 선조 지식인들은 그래도 선비정신이 있었고 고비마다 그 기개가 살아 있음을 보여주었다. 그러나 조선 선비를 지킨 신기독(愼其獨 : 혼자 있을 때 더 삼가고 조심함)의 정신은 너무 빨리 사라졌고, 서구사회의 노블리스 오블리제는 미처 자라지 못했다. 제대로 된 훈련을 받은 경험이 없으니 리더의 방황은 피할 수 없는 일이었다.

지금 한국사회의 지식인 문제를 단적으로 보여주는 것이 지식인의 정치화 현상이다. 너무 많은 지식인들이 세속적 정치와 연관을 맺으려 한다. 선거철만 되면 수많은 지식인들이 선거캠프에 이름을 올린다. 지금의 정치 현상을 볼 때, 그들이 정치에 발을 디디려면 자신의 캠프부터 비판해야 한다. 지식인의 비판정신은 불편부당의 공정성을 기초로 한다. 그러려면 다른 편을 비판하기보다 자신의 편에 대한 비판이 먼저 앞서야 한다. 어느 정파나 문제없는 정파는 없기에 사회를 개선하려 한다면 자신이 지지하는 정파의 문제부터 시정해야 하기 때문이다. 보수라면 진보를 비판하기에 앞서 보수를 비판해야 하고, 진보라면 보수를 비판하기에 앞서 진보를 비판해야 한다. 자신과 가깝다는 이유로 그 비판을 멈춘다면 그는 지식인이기를 포기한 것이다.

② 지식인의 또 하나의 문제는 창조에 약하다는 것이다. 노벨경제학상 수상자인 폴 크루그먼(P. Krugman)은 지식인을 학자와 정책기획가로 구분했다. 그 둘의 역할은 다르다. 정책기획가란 '단순한 생각을 이용하여 권력자로 하여금 자신의 말에 귀 기울이도록 설득하는 사람'이다. 지식인들이 학자의 길을 떠나 정책기획가의 길로 들어가는 것은 지식인의 또 하나의 역할이 창조에 있다는 점에서 자못 의의가 있는 일이다. 그러나 그들은 과연 성공할 수 있을까?

많은 학자들이 정부나 정계에 들어가 실패하는 데는 무엇보다 그들이 사회적 창조의 역량이 부족하기 때문이다. 학자는 비판만 하더라도 그 역할을 한다 할 수 있으나 공직에 나가는 지식인은 비판이 아닌 창조를 해야 한다. 창조는 비판이 아닌 건설이고, 건설은 현실에 대한 통찰이 있어야 하고, 말이 아닌 행동으로 하는 것이다. 창조의 지식은 다르다. 학문적으로 지식이 있다 해도 그 지식을 정책으로 활용하기 어려울 때가 많다. 그만큼 현장이 중요한 것이다.

학문적 지식이 왜 정책 수립에 활용되기 어려운가? 스웨덴의 맨스 닐손(M. Nilsson) 박사의 연구논문은 학자들이 연구에 있어 그 지식이 활용될 상태를 뒷받침할 핵심적인 정치적, 제도적 요인들을 무시하기 때문이라 한다. 지식인이라 하더라도 정치와 제도의 변동에 관한 통찰력이 있어야 실제 응용할 수가 있는 것이다.

지식인이 창조를 하기 어려운 또 하나의 이유는 입으로는 국민을 위한다면서도 진정 국민을 섬기지 않기 때문이다. 지식인의 실패는 그래서 예견된 것인지 모른다. 국민을 섬기려면 자기성찰이 선행돼야 한다. 자신의 능력의 부족함, 덕의 부족함을 먼저 깨달아야 한다. 그래야 국민을 섬길 수 있다. 그래서 공자는 '자리가 없음을 걱정하지 말고, 자리에 설 수 있는 능력을 걱정하며, 자기를 알아주지 않음을 걱정하지 말고, 알려지게 될 능력을 추구하라(不患無位 患所以立 不患莫己知 求爲可知也)'고 한 것이다.

③ 지식인이면서도 그에 합당한 품격을 갖추고 있지 못한 사람이 많다는 것 또한 문제다.

지식인의 품격은 극단적 입장을 취하지 말아야 한다는 것이다. 인류의 역사는 극단주의의 위험을 경고하고 있다. 민주주의는 극단을 갖고서는 이룰 수 없다. 사회 현상에서는 중용이야말로 진리인 것이다. 사람이 사는 사회에는 절대적으로 옳고 절대적으로 그른 것이 없다. 그런 점에서 코드와 정서에 기반한 동류의식으로 자신의 정파에는 눈을 감고 타 정파의 문제에만 눈에 불을 켜는 최근 지식인 사회의 정치화는 매우 염려스러운 일이라 아니할 수 없다.

(4) 국민의 문제

물질주의와 경쟁논리가 사회를 지배하면서 공동체의 존립이 위협을 받고 있다. 한국 공동체의 가장 큰 문제는 불신이다. 불신이 큰 이유는 정보의 비대칭이 커 기회주의가 발생하기 쉽기 때문이다. 정보 비대칭이 크면 거래비용이 높아지기에 고비용 저효율 사회가 된다. 그러니 공동체에 힘이 모아질 수 없다.

이런 사회에서는 자신의 이익만 생각하니 서로서로의 발목을 잡게 된다. 중소기업은 대기업에 발목이 잡혀 있고, 대기업은 노조에 발목이 잡혀 있다. 정부는 정치에 발목이 잡혀 있으며 여당은 야당에 발목이 잡히고, 정당은 시민단체에 발목이 잡혀 있다. 무엇보다 보수와 진보가 서로의 발목을 잡고 있다. 서로가 서로의 발목을 잡는 사회, 그런 사회에서는 미래의 꿈을 꿀 수 없다. 미국의 경제사상가 로버트 하일브로너 교수는 경제의 발전은 기술변화보다 사람들의 꿈에 의해 가능한 것이라고 한다. 한국 공동체는 몇 가지 이유로 불신을 만들고 꿈을 붕괴시키고 있다.

① 가치관의 부재, 정신의 황폐화 때문이다. 근대화는 전통적 가치관의 붕괴를 가져왔지만 그 짧은 기간에 전통을 대체할 새로운 가치관을 형성하기는 어려웠다. 형식적인 자유와 평등은 주어졌지만 실질적인 자유와 평등은 이식되지 못했다. 사회의 기대는 민주적 양식인데, 자신의 행동은 전통을 벗지 못했다. 권위적 의식과 민주적 기대 사이에 실패의 함정이 만들어지면서 사회는 이 함정으로 빨려 들어갔다.

우리에게는 국민들을 민주시민으로 변화시키기 위한 교육이 필요하다. 학교는 지식을 가르치는 곳이지 사람을 기르는 곳이 아니었다. 그러니 염치와 양심이 사라지기 시작하였다. 교육의 황폐화는 정신의 황폐화를 낳기 마련이다.

일본의 모리시마 미치오 교수는 교육으로 정신을 살리는 데 50년이 걸린다고 하며, 일본이 몰락하는 이유로 이 교육의 황폐화를 든다. 자유주의와 개인주의 및 국제주의를 결여한 채 군국주의 체제를 그 정신적 바탕으로 급부상한 일본형 유교 자본주의이기에 개인의 구제를 사명으로 하는 서구형 청교도 자본주의와의 경쟁에서 궁극적으로 낙후될 수밖에 없다는 모리시마 교수의 경고는 그래서 의미심장한 것이다.

② 반(反)법치주의적 태도 때문이다. 법치주의는 자본주의와 민주주의의 근간이다. 우리의 전통사회가 인치(人治)의 사회였기에 우리는 아직 법치에 익숙하지 못하다. 그러니 법과 제도를 만드는 것이 얼마나 신중해야 하는지 알지 못하고, 그나마 만든 법과 제도도 무시하기 일쑤이다. 법이 있어도 자기 마음대로 법을 해석하려고 들기 일쑤다. 그런데 사회 지도층까지 이런 태도를 보이니 이제는 서민층까지 법을 우습게 알게 되었다.

서민들이 법을 믿게 하려면 먼저 지도층이 법에 복종해야 한다. 법치주의는 힘 있는 자의 복종을 요구한다.

③ 미래를 위한 개혁의 열정이 약하기 때문이다. 제4차 산업혁명이라는 변혁의 시대에 한국이 살아남는 길은 다른 나라보다 한발 앞서 변화하는 환경에 맞추어 자신을 변화시키는 것이다. 그러나 우리 사회는 개혁의 말은 많으나 전부 '나 빼고 남보고' 하라는 개혁이다. 정치권 또한 개혁을 자기 정치에 이용하기 바쁘다. 고민 없는 개혁은 개혁이 아니다. 개혁은 일회용 앰플주사가 아니다. 대증요법을 배격해야 하는 것이 개혁이다. 시간이 걸리더라도 제대로 된 대안을 찾는 것이 개혁이다.

선진국의 개혁 성공 사례는 조급하지 않게 개혁 어젠다를 놓치지 않고 고민한 결과임을 우리에게 말해주고 있다. 오히려 지금의 저성장을 보약으로 삼고 그 고통을 감내하겠다는 각오가 필요한 이유이다.

한마디로 좋은 시대는 다 갔다. 모든 것을 새로 시작한다는 각오가 없으면 다가오는 태풍에 맞설 수 없다.

④ 말과 행동에 품격이 사라지기 때문이다. 말과 행동에 품격을 잃는 다면 민주주의는 사회 구성원들의 다양한 목소리를 담아내고 이해 관계를 조정할 수 없다. 욕설과 비방이야말로 민주주의의 공적이다. 말과 행동은 군자가 천지를 움직이는 방법이라 하였다. 품격에 있어 가장 큰 문제점은 그것이 독선과 결합돼 있다는 것이다. 자신의 주 장만 고집하고 타인의 의사는 무시하려 드는 독선은 구성원 간의 상 호작용을 부정하기에 공동체를 파괴한다. 특히 근래 우리 사회의 좌 우 극단적 진영논리가 공동체를 위협하는 위험요소가 되고 있다.
상생과 균형과 조화야말로 민주주의의 기본 정신이다. 자유와 효율 이 앞서면서 평등을 끌고 가는 것이 현 선진시장경제 국가들의 모습 일 것이다. 평등지상주의나 효율지상주의만을 갖고서는 민주주의 를 이룰 수 없다. 고품격사회를 만드는 것이야말로 민주주의를 성장 시키는 일이다.

⑤ 애국심이 메마르고 있기 때문이다. 보스턴대학의 리아 그린펠드(L. Greenfeld) 교수는 민족애가 경제경쟁력, 국가발전의 중요한 동력 이라 말한다. 지금 한국사회는 대립과 갈등이 애국심의 뿌리를 갉아 내고 있다. 지금 우리 사회에 미움과 증오의 씨앗이 너무 많이 뿌려

졌다.

그동안 추구해온 물신주의 풍조로 공동체에 대립과 갈등의 긴장이 너무 높아졌다. 지도층들조차 사랑의 씨를 뿌리기보다 미움의 씨를 뿌리는 일에 바쁘다. 공동체가 어떻게 되든 국민들을 어떻게 하면 이리 나누고 저리 나누어 자기편으로 만들까 하는 것이 그들의 관심이다. 그래서 그들은 국민들 서로의 마음속에 있던 작은 서운함, 미움들을 꺼내어 큰 미움으로 만들어버렸다.

그들도 통합, 상생, 협력을 말한다. 그러나 문제는 그것이 말로 되는 것이 아니라는 점이다. 자신들 목전의 정치적 이익을 버릴 줄 알아야 하고, 국민을 속이는 정치적 쇼를 금기로 삼을 줄 알아야 가능한 일이다. 이는 선진국의 경우 오랜 기간에 걸쳐 수많은 시행착오 끝에 이룩한 것들이다. 우리는 이제 시작해야 한다. 어떻게 상반된 이해관계들을 조정하는 시스템을 만들지, 어떻게 그 속에서 애국심을 키울지가 심사숙고돼야 한다.

03

정치가 변해야
나라가 산다

1) 좋은 제도를 만드는 정치

(1) 정치발전과 민주주의

고대 그리스는 민주주의라는 그 이상적인 정치체제에도 불구하고 현실은 전쟁과 정변으로 점철된 역사를 가지고 있다. 삶이 고단하면 할수록 사회에는 언제나 생존을 위한 미움과 증오의 소리가 퍼지며 그 분노를 풀 희생양이 요구된다. 자기와 다른 것은 배척되고 다양성은 단죄된다. 그리스의 지식인들은 자신들의 마음에 들지 않는 소크라테스를 젊은이들을 타락시켰다는 죄목으로 사형대에 세운다. 그리스는 겉으로는 수용과 관용의 사회였지만 속으로는 '거리의 철학자' 소크라테스를 죽일 정도로 오만과 독선이 넘쳐나는 사회였다. 민주주의는 이같이 사람에 의해 오만과 독선의 제도일 수도, 수용과 관용의 제도일 수도 있다. 그 선택은 인간의 몫이다.

사회의 가장 중요한 의사결정 시스템은 정치다. 사회란 공동체이고, 공동체에는 지배체제가 필요하다. 그 지배체제를 만들고 움직이는 것이 정치다. 정치를 통해 사람들은 자신을 규율할 법과 제도를 만들고, 그 이행을 감독한다.

정치는 필요악이다. 지배체제에는 의사결정을 위한 권력이 주어지고, 사람들이 그 권력을 갖고자 투쟁하는 과정, 그것이 정치다. 민주주의는 다만 이 과정이 단순히 권력자의 권력욕만을 위한 것이 아니라 국민의 이익을 위한 선택이 되기를 기대한다. 민주화란 권력자의 영향력을 감소하고 국민의 대의기관인 의회가 권력자인 정부를 감시하고 견제하도록 정치구조를 만드는 것이다.

정치를 잘하느냐 못하느냐는 것은 결국 좋은 민주주의냐 나쁜 민주주의냐로 연결된다. 좋은 민주주의란 좋은 제도를 만드는 정치다. 제도가 안정되면 장기적 계약이 가능해져 사회도 안정된다.

정치 권력자가 좋은 제도를 만들고 또 그것을 운영하는 것은 쉽지 않은 일이다. 맨슈어 올슨은 독재 권력의 경우 빠른 성장을 이뤄도 그 성장은 그의 재임기간에만 나타나기 쉽다고 한다. 성장을 이룰 역량이 지속적으로 담보되지 못하기 때문이다. 성장을 이루려면 자신의 욕심을 스스로 제어할 줄도 알고 제도가 갖는 복합적 측면을 꿰뚫어 볼 수도 있는 지도자가 필요하다.

제도의 실패란 결국 정치가 국리민복을 위한 제도를 만들지 못한다는 것이다. 시장의 왜곡은 잘못된 제도에 기인하고, 잘못된 제도는 잘못된 정치에서 초래되기 때문이다. 물론 제도가 세상의 구원을 담보하는 것은 아니다. 좋은 의도에서 추진된 정책이라도 좋은 결과가 담보되지는 않는다. 그러나 좋은 정치가 되면 보다 공정하고 합리적인 제도가 만들어지고, 따라서 살맛 나는 사회가 될 가능성은 매우 높아질 것이다.

(2) 경제발전과 민주주의

|

경제에서 정치가 중요하다는 것은 경제적 의사결정도 역시 정치적 선택의 과정이기 때문이다. 선택에는 다양한 변수들이 작용한다. 선거제도, 선거구, 임기와 같은 기본적인 제도적 변수들부터 국회 및 정당, 사법기관, 행정부와 같은 주요 기관들의 독립성, 정책 능력, 권한과 책임 같은 다양한 구조적 변수들 그리고 그것에 영향을 미치는 특정 집단, 시민사회, 언론과 같은 외부기관들, 또한 정치인, 관료, 언론인, 시민, 이해관계인 등 다양한 주체들의 행태 등을 들 수 있다.

이러한 의사결정에서 중요한 역할을 하는 주체는 무엇보다 정치권과 정부다. 정치권과 정부는 협력관계이기도 하지만, 견제하는 관계이기도 하다. UC 버클리대의 파블로 스필러(P. Spiller) 교수는 경제정책의 품질과 정치제도의 품질이 직접 연관돼 있다고 한다. 그는 행정부의 권력을 견제하는 정치제도를 가진 국가들이 양질의 공공정책을 가졌다는 것을 입증했다.

정치의 의사결정이란 경제에서 사람들이 따라야 할 게임규칙을 결정하는 것이다. 게임규칙은 제도에 의해 결정된다. 제도에 따라 사람들은 경쟁에서 유리할 수도 불리할 수도 있다. 문제는 이 제도가 자의적 재량이나 로비나 담합 등에 의해 왜곡될 수 있다는 것이다.

이러한 제도의 왜곡이 일어나면 경제의 예측가능성이 저하된다. 예측가능하지 못하다는 것은 경제주체에 상당한 비용을 지불하게 한다.

관료의 자의적 해석이나 판단에 내맡겨지는 제도의 자의적 적용은 제도적 기반이 취약하거나 법치주의가 발달하지 못한 저개발국에서 흔히 볼 수 있는 현상이다. 그러기에 경제의 발전은 제도의 발전을 필요로 한다. 그러나 제도는 여러 사람의 이해관계에 영향을 주기에 지극히 정치적인 과정이라 할 수 있다.

제도는 시간이 지나면 개혁을 필요로 한다. 우리는 개혁을 단순히 법적인 제도의 변화로 여기기 쉽다. 기존의 제도를 대체할 새로운 법적 제도를 만드는 것이 어렵기에 정치인들은 법적 개혁만 이루면 개혁이 다 완수된 것으로 생각하는 경향을 보인다. 그러나 대런 애스모글루 교수와 제임스 로빈슨 교수는 정치 권력이 변하지 않고서는 경제제도의 변경이 불가능하며, 그 정치 권력의 변화는 '법적인 변화'와 '사실상의 변화'가 모두 이루어질 때 가능하다고 한다. 기득권층이 사실상 권력을 그대로 쥐고 있는 상태에서 법적인 제도를 개혁해봤자 그 개혁이 제대로 실천되기 어렵다는 것이다.

사실상 권력을 가진 권력 엘리트들, 즉 기득권층은 법적인 권력을 **빼앗**기더라도 은밀한 폭력, 지역정치의 통제, 부정부패를 통한 유착 등을 통해 사실상의 권력을 유지할 수 있다. 미국 남북전쟁이 끝난 후에도 상당 기간 남부 지역에서는 '재건'이라는 이름 아래 지주들이 건재할 수 있었던 반면 해방된 흑인노예들은 지주들의 '무장된 캠프'에 계속 갇혀 자신들에게 주어진 자유를 느낄 수 없었다고 한다.

우리는 우리의 제도 개혁에서도 이와 유사한 사례를 수없이 발견한다. 1997년 외환위기에서 수많은 경제제도의 개혁이 추진됐지만 과연 얼마나 소기의 성과를 이루었다고 할 수 있을까? 왜 우리의 시장질서는 아직도 문제인 것인가?

애스모글루 교수와 로빈슨 교수는 경제제도 개혁의 성공을 위해 다음과 같은 제안을 한다. 1) 정치세력에 대한 고려 없이 경제제도를 개혁하겠다는 생각을 하지 말아야 한다. 제도의 직접적인 개혁에 앞서 나쁜 제도를 유지시키는 힘을 개혁하겠다는 생각을 해야 한다는 것이다. 2) 제도 개혁을 할 때에는 정치제도와 정치 권력, 경제제도의 성격 등을 함께 고려해 개혁을 추진해야 한다.

어떤 제도를 바꾸는 데는 현상유지를 하려는 강력한 힘이 존재하기 마련이고, 제도에는 또한 이미 이루어진 과거의 결정으로부터 자유로울 수 없는 경로 의존적인 측면이 있기에 법적 개혁과 사실상의 개혁을 동시에 추진하는 것은 어려울 수 있다.

이러한 어려움을 극복하기 위해서는 개혁을 위한 자극과 동력을 외부로부터 유입되게 하는 것도 하나의 방안이라 할 것이다.

(3) 미완성의 한국 민주주의

한국의 '권위적 자본주의'의 성공은 권위적 체제를 갖고 자본주의의 성공을 만들어냈다는 점에서 의미가 있다. 권위주의가 지속적인 경제번영을 하는 것이 희귀하기 때문이다.

시드니대학의 피파 노리스(P. Norris) 교수는 경제적 번영이 민주주의와 효과적인 정부가 결합될 때 지속가능하다고 한다. 경제의 발전은 민주주의를 촉진하는 효과가 있다. 경제적 궁핍을 벗어난 국민은 정치적 정의를 생각하기 마련이다. 정의에 대한 인간의 열망을 영원히 억누를 수는 없다.

한국의 정치도 지난 50년 그런 민주화의 길을 걸어왔다. 그러나 갈 길은 아직 멀었다고 할 수 있다. 한국의 민주화가 성공했다 하더라도 그것은 절반의 성공에 불과할 뿐이다.

우선 첫째, 한국의 민주주의는 자유주의를 기반으로 하나 권위주의 문화에 의해 지배되고 있다. 사회와 조직 내에 소위 현시적 또는 암묵적 권력에 기반한 '갑질'이 일상화되고 있어 자유가 억압되고 있다. 노(No)라고 할 자유가 없는 것이다. 최순실 사건에서 보인 고위 공직자들의 행태는 우리 문화에서 얼마나 노(No)라고 말하기가 어려운가를 보여준다.

둘째, 선거와 투표의 자유는 얻었으나 그것이 정치적 역량으로 연결되지 못하고 있다. 포퓰리즘과 진영논리 속에 옳은 사람보다 자기 광고에 익숙한 사람이 선택되고, 파벌보스의 잠재적 공천 위협 속에 옳은 목소리를 내는 것이 쉽지 않은 현실이다. 이런 가운데 한국정치는 그 목표를 잃었고 자기성찰 능력을 잃었다. 비판과 파괴에는 익숙하나 포용과 창조에는 서툰 정치가 되었다. 쏠림의 군중심리에 올라타는 눈치 빠른 정치인은 많으나, 자신의 논리로 대중의 무지를 꾸짖을 담력을 가진 정치인은 없었다.

셋째, 민주주의의 품격에 문제가 있다. 자유에의 책임이 잊혀져 방종과 책임 회피가 만연해 있고 지혜로운 결정, 품격 있는 행동은 찬양받지 못하고 있다. 단기적이고 즉흥적인 단견이 횡행하고 공공서비스 무임승차가 당연시되었다. 속이기와 거짓행동이 일상화되고 남의 뒤통수 치는 일(투서)과 서로 간의 야합이 비일비재하다. 대한민국은 지금 멈춰 서고 있는 것이다.

2) 한국정치의 역량을 저하시키는 요인들

|

민주주의의 성공조건

|

조지프 슘페터는 『자본주의, 사회주의, 민주주의』에서 성공한 현대산업국가에 적용할 수 있는 민주주의 성공의 네 가지 조건을 제시한 바 있

다. 그 조건을 보면 한국 정치인들에게 무엇이 문제인지를 어느 정도 알 수 있다.

첫째, 공직을 맡으려는 도덕적인 고품격 사람들이 많아야 하는데, 이런 사람들이 정치를 기피하면 문제다. 둘째, 정치인들이 비전문 분야에서는 의사결정을 할 수 없도록 제약이 가해져야 한다. 셋째, 정부는 충성스럽고 훈련된 직업 관료들에 의해 운영돼야 하며, 이들의 승진, 채용, 해고에 정치인들의 개입이 있어서는 안 된다. 넷째, 정치인들 스스로 민주적 자기 통제가 이루어져야 한다. 정치인들은 정부를 당황하게 할 의도를 품지 말아야 하며, 유권자는 정치인들이 그들 자신의 것이 아닌 일들을 하고 있는지를 감시해야 한다. 그러기에 유권자는 정치인들에 무엇을 하라고 요구해서는 안 된다고 한다.

정치인의 대리인 문제

민주정치에서 주인은 국민이고 정치인은 그 대리인이다. 대리인이론은 주인이 대리인보다 정보의 우위에 있지 못하기에 대리인의 사익 추구가 가능해지는 대리인 문제가 일어난다고 한다. 대리인이 주인이 바라는 목표를 위해 전력을 다하지 않는 도덕적 해이가 일어나는 것이다. 한국정치에서 계속 정치인들의 행태가 문제되는 것은 유독 이런 대리인 문제가 자주 발생하기 때문이다.

정치는 원래 '선공후사(先公後私)'의 영역이다. 주인인 국민을 위해 일해야 하는 것이다. 그러나 정치인이 자신의 사익을 먼저 챙기는 '선사후공(先私後公)'이 되면 정치가 신뢰를 얻지 못하고 붕괴된다. 한국정치는 위선적인 명분정치다. 말로는 선공후사라 하나 행동은 선사후공하는 행태다. 과연 왜 유독 한국정치에서 대리인 문제가 많이 발생하는가?

(1) 정치인의 문제 : 사라진 공심

①공심에 대한 철저한 의식을 가지지 못한 사람들이 정치를 하고자 하기 때문이다. 한국정치의 근본 문제는 공심(公心)이 잊혀가고 사심(私心)이 넘쳐나고 있다는 점이다. 이는 앞서 논의된 바 있다. 사심이 크면 그만큼 기득권층이나 이익집단의 유혹에 넘어가기 쉽다. 기득권층이나 이익집단은 시장을 통해서는 얻을 수 없는 이익을 선거에서 특정인을 밀거나 결탁을 통해 얻으려 하기 쉽다.

문제는 우리의 정치인들이 서구 선진국 정치인에 비해 더 사익 위주로 움직이는 것처럼 생각된다는 점이다. 이에는 시스템 탓도 있겠지만 본래 그런 성향을 가진 사람들이 많이 정치를 하고 있는 것은 아닌가 생각해볼 필요가 있다. 그들의 관심은 오직 재선에 있기에 지역구의 포퓰리즘에 영합하기 쉽고, 공천을 위해 계파보스에 맹목적 충성을 바치기 쉽다. 경제에 아무리 중요하고, 국민을 위해 아무리 시급한 안건이라도 그들에게는 자신의 재선이나 진영에 도움이 되지 않으면 소용없는 것이다.

정치란 명분의 게임이고 그러기에 도덕성의 게임이어야 한다. 그런데 현실은 진흙탕 싸움이니 도덕적인 사람들이 정치에 뛰어들기가 쉽지 않다. 일찍이 마키아벨리는 로마가 멸망한 원인의 하나가 로마가 부패하면서 선출로 지도자를 뽑는 데 문제가 생겼기 때문이라고 했다. 로마사회는 점점 "가장 훌륭한 자가 관직에 지원하는 게 아니라 가장 권세가 있는 자가 지원하게 되었고 권세가 없는 자는 자격이 있어도 거부당할까 봐 두려워 섣불리 나서지 않게 되었다."

조지프 슘페터의 지적과 같이 한국사회에는 공직을 맡으려는 사람 중에 출세 능력이 있는 사람은 많을지 몰라도 도덕적인 사람을 찾기는 상대적으로 힘들다. 그동안의 수많은 정치적 비리 사례들이 이를 입증하고 있다. 이러니 사회통념에 정치는 비(非)도덕적이라는 인식이 존재하고 그러므로 도덕적인 인물들이 정치에 뛰어들기가 더더욱 어려운 것이다.

② 정치인의 재량은 크고 책임은 없기 때문이다. 민주화는 정책 권력을 정부에서 국회로 이동시키는 결과를 낳았다. 정치권의 정부에 대한 영향력이 커진다는 것은 민주화에 따른 당연한 결과이지만, 그에 합당한 책임을 묻는 제도가 발달하지 못했다는 점에서 우려를 갖게 한다. 그 구체적 우려는,

● 정치인들의 정책형성 참여 프로세스가 정부 내 프로세스보다 투명하거나 정밀 관리되고 있지 못하기 때문이다. 즉 국민의 입장에서

정보의 비대칭이 큰 것이다. 국회에서 정책이나 예산이 정치적 협상을 통해 결정되면서 여러 파당적 이해관계로 인해 그만큼 국민적 이익과 동떨어진 결정을 할 수 있음을 의미한다. 정치인 개인의 이익을 위해 국가 전체의 이익이 손상될 수도 있다.

예를 들어 예산 수립 과정에서 지역구의 압력에 의해 한 영향력 있는 국회의원이 '쪽지예산'으로 국가적으로 크게 필요하지도 않은 지역예산을 끼워 넣었다면, 이는 타 부분에서 더 효과적으로 쓰일 수 있는 예산이 반영되지 못했다는 것을 의미한다. 이는 의원 간의 담합(자신을 밀어주면 타 의원도 밀어줌)으로 발전할 수도 있다.

• 국회의 영향력이 커지면서 정부 관료들이 알아서 정치적 고려를 하는 경우가 늘어나기 때문이다. 이는 정책 수립에 있어 관료들이 정치권의 눈치를 심히 본다는 의미다. 특히 여소야대의 상황에서는 더욱 그렇다. 정치적 고려란 그만큼 자의적으로 결정된다는 뜻이고 그만큼 경제적 합리성에서 멀어진다는 의미여서 정책의 실패가 초래되기 쉽다.

• 정치인들이 다양한 이해관계자들의 주요 로비대상이 될 수 있기 때문이다. 우리 사회의 로비가 인맥을 통한 음성적 로비라는 점, 그리고 정치가 그런 인맥관리를 통해 이루어진다는 점을 고려할 때 정책에 보다 쉽게 이익집단의 이해가 반영되는 길이 열릴 수 있다. 특히 국회나 정당 내 윤리기구의 활동이 미미하여 이런 유착관계에 대한 조사나 제재가 이루어지지 않아 더욱 그렇다. 이런 정책의 정치

화는 많은 경우 정책의 경제적 합리성을 훼손하는 결과를 가져온다.

● 국회의원이 비전문성을 가진 분야에서 의사결정을 할 경우 정책의 실패가 커질 수 있기 때문이다. 조지프 슘페터의 말처럼 의사결정을 하려면 전문성이 있어야 한다. 그는 정치인이 전문성을 갖지 못한 영역에서는 의사결정권을 제한해야 한다고 강조한다. 그러나 한국의 현실에서 정치인은 만기친람하려는 자세를 보인다. 사안에 따라 전문가의 조언을 들을 수도 있지만 자신이 알고 하는 것과 외부 조언을 들어서 결정하는 것과는 다르다. 의사결정에는 지식뿐 아니라 자신만의 직관이 작용하는 경우가 많고 이런 암묵지는 자신의 경험과 지혜에서 나오기 때문이다.

(2) 정치구조의 문제 : 자기들만의 리그

① 정당의 성격이 모호하기 때문이다. 우리의 정당들은 유럽의 정당과 같이 모두 정책정당을 지향한다고 한다. 그러나 그 행태는 미국의 선거정당과 유사한 행태를 보인다. 말과 행동이 다르니 정당 자체가 정체성의 혼돈에 싸여 있다. 정책정당이라면서 쌓여진 정책 역량, 지식 역량이 없다. 정책정당이라면서 국가경영을 어떻게 하겠다는 구체적 청사진이 없다.

사람에 따라 이합집산하는 것이 한국정당이다. 선거 때만 되면 인물 중심으로 선거가 치러진다. 3년 이상 당명을 유지하는 정당조차 찾기 어려운 것이 현실이다. 정당의 수명이 이렇게 단명하니 합리적으로 유권자를 설득하기보다 강경론으로 반짝 인기를 얻으려 하고, 외부 압력단체에 흔들리기 쉽고, 그러니 갈등을 해결하기보다 확대재생산하기 일쑤다.

② 정치가 권위주의 구조 속에 있다. 우리 정치는 권력이 집중된 대통령 중심제다. 무소불위의 대통령이 권력의 정점에 있어 그 대통령이 여당을 장악하고 여당을 통해 대통령이 국회를 통제하는 구조다. 명목상의 분권과 견제장치에도 불구하고 그 분권적 견제장치가 잘 작동하지 못하고 전통적인 권위주의 문화풍토가 작용하고 있어 실질적으로는 선거에서의 승리자가 거의 모든 권력을 장악하는 승자독식의 구조라 할 수 있다.

여당과 청와대의 관계는 그래서 명목상으로는 수평적 협력관계이나 실질적으로는 수직적 군신(君臣)관계이기 쉽다. 한국의 정당 또한 철저한 파벌보스 중심의 구조다. 파벌의 보스가 공천을 주고 그에 충성하는 일종의 주종구조가 형성돼 있다.

권위적 구조는 명령과 복종에 충실하면 안주하기 좋은 구조다. 인맥을 통한 정치활동의 비용조달, 파벌 중심의 권력배분, 선수(選數) 중심의 권위적 문화 등이 어우러지며 정치인들은 초기에 가졌던 국민, 봉사, 국가 등에 대한 공심을 내려놓는다. 오직 당내 권력정치만으로 다선에 오른 지역 텃밭 출신 중진이 국회 주요직과 정당 권력을

295

독점하고 정치를 좌지우지한다. 그들은 이를 유지하기 위하여 국가 운영보다는 파벌을 만들고 그 파벌을 명분상으로나 금전적으로 어떻게 운영할지에 고심한다.

③ 정치구조가 오랜 기간 일종의 과점적 담합구조 속에 놓여 있기 때문이다. 그 담합구조는 지역주의와 진영논리가 만들어놓은 구조다. 그 결과 지역 또는 진영을 장악하는 정치세력들이 양당구조를 형성하고 정치를 지배하게 되었다.

국민은 과거 양김(兩金) 시대에는 인물과 지역의 포로가 되었고, 이후에는 지역과 이념의 포로가 되었다. 자신만의 고정지지층이 있다고 보는 것이다. 그들의 말과 행동은 주로 이 지지층에 대한 호소다. 그러니 정치가 최선이 아닌 차악의 선택게임으로 변질되며, 전체보다 자기편만 확실히 챙기면 되고, 아무리 사심이 커도 상대보다 더 욕먹지만 않으면 된다. 자신만의 정치철학을 말할 필요가 없고 오직 상대가 나쁘다는 네거티브 캠페인에 열중할 수밖에 없는 것이다.

영향력이 있는 특정 이익집단이나 지역이 월등한 인맥과 정보력을 갖고 있기에 그렇지 못한 집단이나 지역은 이러한 과점적 구조를 변화시키기 어렵다.

④ 정치에 투명성이 부족하기 때문이다. 인물, 정책, 협상과정 등은 베일에 싸여 있고 정작 유권자들이 알아야 할 정보는 상세하게 공개되

지 않고 있다. 정치인들의 성과는 평가되기 어렵고, 그것을 해낼 만한 신뢰 있는 기구도 없다. 이러니 자신에게 유리한 게임질서를 만들어야 하는 이익집단의 로비가 끼어들기 쉬운 것이다.

'재-정-관-언(財-政-官-言)'의 인맥관계가 동원돼 특정 집단이나 계층이 법규 제정에 영향을 미치기 쉽고, 결국 사회의 공정질서를 왜곡시키는 결과가 된다. 정치적 부패 사건이 그렇게 자주 발생하는 것은 이런 유혹이 정치에 상존하기 때문이다.

또한 투명성이 없으면 서로 믿기가 어렵고, 믿지 못하면 상호협조가 불가능하다. '죄수의 딜레마'란 합리적 인간이 모두에게 손해가 되는 비합리적인 행동을 왜 하느냐를 말해준다. 여야 대립이 심한 것도 서로 믿지 못하기 때문이다. 게임이론에서 폴크(folk) 정리가 맞다면 정치에서도 장기적으로 협력적 자세가 유리하다고 할 것이다. 그러나 과연 누가 장기적 안목을 갖고 정치를 하겠는가. 정치가 투명하지 못하니, 자신이 불리해지면 그들이 생각해내는 것은 여론을 유리하게 만들 한 방의 정치다. 정치적 곤경에 처할수록 그 한 방의 유혹이 커진다. 그러나 그것은 결국 그들에게 부메랑이 되어 돌아오기 마련이다.

2016년 세계경제를 뒤흔든 브렉시트라는 영국의 EU 탈퇴 투표에도 이런 현상이 있었다고 한다. 2015년 총선에서 보수당을 찍어주면 EU 탈퇴의 브렉시트 국민투표를 실시하겠다는 공약으로 재집권에 성공한 데이비드 캐머런 영국 총리 역시 마찬가지다. 브렉시트에는 반대했지만 브렉시트로 투표 결과가 나오자 그는 언론들로부터 자신의 재집권을 위해 국민의 이민자 문제에 대한 혐오를 정략적으로 이용했다는 비난을 총리직을 사임하면서까지 들어야 했다.

⑤ 정치에 아직 상당한 돈이 들기 때문이다. 그동안 정치 개혁의 결과 과거 천문학적 돈이 들어가던 선거자금은 크게 줄어들었다. 그러나 아직 지역에 따라, 선거 상황에 따라 상당한 음성적 자금이 소요된다는 이야기들이 많다. 이는 우리의 선거운동원 동원 문화, 음식대접 문화 등이 잔존해 있기 때문일 것이다. 이러한 동원 중심 문화는 정치신인에게 진입장벽으로 작용함은 물론 당선 후 정치부패를 촉진하는 요인이 될 것이다.

(3) 정치의식의 문제 : 존중받지 못하는 국민

① 국민적 감시와 평가

정치인에 대한 국민적 감시와 평가가 미흡하기 때문이다. 기업은 매일매일 소비자의 선택을 받지만 정치인은 4년에 한 번 유권자의 선택을 받는다. 국민소환제가 없으니 일단 당선되기만 하면 임기 동안 비난을 두려워할 필요도, 책임에 신경 쓸 필요도, 누구의 눈치를 볼 필요도 없다.

정치심리학에 의하면 유권자는 기본적으로 정치인과 정치적 결정을 알고 분석하는 데 시간과 노력과 돈을 들이기를 원하지 않으며, 자신의 한 표가 전체 판세를 결정하지 못한다는 것을 알고 있다. 그러기에 감정적 쏠림에 따라 이미지와 감성적 투표를 하기 쉽다.

정치인이 잘못했다 하더라도 유권자가 4년 동안 그 기억을 유지하는 것은 어려운 일이다. 그러니 임기 내내 마음대로 하다가 선거 때 한 번 잘하면 된다. 평시에는 자신의 사익 위주로 행동하다 선거 때 유권자에게 잘 보이면 된다. 유권자 또한 포퓰리즘이 강하니 명분과 가치보다 유권자 모수가 큰 집단과 계층의 이익에 무조건 맞추는 정치를 하면 되는 것이다. 이렇게 되면 정치가 말없는 집단의 몫을 빼앗아 말 많은 집단에 주는 약탈자의 기능을 할 수도 있다. 정치가 이러면 집단 간의 이전투구는 더욱 심해질 것이다.

역동적이고 생산적인 정치가 되려면 명분과 가치가 경쟁하는 정치여야 한다. 경쟁의 논리는 담론으로 뒷받침돼야 한다. 담론의 건강성이 그 정치가 얼마나 좋은 정책을 실천할 수 있느냐를 결정하는 것이다. 정치시장이 충분히 경쟁적이라면 담론의 수준이 높아지고 특정 집단이나 계층의 전횡도 발생하기 어렵다.

이제 이 담론의 수준을 매우 싼 비용으로 높일 방법들이 가시화되고 있다. 블로그나 소셜미디어 등의 채널이 정치토론, 정보 공유, 캠페인 등 다양한 분야에서 정치 참여를 촉진하고 있다. 이 디지털 방식을 어떻게 활용할 것이냐가 앞으로 정치사회의 중요한 숙제라 할 것이다.

② 진영논리

정치 전반이 보수와 진보의 진영논리에 매몰되고 있다. 뉴욕대의 존 조스트(J. T. Jost) 교수는 보수는 차별과 불평등을 수용하고 생산성을 중시하나, 진보는 차별을 배격하고 평등을 선호하며 사회적 정의를 중시한다고 한다. 보수는 전통과 조직에 관심을 가지나, 진보는 고통과 공정성에 관심을 갖는다. 보수는 기존 질서의 유지를 선호하고 변화에 수동적이나, 진보는 미래에 관심이 커 기존 질서의 타파와 변화에 적극적이다.

그러나 이는 관점의 차이일 뿐이다. 사회에는 변해야 할 것과 변하지 말아야 할 것이 언제나 공존하고 있다. 사회가 발전하려면 그 둘을 잘 걸러내고 조화되는 길이 끊임없이 찾아져야 한다.

좋은 민주주의는 품격 있는 담론의 산물이다. 그러나 담론이 흑백의 교조주의적 논쟁이 되면 사회발전을 위한 담론이 아닌 생존 투쟁이 돼버린다. 정치가 미래를 위한 가능성의 예술이 아니라 미래를 가로막는 장애물이 돼버리는 것이다. 과연 이러한 진영논리가 야기하는 우리 사회의 문제는 무엇인가?

진영논리가 분열과 미움을 확산시키고 있다. 정치에서는 프레임의 창출이 중시된다. 보수와 진보가 그러한 프레임이다.

정치인들은 자신의 권력 쟁취를 위하여 자신의 정책과 제도를 지지층의 특성에 맞게 맞춤화를 시도한다. 이런 맞춤화는 갈등을 증폭시킨다. 진영으로 나누어지면서 자신의 지지층에 한층 더 호소력 있는 정책과 제도가 되도록, 상대적으로 타 유권자층, 타 정치집단과 차별화된 정책과 제도를 만드는 것이다. 이런 의도적 차별화는 자기 주장에의 맹신을 요구하고 타인의 의견에 대한 배척으로 나타나기 쉽다. 정치가 이성보다 감정에 의존케 되는 것이다. 감정은 이성을 마비시킨다.

정치심리학자들에 의하면 보수와 진보는 개인적 성향의 문제다. 이에는 어느 것이 옳다는 객관적 기준이 있을 수 없다. 보수다 진보다 하는 것이 불변의 것도 아니다. 민주주의가 안정되려면 '진리를 추구하는 정치'보다 '이해관계를 조정하는 정치'가 되어야 하나, 이념은 정치를 '진리의 정치'로 몰고 간다. 진리의 정치는 독선과 광신의 정치이기 쉽다.

이념으로 무장된 진영은 그래서 위험하다. 흑백논리로 세상을 보기 때문이다. 상대편이라 하면 수단과 방법을 가리지 않고 거꾸러뜨리려 한다. 정보 조작, 여론 조작, 거짓 투서 등이 양심의 가책 없이 이루어진다. 미움의 흑백논리는 사회 공론장의 파괴를 가져오고, 따라서 민주주의의 파괴를 가져온다. 문제는 정치인들이 이 진영논리를 더 강화시키고 또한 이용하고 있다는 점이다. 국회의원을 상대로 한 조사에 의하면 국회의원들의 이념적 스펙트럼이 유권자들보다 더 편향적이라 한다.

여소야대가 되며 협치에 대한 관심이 증대하고 있다. 그러나 협치는 말로만 되는 것이 아니다. 상대를 수용할 충분한 마음이 만들어져야 하고 서로 믿을 신뢰의 경험이 축적되어야 한다. 다른 이념이란 틀린 게 아니라 단지 다른 것이고 그 다름이 서로를 보완해주는 것으로 인식될 수 있어야 한다. 협치가 연목구어가 되지 않으려면 신뢰를 쌓아갈 이런 나의 마음부터 점검해보아야 한다. 마음이 없는 정치적 수단으로서의 협치는 갈등과 혼란만 키울 뿐이다.

진영논리는 무지와 무능에 대한 피난처를 제공한다. 우파의 눈에는 부패하고 염치없는 우파까지도 자기편으로 보이고, 좌파의 눈에는 자기편집증을 앓는 좌파까지도 자기편으로 보인다. 보수와 진보의 갈등이 첨예화되면 무지와 무능한 사람들이 진영의 어느 한쪽을 편들며 그 뒤에 숨으려 한다. 한국의 문제는 이념의 문제라기보다 능력의 문제인 경우가 많다. 예를 들어 정부의 잘못이 실은 그 정부인사의 무능 때문에 발생하는 것인데도 상대편은 그것이 마치 보수정부이기 때문에 또는 진보정부이기 때문에 발생했다고 비난하기 쉽다. 보수가 자기 개혁을 못하고 진보가 대안제시의 능력이 떨어지는 것은 이념의 문제가 아니라 그 정부들이 그런 사람들을 썼기 때문이다. 무능한 보수는 세상이 변했는데도 기득권층 논리의 연장선상에 있고, 기득권에 내재돼 있는 구조적 모순과 갈등 문제를 외면하고자 한다. 그들은 이해타산에 빠르며 그러기에 이익을 쫓아 가치와 명분을 버리기 일쑤이다. 무능한 진보는 노력의 고통이 없어도 모두 같이 풍요를 구가할 수 있다고 생각하고 자신에게 권력을 주면 세상 모든 것이 저절로 바뀔 것처럼 현혹시키려 든다. 그들의 종국적 가치는 국가와 국민보다 자신의 이념에 두어진다. 그들은 현실적 제약 조건을 무시하고 이념적 목표를 중시하다 국민에 피해를 주기 쉽다. 무능한 보수와 진보는 이러한 자신의 입장에 비판적 의견을 제시하는 사람들을 상대 진영으로 매도하려 든다. 그들은 진영논리가 가진 미움을 이용한다. 그들의 종국적 목적은 보수나 진보의 성공이 아니라 자신들의 진영 내 생존이다.

진영논리는 사회를 경직시켜 국가경영 능력을 훼손한다. 진영논리가 득세하면 국가의 의사결정이 막힌다. 진영논리는 문제의 본질을 호도한다. 성장이 중요하다 해서 불공정과 부패가 눈감아져야 하는 것이 아니다. 평등이 중요하다 해서 이를 정치의 도구로 이용하면 결국 정쟁이 되고 그 해결은 멀어진다. 불평등하다는 것은 시장 시스템의 본질에 문제가 있기보다 불공정 행태, 제도 왜곡, 정경유착과 같이 시장질서에 문제가 있기 때문이다.

불평등이 커진다고 경쟁을 제한하는 것은 시장의 동력을 죽이는 것과 마찬가지다. 불평등을 고치려면 경쟁의 불공정한 조건을 고치려 해야지 경쟁 기회 자체를 없애려 해서는 안 되는 것이다.

발전이란 변화를 수용하는 유연성으로 이루어진다. 서울대 박지향 교수 연구에 의하면 영국의 보수당은 필요하면 자유당의 진보정책까지도 빌려 오는 것을 마다하지 않았다고 한다. 노동계급이 부상하자 보수주의자 디즈레일리는 '오두막이 행복하지 않으면 궁전도 안전하지 않다'고 하며 노동계급을 끌어안았다. 보수주의자 비스마르크는 사회보험이라는 가장 진보적 정책으로 국가를 통합시켰다.

진영논리로 인한 정치의 경직화는 국가의 의사결정을 불가능하게 한다. 타협과 융합을 방해하고 숙의를 불가능하게 한다. 좋은 민주주의에는 혁신적 변화를 위한 국가결정이 이루어지도록 타협하고 양보할 유연함이 있어야 한다. 제4차 산업혁명이 요구하는 경쟁과 협력, 융합과 창조, 신뢰와 소통의 생태계가 되려면 이 유연함이 살아 숨 쉬어야 한다. 보수와 진보의 명분과 가치들이 국가를 향한 애국심 속에 함께 녹아들어야 한다.

자유란 유연성을 위해 필요한 것이다. 자유가 독선과 아집을 의미하는 것은 아니다. 보수는 보다 개혁에 친화적일 필요가 있고, 진보는 보다 상대의 의견을 존중할 필요가 있다. 공동체 자유주의는 개인의 자유가 공동체의 공익에 의해 제약돼야 함을 가르친다.

보수는 자유란 이름으로 기득권층의 보호에 매달릴 것이냐 아니면 공동체의 건강성을 위해 그들을 개혁의 길로 유도할 것이냐 하는 질문에 당면해 있다. 참다운 보수라면 지속가능한 사회를 위해 불평등에 대해 과연 무엇이 옳은 담론인지를 생각해보아야 한다. 그 강력했던 로마도 불균형이 심화되면서 결국 멸망의 길로 들어섰다. 이런 불균형을 한국의 민주주의가 과연 지탱해낼 수 있을까 하는 고민을 해야 한다.

진보는 무임승차와 무차별 평등의 대중 포퓰리즘을 추종할 것이냐 아니면 미래의 성장동력을 고려한 합리적 평등을 설득할 것이냐 하는 질문에 당면해 있다. 인간에게 평등은 중요하고, 과도한 불평등이 사회적 좌절을 양산한다는 점에서 이 문제는 반드시 해결하여야 할 숙제다. 그러나 동시에 인위적 평등이 사회에 도덕적 해이를 확산시켜 경제에 파멸을 가져올 수 있다는 점을 인식해야 한다. 자유와 평등 사이에는 언제나 긴장이 흐른다. 능력 있는 진보란 이 상충성을 풀 합리적 대안을 제시할 수 있는 진보이다.

민주주의의 성공을 위해 필요한 것은 이제 이념이 아니라 국가경영 능력이다. 성장과 평등의 조화는 불가피하다. 다만 누가 그 조화를 합리적으로 해낼 능력이 있느냐는 것이다.

③ 포퓰리즘

포퓰리즘은 사람들이 미래의 위험에 둔감한 것을 이용해, 미래에 현재의 부담을 떠넘기는 것이다. 미래의 위험에 둔감한 사례는 우리 사회 곳곳에 자리 잡고 있다. 그중에서도 가장 큰 문제는 공공복지의 문제이다. 정치는 누가 선심을 쓰느냐의 경쟁에 돌입해 있다. 이는 물론 우리나라만의 현상은 아니다. 그리스와 같은 사례는 차치하고라도, 미국의 전 재무장관들조차 "미국 최대의 적은 포퓰리즘과 정쟁으로 마비돼버린 워싱턴 정치권"이라 지적하고 있다.

우리 정치에도 포퓰리즘이 이미 넘쳐나고 있다. 포퓰리즘이 선거에서 유효한 득표전략이 되면서, 상대의 정책을 포퓰리즘 정책이라 비판하면서도 자신 또한 포퓰리즘 정책을 양산하고 있다. 정치의 영역에서는 공약이 다소 무리하더라도 받아들여진다. 그러나 경제논리는 다르다. 소비와 복지를 말하려면 생산과 소득을 먼저 말해야 하고, 공공 부문의 고용을 늘리려면 그 공공 부문을 어떻게 얼마나 효율적으로 만들지를 먼저 말해야 한다.

경제란 지속가능성을 전제로 한다. 국가경영의 정치란 경제의 지속가능성을 어렵게 하는 정책을 받아들이지 않는 정치이다. 국방비 지출이 높은 국가가 OECD 국가 중 최저의 조세부담을 하면서도 '증세 없는 복지'란 슬로건을 내걸 수 있는 게 우리 정치의 현주소다. 과연 이러한 포퓰리즘이 우리 사회에 미치는 해악은 무엇인가?

포퓰리즘은 국가의 자원을 고갈시켜 국가를 패망으로 이끌기 쉽다. 포퓰리즘의 문제는 대중의 이기주의에 정치 지도자들이 쉽게 굴복하여 재정적자의 위험을 높인다는 것이다. 컬럼비아대의 글렌 허버드 교수는 『강대국의 경제학』에서 역사적으로 강대국들의 몰락은 그들 내부의 재정적자에 기인한다고 한다. 무상복지의 환상에 빠진 대중의 압력으로 정치인의 의사결정은 경직되고 왜곡된다. 현대의 복지국가 개념 속에 공공 재화 및 서비스가 확대되는 것은 피할 수 없는 추세라 할 수 있다. 장애인, 노인, 빈곤층 등 사회취약계층에 대한 공공의 지원은 불가피하다. 그러나 자조 능력이 있는 사람에까지 무상복지를 확대하는 것은 주의해야 한다. 왜냐하면 복지는 일단 한번 만들어지면 후퇴가 어려운 불가역성을 갖기 때문이다. 지하철 운영에 만성적자가 초래되는 원인 중 하나가 모든 노인층의 무료승

차 문제인데도 노인표를 우려하는 정치적 고려가 이의 축소를 주저
케 한다.

한국정치에서 특히 우려되는 것은 정치인들이 복지를 말하면서 그
재원조달은 숨기든지 아니면 허구의 비현실적 방안을 내놓는다는
것이다. 국민의 대리인으로서 국민을 속이는 것이다. 지방자치 선거
에서 이루어지는 수많은 공약도 결국은 지역주민이나 국민이 부담
해야 할 몫들이다. 장기 발전계획이라면서 보조금을 따내선 결국 성
과는 없이 부담만 주민들에게 남기는 지방발전 사업, 수입 부풀리
기, 비용 줄이기로 사업의 수익 전망을 조작하여 체육시설, 지방공
항시설 등의 사업을 추진하고서는 나중에 운영비조차 없어 결국 중
앙정부에 손을 벌리는 지방건설 사업, 이 모두가 포퓰리즘이 만든
낭비들이다. 정치인들의 이런 포퓰리즘을 막기 위해 사업이 잘못될
경우 그들에게 개인적 배상을 일부라도 하게 하는 것은 어떨까?

포퓰리즘에 빠지면 독재적 군주를 맞이할 확률이 높아진다. 마키아
벨리는 "로마의 인민들은 지원자들의 능력이 아니라 자신들의 취향
에 따라 집정관을 뽑았다. 즉 적과 싸워 이기는 방법을 잘 아는 사람
이 아니라 인기 있는 법을 잘 알고 있는 사람을 뽑았다"고 한다. 로
마의 역사는 인민이 미워하는 자들을 공격하기 위해 그런 보복을 할
수 있는 사람을 뽑을 경우 그가 무자비한 군주로 변할 수도 있다고
경고한다. 근대에서는 독일 국민이 선택한 히틀러가 바로 그런 군주
라 할 것이다.

정치권의 포퓰리즘경쟁이 민주주의의 의사결정 절차를 통해 이루어진다는 점에서 이에 대한 견제장치는 오직 대중들의 이성뿐이다. 대중의 이성을 일깨워줄 수 있는 것은 지식인들의 담론이다.

현재 보이는 정치 행태는 대중들이 정치인들이 주는 포퓰리즘의 독배를 거부할 만큼 계몽되지 못했다는 것을 보여준다. 4.19혁명, 5.18민주화운동, 6.10항쟁 등 대중들이 민주화의 고비마다 중요한 역할을 해온 것은 사실이다. 그러나 대중들은 의식화, 조직화되어 있는 세력이 아니기에 이해관계에 따라 다기화, 파편화될 수밖에 없다. 우리 정치에는 지역과 이념, 계층에 따라 보이지 않는 감정의 골이 너무 깊게 파여 있다. 이를 이용하려는 정치인의 술책은 언제나 가능하다. 더구나 지금의 사회경제적 이슈들은 대중들이 이해하기에 너무 복잡하고 난해하다. 양식 있는 지식인들의 조언이 없다면 정치적 광설로 대중을 일시적으로 속이기는 쉬운 일이다.

3) 정치 역량을 향상시킬 대안

|

(1) 정치구조의 변혁 : 책임을 묻는 정치

|

① 국회의원 선거제도의 개편

우리 정치의 파벌보스정치, 지역 포퓰리즘 정치, 책임 부재 정치라는 문제의 근원이 소선구 선거제도에 있다는 지적이 있어왔다. 지역 기반의 포퓰리즘이 지역보스 중심의 파벌정치를 가능케 하며, 지역 이익에 매몰되어 중앙정치가 국가 전체의 이익보다 지역 이익을 반영하는 통로로 활용되고 있는 것이다. 또한 소선거구제는 1인 승자독식으로 인해 거대정당에 유리하며 후보 간, 정당 간 경쟁이 극렬화되는 경향을 보인다.

선거제도를 개혁한다 할 때, 지방의 정치는 지방자치단체에 맡기고 국회의원은 중앙정치에 집중할 수 있게 하는 구조가 필요하다. 그런 점에서 현행 제도에서 비례대표 의석수를 늘리는 방안(1안 : 소선거구제 기반 비례대표제 강화)이나 중대선거구제로 선거제도를 변경하는 방안(2안)을 생각해볼 수 있다.

1안으로 비례의석수를 전체 의석의 절반인 150석까지 늘릴 수 있다. 이는 지역구가 광역화되는 것을 의미하는 바, 이 기회에 시군 행정구역의 광역화 문제도 같이 검토해볼 필요가 있을 것이다.

2안에서 당분간 대선거구제는 힘들다고 보이므로 3~5인 선출의 중선거구제를 적극 검토해볼 수 있다. 두 가지 대안 모두 정도의 차이가 있고, 지역구의 광역화로 선거비용이 보다 많이 소요될 위험성도 있지만, UC 어바인대의 마틴 맥과이어(M. McGuire) 교수는 이것이 지역 포퓰리즘을 감소시킬 가능성이 있다고 한다.

다만 비례대표제가 강화되면 이념적 측면에서 다당제화가 촉진되어 대중 포퓰리즘을 증가시킨다는 분석도 있다. 우리 정치에 상호 견제와 협력에 의한 분권화가 불가피한 추세임을 고려할 때 중대선거구제나 비례대표제에 의한 다당제화는 피하기 어려울 것으로 보인다. 다당제는 더구나 우리의 정치 지형이 좌우를 넘어 다양화되는 계기가 될 수도 있다. 제품시장에 롱테일 현상이 나타나듯이, 정치시장에도 대한민국의 정체성이 부정되지 않는 한 다양한 유권자를 만족시킬 롱테일 현상이 필요하다 할 것이다. 다만 다당제보다 양당제가 경제성과에 더 기여한다는 연구조사 결과가 있는 것을 보아 다당제가 이념적 포퓰리즘으로 흐르지 않도록 하는 견제장치 또한 필요할 것이다.

② 공천제도의 변혁

국회의원 선거제가 중대선거구제로 변경되면 소선거구제에서 나타났던 문제는 많이 해소될 것이다. 그러나 이렇게 변하려면 필연적으로 정당공천제에 대한 재검토가 필요하다. 국회의원 선거에서 정당공천의 필요성이 약화될 것이다.

지방자치단체 의회 선거에서는 정당공천제도가 폐지돼야 할 것이다. 소선거구제에서 국회의원들이 정당공천을 통해 지방 선거에 영향을 미친다는 점을 고려할 때 이는 국회의원들의 지역 연결성을 약화시키는 일로 바람직하다 할 것이다.

정당공천제 폐지가 국민들의 변별력 약화를 초래한다는 비판이 있을 수 있으나 이는 유권자에 제공되는 후보정보를 상세화시키고, 잘못된 정보제공을 당선취소 사유로 엄격히 규정하는 것으로 어느 정도 대체할 수 있다고 본다.

③ 국회의원의 책임 강화

국회의원의 책임성을 강화하기 위해 지방자치단체장과 마찬가지로 국민소환제가 시행돼야 한다. 계약이론에 의하면 대리인 문제를 방지하기 위해서는 인센티브를 강화해야 한다. 유권자가 정치인의 행동을 4년간 기억하기는 어려운 점을 고려할 때, 특별한 상황에 있어 인센티브(징벌)라 할 국민소환을 할 수 있도록 하는 것이 대리인 문제를 줄이는 방안일 수 있다.

또한 국회의원의 윤리적 책임을 위해 지금처럼 동료 국회의원들이 윤리 위반 여부와 그 제재를 결정하도록 하지 말고 행정, 입법, 사법의 3부 수장들이 추천하는 인사들로 독립적 위원회를 구성하여 이들이 최종 결정할 수 있도록 관련규정이 개정돼야 할 것이다.

국회의원의 행동에 대해서도 매우 구체적인 윤리 기준을 만들어 시행할 필요가 있다. 부정부패 문제뿐 아니라 의원으로서의 역할에 대해서도 엄격해야 한다. 예를 들어 신임 대통령 정권인수위에 국회의원들이 참여하는 경우가 빈번한데 이는 대통령을 견제해야 할 국회의원의 임무에 비추어보아 적절치 않은 행동이므로, 국회의원의 인수위원회 참여를 금지하는 것과 같은 것이다.

④ 국회 조직의 개편

국회의원이 정당의 권력에 예속되어서는 정치적 민주화가 이루어지기 어렵다. 그런 의미에서 정당 권력의 분권화가 필요하다. 중대선거구제로의 전환이 다당제를 촉진시킨다고 할 때 그런 점에서 분권화가 진전될 수 있는 것으로 보인다.

국회 차원에서 전문성에 기반한 소위원회제도를 활성화하는 것도 필요할 것으로 보인다. 1970년대 미국 의회는 다선들이 분과위원장 등 국회 주요 보직을 독점하는 서열제였는데 개혁파를 중심으로 이런 관행을 타파하고 소위원회제도를 강화함으로써 권력의 분권화를 이룰 수 있었다고 한다. 그 결과 의회 안에서도 민주·공화 양당 간 타협의 기회가 많아졌다고 한다.

우리도 이러한 측면에서 소위원회 중심의 국회 운영을 시도해볼 필요가 있다. 우선 정치인들의 정책 전문성 강화를 위해 분과위원회보다 전문성 중심의 임시 특별위원회를 활성화하여 정책 심의가 이 위원회를 통해 보다 많이 이루어지도록 하는 노력이 필요할 것이다.

아울러 정치적 논리가 정책에 침투하는 것을 투명하게 하려는 노력이 국회 차원에서 필요하다. 정책 논의의 범위와 절차를 보다 세밀히 규정하는 것은 물론 의원들의 비공식적 각종 주요 정책 논의 자료까지 기록물로 보관하는 노력을 해야 한다.

또 하나의 대안은 직접민주제의 도입을 확대해보는 것이다. 국민과 정치인 사이의 계약은 불완전한 암묵적 계약일 수밖에 없다. 불완전

계약의 해결방안은 문제 발생 시 누가 주도적으로 결정권을 가질지를 미리 정해놓는 것이다. 다행히 이제는 직접민주제의 비용이 무척 낮아졌다. 기술발달로 블록체인 기반의 직접 비밀투표가 가능해지고 있으므로 갈등이 큰 중요 사항들에 대해 유권자 의사를 직접 물어보도록 하는 것도 하나의 방법일 것이다.

(2) 정치 리더 만들기 : 믿음을 주는 정치

① 정치 리더의 신뢰

우리 정치인들은 정치에 대한 비판이 커지면 제도로 책임을 돌리려 한다. 그러나 이런 제도 탓은 사실 저개발국에서나 맞는 이야기이다. 브라질 FGV대학의 카를로스 페레이라(C. Pereira) 교수는 정치 제도가 신생 민주주의에서는 중요하지만, 민주주의가 성숙되면 그 중요성이 떨어진다고 한다.

정치가 제대로 되려면 제도보다 정치인의 자질이 더 중요하다. 아무리 좋은 제도도 이를 악용하려는 정치인 앞에서는 무용지물이기 때문에 정치인의 성숙이 무엇보다 중요한 것이다. 성숙하다는 의미는 강요나 유인이 없어도 그만큼 믿을 수 있게 말하고 행동한다는 의미다. 신(信)을 파자해보면 사람 인(人) 변에 말씀 언(言)이다. '사람의 말을 지키는 것이 곧 신뢰를 얻는 지름길'이다. 예로부터 신뢰는 만사의 근본으로 여겨져왔다. 일찍이 무신불립(無信不立)이라 하였다.

'믿음이 없으면 살아나갈 수 없다'라는 뜻의 이 말에서 공자가 가장 중시한 것은 백성의 믿음이었다. 국민들에게 믿음이 없다면 사회는 발전의 동력을 만들어낼 수 없다.

문제는 과연 어떻게 국민들 사이에 사라진 믿음을 만들어낼 것인가 하는 것이다. 이는 정치 지도자들이 할 일이다. 신뢰는 그들이 솔선수범할 때 시작될 수 있다. 그들이 솔선수범하지 않는데, 국민들 사이에 믿음이 만들어지기를 기대할 수 없다.

우리가 이 시대를 위기라고 할 수밖에 없는 것은, 권위주의 시대 이후 민주주의 시대에 이런 믿고 따를 리더, 리더다운 리더가 나타나지 못하고 있기 때문이라 하겠다.

② 정치 리더의 각성

보수와 진보의 이념적 색채가 선거에서 중요한 영향변수로 자리 잡고 있다. 그러나 스웨덴 고텐버그대학의 스테판 달버그(S. Dahlberg) 교수는 국가가 잘되려면 이러한 이념변수보다 정부가 얼마나 효과적으로 운용되느냐 여부가 중요하다고 한다. 공정하고 효과적인 정부 시스템이야말로 어느 정치보다 중요한 것이다.

누가 리더가 돼야 하느냐 하는 것도 리더들 자신이 '기본에서 다시 생각해야' 한다. 지도자가 되려는 사람은 진정 이 사회의 오케스트라를 지휘할 통찰력이 있는지 성찰하는 것부터 해야 한다. 국민들도 과연 누구를 지도자로 뽑고 있는지 그 성찰을 먼저 해야 한다.

스스로 지도자라 칭하며 성찰하기를 게을리하는 사람들은 모두 역사에 죄를 짓고 있는 것이다. 자신만이 이 세상을 바꿀 수 있다고 약속했던 이 나라의 대통령들은 그래서 역사에 죄를 지은 사람들이다. 그들의 꿈은 항상 창대하였지만, 어떤 때는 당동벌이(黨同伐異 : 다른 무리의 사람을 무조건 배격하는 것)로, 어떤 때는 방기곡경(旁岐曲逕 : 일을 그릇된 수단을 써 억지로 하는 것)으로, 어떤 때는 혼용무도(昏庸無道 : 지도자로 인해 나라가 온통 어지러운 것)라는 평가를 들어야 했다. 전직 대통령을 구속할 수밖에 없는 지금의 이 참담한 역사적 현실 앞에 과연 또 무슨 말을 할 수 있는가?

③ 정치 리더의 교육

리더다운 리더는 하늘에서 떨어지지 않는다. 조선 시대에는 조정의 예비 리더인 선비들에게 그래도 리더십 공부가 있었다.

인(仁), 충서(忠恕), 극기복례(克己復禮)의 공부로 자신의 심성을 닦고, 수많은 역사적 사례에서 세상을 다스릴 지혜를 배우는 것이 그들의 공부였다. 비록 많은 경우 이상과 현실은 달랐지만, 그들의 머릿속에는 응당 사회에 대한 고민이 들어 있었다.

그러나 지금의 시대에는 아예 이런 교육이 사라졌다. 리더십교육 한 번 받지 않고 리더가 되는 것이 요즘 세상이다. 유능한 관료를 길러내도 유능한 정치인이 없으면 국가에 희망이 없는 법이다. 정치의 기술자는 있지만, 정부의 기관장은 있지만, 리더다운 리더는 없는 것이다. 그러니 곳곳에서 '리더의 참상'이 벌어지는 것이다.

시민교육과 구별되는 정치 리더의 양성교육이 절실하다. 일본의 마쓰시다 정경숙, 독일의 연방정치교육원 등이 참고 사례가 될 만하다. 이러한 기관의 정치적 중립화가 문제라면 국회 내에 설립해 여야의 감독체제하에 두는 것도 대안이 될 것이다.

(3) 공론장의 변화 : 이성과 품격의 정치

|

민주주의 국가의 의사결정 능력이란 종국적으로 국민의 의사결정 능력이다. 민주주의는 불특정 다수의 국민 목소리를 반영하는 시스템이고, 민주주의에서 국가의 갈 길을 결정하는 것은 여론이다. 그러기에 민주주의 국가에서 의사결정이란,

① 감정이 아닌 이성에 의한 결정이 되도록 특별한 주의가 필요하다. 합리적 결정을 하려면 이성적이어야 한다. 민주주의가 다수결에 의한 의사결정이라는 것은 그 사회가 합리적 이성을 존중하는 사회임을 전제로 한다.

이성이 발전하지 못한 나라에서 민주주의가 작동하려면 그만큼 제약이 따르는 법이다. 공론장의 중요성은 일찍이 고대 그리스 시대부터 알고 있었다. 민주주의가 꽃을 피울 수 있는 것은 공론장의 담론에 이성과 품격이 넘쳐날 때다. 이런 점에서 특히 관심을 가져야 할

것이 공론장의 숙의(熟議) 역량이다. 권위주의 시대에는 참여만으로도 의미가 있었으나, 백가쟁명이 표현될 민주주의 시대에는 숙의성이 강조될 수밖에 없다.

최근의 촛불집회는 우리 사회에 공론장의 문제를 본격적으로 제기했다. 그러나 현재의 모습이 문제인 것은 그것이 국회나 정당, 언론 같은 공식 정치기구의 '역할 실패'의 결과이기 때문이다.

이는 우리의 제도정치가 정부 감시자로서의 역할을 하기 어렵다는 것을, 사회적 갈등의 조정자로서 역할을 하기 어렵다는 것을, 그리고 국회의원들이 더욱 더 유권자의 이해관계에 매몰되기 쉽다는 것을 의미한다.

그런 의미에서 한국사회의 숙의성은 아직 갈 길이 멀다 할 것이다.

국민은 과연 무엇부터 시작해야 하는가? 첫째, 좋은 정치를 위한 비용을 지불할 각오를 해야 한다. '권리 위에 잠자는 자'들로 넘쳐나서는 민주주의가 작동될 수 없다. 대중에게 공심(公心)이 살아나야 하고 과연 자신이 사회 문제의 비용·편익을 제도로 보고 있는지도 점검해야 한다.

진영논리에 휩쓸리지 않고 자신의 주관을 세우겠다는 비용, 바쁘더라도 투표장에 가는 비용, 정치인들의 행동을 자신의 기억 속에 살아남도록 하는 비용, 문제 있는 정치인은 소환하겠다는 비용 등을 감내할 의지를 가져야 한다. 즉 공론장의 담론을 보다 고품질로 높이고, 한편 그 담론을 행동으로 바꾸는 정치문화를 만들어야 하는 것이다.

카틱 라마나(K. Ramanna) 교수는 필요하다면 일반 대중들의 합법적인 집단행동도 있어야 하고, 외부 전문 지식인들의 조언에 귀기울이는 노력도 해야 한다고 한다. 대중의 이런 비용 부담의 결기가 없다면 아마 정치는 바뀌지 않을 것이다.

둘째, 중도층의 중요성을 인식해야 한다. 그들은 보수와 진보의 논리에 휩쓸리지 않는다. 그들은 어느 편에 대해서도 비판적 견해를 가진다. 선거에서도 어느 편에 쉽사리 휩싸이지 않는 부동층의 역할을 하기에 그들이 누구를 지지하느냐에 따라 사실상 승리자가 결정된다. 그들은 선거에서 최선보다는 최악의 선택을 배제하는 중요한 역할을 한다. 그런 점에서 그들이 가진 중용의 지혜는 사회적 합리성을 확보하는 중요한 밑거름이 된다.

② 다수의 다양한 의견이 합리적으로 반영되는가를 지속적으로 점검해야 한다. 권력자 한 사람의 의견이 전체의 의사결정을 지배하는 전제적 의사결정을 막을 수 있어야 한다. 존 스튜어트 밀이 걱정한 다수의 횡포가 일어나는지도 경계해야 한다. 여론 주도자들은 국가의 결정이 조화와 균형을 이룬 가운데 장기적으로 지속가능한 품격 있는 결정이 되도록 여론을 형성할 도덕적 의무가 있다는 것을 인식해야 한다.

다수 속의 견제와 균형이 필요하다. 그런 점에서 민주주의의 형식이라고 무조건 안심하고 있을 수는 없다. 다양한 다수의 참여는 대중의 지혜를 가져올 수 있다. 사회의 모든 결정에 있어 다수의 목소리를 들을 수 있도록 참여와 소통을 일층 조장하는 것은 중요한 일이다. 그 참여는 어느 특정 한 부분의 의견만이 아닌 다양한 분야의 전문성이 반영될 수 있도록 하는 참여여야 한다.

미국의 헤리티지재단이나 브루킹스연구소같이 국가의 각종 주요 이슈들에 대해 학자, 전직 관료, 민간 전문가들이 모여 깊이 있는 토론을 하는 독립적인 싱크탱크도 세울 필요가 있다. 정책의 합리성은 이렇게 다학제적 전문성이 투영될 때 높아지는 것이며, 이는 정책이 정치적 합리성뿐 아니라 사회적, 경제적 합리성을 높이는 과정일 수 있다.

③ 다수결의 원칙이 확실해야 한다. 물론 소수의 의견을 마지막 순간까지 배려하려는 노력을 보이는 것은 중요한 일이다. 그러나 민주주의에서의 의사결정은 항상 제약조건이 있는 흠결 있는 결정이라고 보아야 한다.

세상의 모든 사람을 만족시키는 좋기만 한 결정이란 없다. 누군가 손해를 봐야 하고, 주어진 급박한 시간 내에 결정을 내려야 하는 위험한 것이다. 그러려면 다수결의 원칙이 살아 있어야 한다. 다수를 설득하지 못하는 합리성은 실패한 합리성이라는 인식이 필요하다. 민주주의가 최선을 선택하는 과정이 아니라 최악을 배제하는 과정이라는 것을 기억해야 할 것이다. 그런 점에서 상대의 발목을 잡기 편한 '국회 선진화법'은 누가 정권을 잡든 고쳐져야 한다.

정부의 능력이
국가경영의 바탕이 된다

1) 경제발전과 정부 역량

(1) 경제성장과 한국정부

한국경제의 압축성장을 가능케 한 요인으로 가장 많이 회자되는 것은 정부의 역할이다. 산업화의 길을 연 '권위적 자본주의' 모델은 박정희식 통치 모델과 연관되어 있다. 권위주의는 톱다운의 힘으로 효율성을 만들어낸다. 대통령의 권위는 강력했고, 정부의 역할은 광범하였으며, 관료에 주어진 성장목표와 우선순위는 명확하여 그들에게는 고속승진과 안정된 직장이라는 당근이 주어졌다. '명확한 비전-권위주의 리더십-정부 주도-명령·지시-조정·통제 용이-강력한 유인제도'의 틀이 이 모델의 정부 운영 메커니즘이었다.

그러나 과거의 대통령 권위에 의존한 리더십, 자의적이며 투명성이 낮은 의사결정 구조는 이제 정부 시스템의 실패를 야기하는 요인으로 바뀌었다. '민주화-규제행정 지속-지적 역량 취약-시민욕구 분출-리더십 취약-정책조정 능력 취약-사회갈등 확산'이라는 시스템 실패가 일어나는 것이다. 그래도 비교적 오래 이 '권위적 자본주의' 모델이 명맥을 유지할 수 있었던 것은 대통령 중심제라는 권력 형태와 권위주의 문화 덕분이다.

그러나 이제 '권위적 자본주의' 모델은 그 수명이 다했음을 알리고 있다. 정부의 역량은 민간의 역량에 압도되고 있고, 정부의 정책은 민간을 선도하기보다 종종 장애로 작용하고 있다.

우리는 이제 '민주적 자본주의'로의 도약을 이루어야 한다. 문제는 이 민주적 체제에서도 과연 국가의 발전 역량이 유지될 수 있느냐 하는 것이다. 민주주의가 대통령의 절대 권력 약화, 국회의 위상 강화, 시민사회의 성장과 함께 정부의 위축을 의미하기 때문이다. 이는 지금까지 발전 역량의 주체였던 정부를 대체할 새로운 힘의 조직화를 요구하는 것이고, 또한 우리 사회의 행동주체들의 전과 다른 책임과 도덕 능력을 요구하는 일이다.

(2) 시장과 정부

시장과 정부의 관계는 전통적인 숙제이다. 지난 30여 년 신자유주의에 대한 논란도 이런 정치, 정부, 국민의 역할에 대한 논란이었다.

전통적으로 주류 경제학은 '모든 조건이 동일하다면'이라는 가정 속에 시장을 시장 참여자들의 합리적 선택에 의해 움직이는 지극히 기계적 시스템으로 이해한다. 그들의 가정은 경제학이 인간의 세상을 보는 사회과학이 아니라 자연의 현상을 보는 자연과학이기를 원한다. 그러나 이러한 시장에 대한 가정은 현실과 동떨어진 가정이다.

정작 애덤 스미스는 '시장이 자유방임이어야 한다'는 도그마를 말한 적이 없다. 시장을 합리적이라 가정하는 경제학자들을 보며 아시아인 최초로 노벨경제학상을 받은 아마르티아 센(A. Sen) 교수는 '합리적 바보'라고 불렀다. 시장은 인간의 비합리성과 제도와 문화의 영향이 녹아 있는 곳이다. 시장은 비합리적인 인간들의 게임이며, 그곳은 수많은 시장실패가 일어나는 곳이다.

사기와 결탁의 불공정한 게임 속에 빠질 때, 그리고 서로에 대한 불신으로 '죄수의 게임'인 교착 상태에서 벗어나지 못할 때, 그런 때에는 언제나 새로운 질서를 찾아줄 안내자가 필요한 법이다. 맨슈어 올슨의 말대로 한다면, 질서가 없으면 무정부 상태가 되고 그러면 도적떼가 설치는 법이다. 올바른 게임규칙을 만들고 질서를 지키게 하는 것이 정부의 역할이다.

(3) 시장과 정부 역량

시장경제라 해서 시장과 정부가 서로 적대적일 필요는 없다. '시장 대 정부'가 아니라 '시장과 정부'이다. 문제는 이 양자가 어떻게 해야 서로 보완적일 수 있느냐 하는 것이다.

　자본주의의 적은 공산주의가 아니라 관료주의라는 말이 있다. 시장 시스템을 정부 시스템이 대체하면서 공정한 질서를 만들지 못한 정부 관료주의의 대참사가 공산주의의 붕괴였다. 선진경제들은 시장지향적 정부라는 분명한 목표를 가지고 있다.

　맨슈어 올슨은 '경제가 번영하려면 계약의 이행을 보증해주고, 여러 유형의 강탈 행위들을 방지해주는 정부가 필요하다'고 하며 시장확장적 정부를 주장한다. 그는 시장과 정부의 보완적 기능과 서로 다른 역할에 주목한다. 그는 정부의 역할을 자발적이고 신뢰에 기반한 시장거래를 촉진할 게임규칙을 만들고 실행하는 제도의 제정자로 이해한다. 이는 '권리존중형 정부를 가진 민주주의 국가에서 달성'될 수 있다. 이렇게 시장과 정부가 각자 제 역할을 하는 것이 경제번영의 길인 것이다.

　앞으로 다가올 제4차 산업혁명 역시 친(親)시장적 정부를 요구한다. 혁신이 이루어지려면 자유와 경쟁이 필수이기에 정부보다 시장에 방점이 찍힐 수밖에 없다. 그러나 시장과 정부의 조합을 어떻게 만들어내느냐는 것은 정부의 역량이다. 정부의 역량은 시대에 따라, 국가에 따라 다를 수밖에 없다. 세계화된 경제 또한 정부들 간 역량의 경쟁을 요구한다. 세계화로 자원, 상품, 서비스, 기업의 이동이 보다 자유로워지면서 이동할 수 없는 정부 역량이 더욱 부각되는 것이다.

　시장경제의 정부는 정책입안자가 아닌 조력자여야 한다. 규제를 하더라도 시장친화적 규제를 할 줄 아는 안목, 시장을 믿고 기다릴 여유, 조력할 때를 가릴 줄 아는 신중함이 필요하다. 좋은 정부 거버넌스를 가진 경제가 더 적극적으로 미래를 준비하고, 더 기민하게 위기에 대응하는 법이다. 한국경제가 지금 당면한 복합적 위기를 극복할 수 있느냐는 것도 결국 정부의 역량에 달려 있다.

2) 한국정부의 역량을 저하시키는 요인들

민주주의에서 경제번영은 능력 있는 정부와 함께할 때 가능하다. 우리의 역대 정부들은 언제나 자신과 의욕에 불타 있었다. 그들은 언제나 국민에게 희망과 낙관을 말하고자 한다. 하지만 국민이 느끼는 것은 실망과 비관이었다.

국민이 주인이고 관료는 그 대리인이어야 하나 현실은 그 반대일 때가 많다. 국민은 정보의 열위에 있고 현실적 권한이 없어 대리인을 감독할 수 없다. 대리인 문제는 정부의 실패를 초래하기 쉽다. 정부를 담당하겠다는 사람에게서 정부를 운영하고 관리할 신념과 지식과 노하우가 보이지 않는 것이다. 거의 모든 정부가 실패할 수밖에 없는 것은 이런 역량의 부족 때문이다.

국가 운영은 혼자 하는 것이 아니고 국민과 함께 하는 것이고, 관료들이 움직여야 할 수 있는 것이다. 정부의 실패에는 대통령의 실패, 관료의 실패, 국민과의 소통 실패라는 우리가 쉽사리 치유할 수 없는 문제가 있다. 이제 우리가 할 것은 정부의 권한과 범위를 확장하는 것이 아니라 정부의 이런 역량의 실패를 고치는 것이어야 한다.

(1) 제왕적 대통령제, 무능한 정부의 시작

① 만기친람(萬機親覽)하는 권력

대통령의 실패는 국가의 실패이고, 국민의 실패이다. 한국에서 대통령이 실패하는 것은 그가 가진 욕망과 현실의 이중구조 때문이다.

한국의 권위주의 문화가 그에게 제왕을 꿈꾸게 하지만, 현실은 그를 실패로 유도하고 있다. 대통령이 되면 나름대로 똑똑하다는 참모들의 헌신적 보좌를 받게 되고, 그에 둘러싸이다 보면 대통령은 자신이 세상에서 제일 잘 아는 사람이라는 착각에 빠지기 일쑤다. 역대 대통령의 참모들이 퇴임 후 한 말이다.

대통령이 자신에게 최고의 역량, 최고의 권력이 있다고 느끼면 과연 어떻게 될까? 본래 자신을 극기복례(克己復禮)하는 사람이 아니라면, 아마 십중팔구 만기친람의 명령형 리더가 될 것이다. "해야 하지 않을 일을 하지 않는"(無爲其所不爲) 절제가 사라지는 것이다. 정치는 사라지고 통치가 들어서게 되는 것이다.

견제가 작동하지 않는 대통령제가 무서운 것은 이런 심성적 타락이 누구에게라도 일어날 수 있기 때문이다. 그렇게 되면 그에게 들어가는 정보는 편향된 정보로 각색될 것이고, 그에게 전해지는 건의는 환심을 사기 위한 아첨이 될 것이다.

대통령 자신은 그렇지 않게 생각하더라도 그의 마음이 아첨에 흔들리는 이상 눈치 빠르고 머리 좋은 부하들은 이 틈을 놓치지 않을 것이다. 지록위마(指鹿爲馬), 사슴을 보고도 말이라 할 것이다.

이렇게 되면 대통령은 수많은 참모들의 집단지성은 외면하고 몇몇 아첨하는 참모들의 역량에만 의존하게 된다. 대통령이 이럴 경우 문제인 것은 그가 모든 권력의 정점에 서 있기 때문이다. 즉 검찰, 국세청, 정보기관, 치안, 공정위, 감사원 등의 권력기관을 동원할 수 있을 뿐 아니라 여당의 공천에까지도 영향력을 행사할 수 있기 때문이다.

이런 대통령이기에 모든 사람들은 대통령 또는 대통령과 가까운 부하 또는 실세에 미리 알아서 기는 행태를 보인다. 대통령이 특정 참모나 비선의 말을 잘 듣는다는 이야기가 들리기 시작하면 외부기업이나 이익집단들은 그것을 귀신같이 알고 그들에게 접근할 것이고, 관료나 정치권은 알아서 그들의 말을 들을 것이고, 권력기관들은 그들의 행태에 눈을 감을 것이다.

그렇지만 대통령의 현실은 그렇게 녹록치 않다. 대통령이 받는 보고서에 정작 그가 알아야 할 문제는 없을지 모른다. 대통령은 또한 국회와 언론의 견제를 받아야 하는 사람이고, 그러기에 대통령으로 성공하기 위해서는 야당의 협조, 언론과 국민의 협조가 필수적이다. 대통령의 국정 운영에 문제가 있다고 느껴지는 순간 이런 야당과 언론은 비판적이 될 것이고, 대통령의 영향력은 급속히 떨어지기 시작할 것이다. 특히 여소야대 상황이 되면 대통령의 역할은 치명적 위험에 빠지게 된다. 문제는 이런 한계를 대통령이 깨닫지 못하고 계속 권력적 욕망에만 사로잡힐 때이다.

욕망과 현실의 불일치는 대통령을 무기력하게 만들기 십상이다. 즉 대통령의 '권력 현실에 대한 착각'으로 인해 그 자신의 파국이 시작되는 것이다. 이런 징조에 빠르게 대처하지 못하면 그것은 국가의 불행으로 발전될 것이고, 경제에도 심각한 위협을 가할 것이다. 역대 대통령들의 실패 드라마는 이런 시나리오 때문에 쓰여진 것이다.

② 국장급에 불과한 장관

요즘 장관은 옛날 국장만도 못하다는 말이 있다. 그만큼 장관의 위상이 떨어졌다는 이야기다. 청와대 비서실과 장관과의 관계는 그동안 정치적 민주화에도 불구하고 권력의 추가 점점 더 청와대로 기울어져온 상황이다.

대통령이 만기친람하려 하면 할수록 청와대의 힘은 커지고, 청와대 힘이 커질수록 장관의 힘은 빠지기 마련이다. 오히려 군사정부 시절이 지금보다 더 청와대 수석과 장관 간에 권력의 균형이 유지되었던 것으로 생각된다. 장관이 직접 대통령에게 보고할 기회도 많았고, 부내 인사에도 장관의 권한이 인정됐다. 그러나 근래에는 국장 인사조차 장관 마음대로 못하였다고 한다. 최근 좀 길어졌다고 하나 장관들의 임기 또한 단기이다 보니 자신의 정책 비전을 펼 수도 없다.

1년만 지나면 주변에서 오래 했다 하고 자신도 떠날 생각을 한다.

민주화가 진행되면서 장관이 눈치 보아야 하는 사람들만 잔뜩 늘었다. 청와대뿐 아니라 감사원, 정보기관, 국회의원, 언론, 시민단체 등 다양한 기관들의 눈치를 살펴야 한다.

장관들의 생존철학이 청와대가 시키는 일만 하기, 부처 간 갈등 일으킬 일 하지 않기, 야당 반대할 일 하지 않기, 임기 내 성과를 낼 일 위주로 하기 등이라고 할 정도다. 그만큼 장관이란 자리가 의미 없어졌단 이야기다. 이러니 장관은 국가의 전략가라기보다 대통령의 명을 받드는 행정가로 자기 자신을 자리매김하려 든다. 그것이 오히려 자신의 관직의 명을 길게 하는 방법이라는 것을 안다. 그에게는 권한이 없다.

조직이 작동하려면 리더가 정확히 목표를 규정하고 그것을 위한 선택을 해야 한다. 권한을 갖고 있지 못한 것으로 비쳐지면 부하들이 이를 알 수밖에 없고 리더의 영(令)은 서지 않는다. 이런 상황에서 잘못 나서다가는 책임질 일만 많고 눈치 없는 사람이 된다. 그러니 '장관이 되고 나니 할 수 있는 건 사과, 사죄, 사퇴뿐이더라'라는 고백이 나오는 것이다.

③ 철학과 원칙의 위축

언론으로부터 공무원에겐 영혼이 없다는 소리를 자주 듣는다. 정권이 바뀌면 전에 말하던 논리하고 다른 논리를 설파해야 하는 것이 관료의 운명이니 이런 비판을 피할 수가 없다.

언론의 이런 표현에 다소 과장이 있다 하더라도, 우리의 관료문화가 병들어 있다고 느껴지는 것은 철학과 원칙이 경원시되는 분위기가 관료사회에 있기 때문이다. 우리의 만기친람식 제왕적 대통령제가 이런 분위기를 촉진하고 있다. 대통령 말이면 자신의 철학과 원칙을 팽개치고 따라야 하는 것이다. 영혼 없다는 소리를 들어도 굴신하는 것이 자신의 공직 수명을 길게 하는 것이다. 그 대표적인 사례가 블랙리스트와 관련된 근래의 문체부 사태라 하겠다.

자신의 말을 안 듣는다고 목을 치는 사례는 그래도 과거에는 찾아보기 어려운 일이었다. 그나마 지켜온 관료 조직의 근간을 무너뜨리는 일이기 때문이다. 관료에는 관료로서의 혼이 있어야 한다. 관료 자신의 철학과 원칙이 없으면 이익집단, 압력집단, 이념집단의 논리에 휘둘리기 마련이다. 포퓰리즘을 막을 길이 없어지는 것이다. 세상은 점점 더 복잡해지고 불확실성은 높아가고 있다. 이런 세상에 그래도 중심을 잡아줄 조직은 관료 조직뿐이다. 이마저 허물어버린다면 그 누가 이 폭풍우 치는 바다로 나가려 할 것인가?

(2) 인사의 정치화, 관료 시스템을 무너뜨리다

|

① 정치권의 영향력

국가경영에는 사람, 정책, 시스템의 3박자가 맞아야 한다. 그중에서

도 사람이 결국 나머지를 지배한다. '인사가 만사'라고 한다. 국가
운영에서 그만큼 인사가 중요하다는 의미다. 그런 인사에 정부의 문
민화 이후 정치권의 영향력이 점점 더 강화되고 있다. 어찌 보면 정
치적 민주화의 당연한 결과라 할 것이다.

정치의 근본 동기는 본디 권력에 있고 그 권력은 권한을 행사하고자
하는 것이며, 정부에 미칠 권한 중 가장 확실한 것이 인사에 개입하
는 것이기 때문이다. 인사권은 선거 승리자가 가지는 전리품이고, 이
것을 어떻게 활용하느냐가 사실 권력유지의 기반인 것이다. 정치의
민주화는 그런 의미에서 우리 정부에 인사의 정치화라는 숙제를 던
져주었다. 민주화 이전에는 그런 정치적 영향에서 어느 정도 단절돼
있던 정부 인사에 광범위한 정치 오염이 일어나기 시작한 것이다.

관료에게 인사는 절대적 영향력을 가진다. 관료들에게 가장 중요한
것이 보직과 승진이고, 그래서 인사권 앞에 한없이 약한 것이 관료
의 현실이다. 조지프 슘페터는 정부는 충성스럽고 훈련된 직업 관료
들에 의해 운영돼야 하며 이들의 승진, 채용, 해고에 정치인들이 개
입하면 안 된다고 했다. 정치의 정부 인사 개입이 일어나는 경로는
음성적이기에 외부에서 파악하기 어렵다. 그러나 합리적 추론을 해
보면 청와대와 외부 정치 실세가 그 중심에 있을 수밖에 없다.

② 청와대 비서실의 영향력

우선 청와대 참모 조직에 의한 영향이다. 대통령은 최종적인 인사권

자이고, 이런 대통령 보좌를 위하여 인사수석실이 있다. 인사수석제는 2002년 필자도 참여하여 쓴 『대통령의 성공조건』이란 책에서 제시된 아이디어를 노무현 정부가 수용한 제도다. 그 취지는 사실 대통령 인사권 행사에 전문성을 도입하자는 것과 함께 인재를 광범위하게 발굴하여 평시에 인재의 풀을 만들어놓자는 것이었다. 그러나 이후 운영되는 것을 보면 인재풀을 넓히는 데는 관심이 없고, 인사권 휘두르는 데에만 관심이 있었던 것이 아닌가 하고 생각된다.

인사수석실 신설 이후 청와대가 개입하는 인사 범위가 대폭 늘어났고, 장관들의 인사권은 위축되는 상황이 발생했다. 장관들은 심지어 자기 부처의 인사에서도 허수아비라는 이야기를 들어야 했다. 산하기관의 인사도 과거에는 대부분 장관과 청와대 담당 수석과의 협의에 의해 이루어졌다면, 근래에는 청와대 인사수석실과 민정수석실이 추천 또는 검증과정을 통해, 그것도 하다못해 공기업 사외이사까지, 실질적으로 인사권을 행사한다고 할 정도로 인사 간여 정도가 깊어졌다. 이는 대한민국의 모든 공적 인사가 한 사람의 손에 달린 것 같은 고도로 위험한 상태가 되는 것이다. 상황이 이러니 보수와 진보의 이념 코드 개입도, 숨은 실세들의 개입도 그만큼 쉬워지는 것이다.

③ 정치 실세의 영향력

어느 정부나 정치 실세들은 있기 마련이다. 대통령의 권력이 막강하면 할수록 이는 피할 수 없는 현상이다. 가신, 만사형통, 비선 실세라는 말처럼 세간에 그런 사람들이 영향력이 회자되다가 대통령 임기 말이 되면 항상 그런 사람들의 실태가 드러난 것이 그동안 한국 정치의 경험이었다.

장관이 취임하자마자 하는 말이 '인사 청탁하는 사람에게 불이익을 주겠다'는 공언이지만, 그 말이 지켜진 사례는 보지 못했다. 잘못하면 그 자신이 물러나야 하기 때문이다.

정치 실세들은 정부 내 인사뿐 아니라 공공기관장, 심지어 민영화된 민간기업의 인사에까지 영향력을 행사했다. 퇴임 공직자들이 가는 자리로 알려졌던 공공기관의 낙하산 자리들이 선거의 전리품으로 여겨지며 정치권 인사들로 채워졌다. 공공기관에의 낙하산 인사를 방지하겠다고 기획재정부가 만든 '공공기관 운영관리법' 제정 이후 오히려 정부의 통제와 낙하산 인사가 더욱 확산, 심화되었다는 생각이 든다.

공공기관의 인사를 보면 겉으로는 인사추천위원회를 만들어 객관성과 공정성을 담보하는 듯 보이나 그 이면에는 정치권의 줄 대기와 영향력, 정부의 직간접적인 지침 등이 작용하고 있는 것이 현실이다. 그러기에 인사 논란은 그동안 정부 비판의 단골 메뉴가 되어왔다. 가신정치, 코드정치, 캠프정치는 이런 인사의 영향력이 있기에 가능했던 것이다.

장관보다 청와대나 숨은 실세가 실질적 인사권자라는 것을 알게 되였을 때 관료들이 할 수 있는 것은 무엇인가? 아마도 그 실질적 인사권자, 즉 인사에 영향을 미칠 수 있는 실세를 찾아 나서는 일일 것이다. 문제는 이런 인사가 국가경영에 참사를 초래할 확률이 크다는 것이다. 당사자의 능력 여부는 차치하고라도, 임명의 정당성이 취약하니 낙하산 인사는 정치적 실세뿐 아니라 노조와 직원에 영합하기 쉬운 것이다.

④ 인사의 폐쇄성

KDI는 2013년 한 보고서에서 우리 공무원 임용제도의 폐쇄성이 스페인, 프랑스에 이어 3위라 하며, 이러한 폐쇄성으로 인해 다른 선진국들보다 부패 정도가 심하다는 문제를 지적했다. 즉 공직에서 전임자와 후임자들의 긴밀한 인맥관계 형성으로, 기업이나 로펌들이 퇴직자를 고용하여 로비창구로 활용한다는 것이다. 물론 퇴임 후 재취업 제한규정이 있기는 하지만 여러 편법이 가능하다는 것이다.

정부는 공직인사의 개방화를 추진하여왔다. 지난 2000년에는 민간인 채용을 위한 개방형 임용제도도 도입하였다. 그러나 이 모든 제도가 유명무실하다는 데 문제가 있다. 인사의 개방화는 우리의 정부 인사제도와 관료문화의 근간에 관한 것으로 매우 본질적 문제라고 생각된다. 실효성 있는 개방체제를 만들려 한다면 관료체제 전반의 보다 종합적이고 심층적인 대책이 있어야 할 것으로 보인다.

(3) 단기 업적주의, 정부성과를 저해한다

① 짧은 보직 임기

한국의 관료들은 순환보직제하에 있으며, 한 자리에의 봉직기간은 1~2년 정도에 불과하다. 이는 관료들의 정책 수명이 단기화할 수밖에 없음을 의미한다.

자신의 임기 동안 성과를 볼 수 있는 것을 찾다 보니 장기적이고 근본적인 대책을 추진할 수 없다. 거기에다 장관까지 자주 바뀌고, 장관이 바뀌면 전임자가 추진하던 일을 뒤엎는 일부터 하니, 마음 놓고 장기적인 정책을 추진할 수도 없다. 나중에 모든 책임이 자신에게 돌아오기 때문이다. 그러니 정부 내에 정책 역량, 지식 역량이 쌓이는 것이 없고, 문제가 생기면 언제나 처음부터 다시 시작해야 하는 상황이 되는 것이다.

② 짧은 대통령 임기

5년 단임의 대통령 임기 또한 관료들을 단기 업적주의에 빠져들게 만드는 요인이 된다. 임기 내 당장 효과가 날 것만, 보여주는 데만 초점이 맞춰지니 결과적으로 이벤트와 홍보만을 좇는 정부라는 비판을 듣게 된다. 영민한 관료는 처음부터 그런 정책들이 대통령 임기가 끝나면 사라진다는 것을 알고 있기에 그의 최선의 선택은, 가능한 한 정책의 매몰비용이 적도록, 하는 시늉만 하는 것이다.

국민 역시 이러한 정부의 체질을 알기에 녹색성장, 창조경제 같은 정부의 슬로건이 내걸릴 때마다 냉소를 보낼 수밖에 없는 것이다. 율곡은 나라가 "실효에 힘써야 한다"고 했다. 등소평의 흑묘백묘론도 실효를 강조하는 것이다.

③ 성과의 관리

모든 조직에서 성과관리는 중요하다. 성과를 평가하고, 구성원을 교육하고, 그들에게 성과에 따른 승진을 시키고 금전적 보상을 하는 것은 조직이 해야 할 일이다.

목표의 구체성, 평가의 공정성, 평가 결과와 보상의 연계 등은 모든 조직에 필요한 일이다. 국제적 컨설턴트의 한 논문은 조직이 성과를 제대로 챙기지 않기 때문에 문제라 한다.

우리의 정부 시스템과 관련해서도 그동안 성과관리 문제가 지속적으로 지적돼온 바 있다. 성과관리가 되려면 성과 중심의 문화가 있어야 한다. 그러나 우리 정부는 실질적 성과를 내기보다 보여주는 데 골몰하는 모습이다. 실질성과를 내려면 장기적이고 일관성 있는 노력이 필요하다. 그 노력은 고통의 과정이다. 고통을 피하려는 마음이 타성과 안주를 낳는다. 생색내기, 보여주기로 자신을 포장하려 든다. 중앙정부, 지방정부 모두 빨리 성과만 보여주려 하니 모든 것이 수박 겉핥기가 될 수밖에 없다. 정책은 재탕삼탕하기 일쑤고, 개혁은 바꾸는 시늉하다 그만두기 일쑤다. 그만두어도 누구 하나 탓하는 사람이 없다. 그러니 정부가 하는 일에 제대로 된 해결책보다 임시 대중요법으로 여론 눈치 보는 일이 많은 것이다.

성과관리란 단순히 원가절감한다고 되는 일이 아니다. 그것은 목표부터 도전적이어야 한다. 우리 정부도 1999년 목표관리제를 도입하고 성과관리를 위해 노력한다고 했다. 그러나 공공기관들이 성과급 도입 하나 갖고 노사 간 몸살을 앓고 있는 것이 우리의 현실이다. 또한 우리의 조급증이 목표설정과 그 관리에 실수를 만들어내고 있다. 조급하니 장기적 관점에서 성과 추진력이 취약하고 정치적으로 필요한 것에만 노력이 집중되니 정작 중요한 것은 무시되는 것이다.

(4) 통합조정 능력의 결여, 정책의 효과성을 제약한다

현대는 기능의 분화와 권력의 분권을 요구한다. 현대 조직의 역량이란 한마디로 조정 역량이다. 정부에 첫 번째 필요한 것도 조정과 통합의 능력이다. 특히 경제정책에는 많은 기관들의 전문적 견해와 이해관계가 존재하므로 조정 능력이야말로 '일이 되게 하는 기술'이요, 국정을 무리 없이 끌고 가는 요체다. 그러나 우리 정부는 이 능력이 취약하다. 수많은 장관회의가 있고 위원회도 있지만 그 운영은 매우 형식적이었다. 조정자의 역할, 권한과 책임의 명확성, 토의의 실질성이 담보되지 않는다.

국무회의, 경제장관회의, 이 모든 회의들은 안건을 통과시키는 회의이지 토론하는 회의가 아니었다. 이들은 그저 명목상의 결정기구일 뿐이다.

청와대 서별관회의와 같은 비공식 회의들도 있지만 책임지지 않으려 그 회의 내용은 비밀에 부쳐지기 일쑤고 기록도 남기려 하지 않았다. 실무진 사이에도 조정보다 속칭 힘 있는 부서의 갑질만 있기 쉽다. 민간 부문의 갈등을 조정하고 통합하는 것이 정부의 할 일이나 이런 능력 역시 별로 없다. 시장경제도, 민주주의도 잘 작동되려면 조정과 통합의 달인들이 필요하나 아쉽게도 그런 인재가 보이지 않는다.

정부 내 조정 능력이 취약한 것은 우선 정부에 부처 할거주의가 팽배하기 때문이다. 관료로서는 한 부처에 들어가면 일생 동안 그 부처에 있게 되니, 부처의 이익과 권한에 관련된 일이라면 자다가도 벌떡 일어난다. 그것이 곧 자신의 현재의 권한과 미래의 자리를 결정하기 때문이다.

할거주의는 관료사회에 폐쇄적 문화를 낳았다. 장관은 국무위원이기도 한데 국가 차원에서 전략적 판단을 하기보다 자신의 부하들에게 보여주기 위해 부처 이익을 지키는 데 먼저 골몰한다. 자기 업무, 자기 부처를 뛰어넘어 국가 전체 차원에서 문제를 보고 정책을 만들려는 노력이 희미해진 지는 오래됐다. 자신의 일에 남이 의견을 내는 것도 싫어하지만, 자신도 남의 일에 대해 왈가왈부하려 하지 않는다. 실무자 차원에서 부처 간 협의는 해도 장관들이 협의를 하는 경우는 드물다. 실무자들이 하는 협의와 장관들이 머리를 맞대고 하는 협의는 다르다. 정부 내 업무는 더욱 분화되고 전문화돼가는데, 그 업무를 국가 차원에서 조정하고 통합시키는 일은 취약하니 좋은 정책을 만들기도 어렵고 유사한 정책을 놓고 부처 간 앞뒤가 맞지 않는 일도 허다하다.

이런 조직문화나 조직 운영 소프트웨어에 대한 고민 없이 정책혼선 막는다고 조정기구만 키우니 청와대, 국무조정실의 기구만 늘어나는 형편이다. 어느 정권이나 출범 초에는 정부혁신을 강조하지만 이런 문화가 바뀌지 않으니 혁신이 어렵다. 민주사회의 다원적 갈등에도 대응을 할 수가 없다.

(5) 책임 회피의 자세, 정부의 실패를 초래한다

① 권한 챙기기, 책임 회피하기

조직의 규모가 커지면 업무는 복잡해지고 의사결정권은 애매모호해지는 경향을 보인다. 다양한 부서들 간에 서로 이해관계가 상충되기 쉽고 따라서 자신의 이익을 챙기는 데 앞장서고 책임은 미루는 데 선수가 되기 쉽다.

정부와 같이 조직규모가 크고 복잡한 규정과 절차들이 많은 조직에서는 더욱 그렇다. 조직 운영에서 중요한 것은 의사결정권을 명확히 하는 것과 정보 흐름을 개선하는 일이다.

우선 공직자들이 자신의 미션을 확실히 알아야 한다. 수많은 장관들이 있었지만 과연 자신의 미션을 제대로 알았던 장관들이 몇이나 될까? 미션이 확실하지 않으면 원칙을 갖고 결정을 할 수 없다. 그러면 이익집단, 압력집단의 뜻대로 따라가기 십상이다.

의사결정을 내리고 책임지는 방식도 바꾸어야 한다. 권한과 책임의

3장. 국가경영과 민주주의의 실천

재정의가 필요한 것이다. 문제가 발생하면 조직개편으로 국민들의 비난에 눈가림을 하면서 실제로 중요한 의사결정 권한과 책임소재를 명확히 하는 일은 등한시하는 습관이 관료사회에는 있다.

권한과 책임은 관련 부서들의 이익이 달린 중요한 문제여서 부서 간 갈등이 첨예하다. 결국은 적당한 타협으로 결론이 나기 쉽고, 가능한 한 책임을 회피하려는 관료의 속성으로 인해 책임소재를 명확하게 하는 일에 소극적이다. 그러기에 언제나 문제가 해결되지 않는 것이다.

책임 회피의 형태는 다양하다. 소극적으로는 문제 외면하기, 방관하기, 눈치 보기일 수 있고, 적극적으로는 책임을 떠넘길 희생양을 찾는 것일 수도 있다. 정보나 기록을 없애는 것도 흔한 일이었기에 대통령 기록물 보존은 법으로 강제해야 했었다.

관료들은 특히 반발과 저항이 있는 일은 의사결정을 미루려고 하는 경향이 짙다. 순환보직과 단명의 임기가 이런 경향을 촉진한다.

조직상의 또 하나의 문제는 조직 내 정보가 자유롭게 이동되지 않음으로써 의사결정이 잘못될 수 있다는 점이다. 문제가 발생해도 다른 사람의 일로 치부되어 방기되거나 수직적 위계문화로 인해 정보의 전달이 제약되거나 왜곡될 수 있다. 하위 직원들도 자신들의 아이디어가 이런 위계의 장벽을 넘기 어렵다는 것을 알게 되면 문제가 있어도 그냥 놔두기 쉽다.

② 감사 시스템의 문제

관료들이 책임 회피의 자세를 갖는 이유 중의 하나는 감사 시스템 때문이다. 어느 사이엔가 감사의 주업무가 회계감사가 아닌 정책감사가 되어버렸다. 공직자들이 감사만 생각하니 정작 일은 뒷전이고 책임 회피할 서류 만드는 일에만 신경이 가 있는 것이다.

정치권의 국정감사나 여론도 어떤 일을 안 한 것을 탓하기보다 한 일에 대한 추궁이 크다. 그러니 실컷 일해놓고 뺨 맞기 쉬운 것이다. '변양호 신드롬'으로 회자되는 보신주의가 관료문화를 뒤덮을 수밖에 없는 것이 현실이다. 과거에는 일하다 문제가 있으면 상관이 자기가 책임지겠다고 나서는 일도 많았다. 그러나 지금의 세태는 부하에게 책임 미루는 일이 다반사가 돼버렸다. 그러니 관료들이 첫 번째로 생각하는 것은 어떻게 책임을 지지 않을 것이냐 하는 것이다. 이러니 일이 될 리 없다.

조직관리에서 주의할 것은 '빈대 잡으려다 초가삼간 태우는' 꼴이 되지 않도록 하는 것이다. 도둑 한 사람 잡겠다고 조직 전체가 손을 놓게 해서는 안 되는 것이다.

(6) 운영 소프트웨어의 취약, 정부의 효율성을 낮춘다

①전략적 사고의 부재

국정 운영이 성공하려면 정책의 전략적 우선순위, 국민의 기대관리,

국민과의 소통이 이루어져야 한다. 국가의 에너지를 모으려면 비전과 전략이 필요하다. 비전과 전략은 정책의 우선순위를 만들고 이에 구성원들을 정렬시켜준다. 그러나 그것이 중요하다는 것은 알면서 정작 그것에 대해 고민하는 사람은 없는 것이 정부의 현실이다.

전략적 사고의 본질은 선택과 집중에 있고, 이는 우선순위를 정하는 것이다. 필자가 『대통령의 성공조건』에서 '대통령 프로젝트'를 정해 정책을 관리하도록 제안한 것은 바로 이런 이유 때문이다. 전략적 사고는 한 번 생각하고 끝날 일은 아니다. 누군가 항시 전략적 시각에서 생각하는 것이 필요하다. 일상 업무에 쫓기는 부처 관료들이 자기 업무를 국가 차원에서 전략적으로 생각하고 있으리라 기대한다면 착각이다. 청와대 또한 일상 업무 챙기느라 바빠지면 전략적 사고에 신경 쓰기 어렵다. 누군가 장기적 관점에서, 국가 전체 관점에서 비전을 가져야 하고 조직을 정렬시켜야 조직 운영이 쉬워진다.

대통령은 누구보다 비전을 가져야 하는 사람이다. 문제는 대통령들이 민주사회의 비전을 잘 알지 못한다는 것이다. 가치관이 권위적일 때 자유와 민주, 시장의 혁신 능력에 대한 확고한 철학과 비전이 있기는 힘들다. 그러면 친(親)시장과 반(反)시장의 기로에서 우왕좌왕하다 과거의 관치로 돌아가기 일쑤고 평균주의라는 포퓰리즘에 매달리기 쉽다. 문제 해결도, 규제 개혁도, 민영화도 앞으로 나아가는 것이 없게 된다.

그동안의 국가경영을 보면 1970년대의 솜씨로 21세기 한국경제를 요리하는 것 같았다. 그래서 국민들은 불안불안하다.

② 프로세스의 미흡

조직은 하드웨어(구조, 물적 자원)와 소프트웨어(운영방식, 지식, 노하우)로 나누어진다. '조직' 하면 하드웨어를 먼저 떠올리는데 정작 중요한 것은 소프트웨어다.

새로운 시대는 지식경쟁, 인재경쟁, 정책경쟁의 시대다. 이에 맞춰 역대 정부도 프로세스 개혁을 위해 노력해왔다. 그러나 문제는 소프트웨어가 바뀌지 못하고 있다는 것이다. 목표와 전략과 실천을 정렬시키려 하나 그것을 프로세스로 구축하기는 쉽지 않다.

조직 개혁의 첫걸음은 제대로 된 프로세스의 재구축이다. 프로세스의 정착이란 일의 절차와 내용이 작업표준으로 구성원들에 습관화되는 것을 의미한다. 사람에 따라 일을 하는 기준이 달라지는 것을 최소화하려고 조직은 프로세스를 만들고 그 프로세스를 매뉴얼로 만든다. 선진국의 행정관리 시스템은 철저히 이 매뉴얼에 기초하여 이루어진다. 그들은 업무가 있으면 두툼한 매뉴얼부터 찾는다.

그러나 우리 정부에는 이 매뉴얼이 거의 없다. 그리고 있어도 지키지 않는 경우가 많다. 매뉴얼이 없으면 법치가 아니고 인치(人治)가 된다. 계속 담당자는 바뀌는데, 그가 부임 시 받아드는 것은 몇 줄의 업무분장과 전임자가 처리한 서류철뿐이다. 일선 직원뿐 아니라 장관도 총리도 그런 상황 속에 있다.

관행은 있어도 매뉴얼은 없다. 매뉴얼이 없다는 것은 프로세스가 없다는 것이고, 프로세스가 없다는 것은 일이 일관성 있게 이루어지기 힘들다는 것이고, 또 그 노하우가 지식으로 쌓이지 못한다는 것이다. 그것은 또한 일하는 사람의 권한과 책임이 분명하지 않다는 것이므로 그의 헌신을 기대하기 어렵다. 동료와의 협력도 외부 파트너와의 협력만큼 어렵게 된다. 프로세스 없이 사람만 바꾸려 하는 것은 그래서 성공하기 어렵다. 그동안 정부에서 공모제로 사람을 바꾸어 성과를 내려 했던 것이 대부분 실패로 귀결된 이유이다.

③ 지식·경험의 진부화

시스템이 잘 작동되려면 지적 역량이 탁월해야 한다. 한국정부가 제4차 산업혁명 시대를 맞아 당면한 중요 문제는 이런 지적 역량의 부족이다. 무엇이 지적 역량의 부족을 야기하는가?

첫째, 경제사회의 복잡화, 고도화 때문이다. 한국경제는 세계 10위권 전후의 규모다. 그만큼 복잡할 수밖에 없다는 것이고, 문제에 대처하기 위해 그만큼 고도의 역량이 필요해졌다는 이야기다. 더구나 지금은 지식 급변의 시대다. 지식의 습득에 걸리는 시간이나 노력에 비해 지식의 수명이 너무 짧고, 동시에 엄청난 지식이 폭포수같이 생성되고 있다. 끊임없이 새로운 지식에 부딪쳐야 하는 혁신 시대라 누구나 지식이 부족함을 느낀다. 새로운 개념을 알기 어렵고 알더라도 피상적으로 알기 쉽다. 새로운 지식이 쏟아질수록, 지식의 진부화가 빠리 진행될수록 새로운 '지식 쫓아가기'는 그만큼 급박해진다.

둘째, 관료들의 인사 시스템과 업무환경이 지식 축적을 어렵게 하기 때문이다. 관료들은 업무현장에서 지식의 실패를 경험할 가능성이 점점 높아지고 있다. 근무가 오래될수록, 직위가 높을수록 그러할 것이다. 실제로 이러한 애로를 토로하는 관료들이 많은 것이 현실이다. 이런데도 순환보직과 짧은 임기는 여전해서 전문적 지식 역량을 축적하기가 점점 더 어려워진다.

업무환경은 권위적 지시와 명령 속에서 불필요한 잡다한 일로 쫓기게 만든다. 더구나 우리 정부 관료들 사이에 만연한 업무문화 즉 성공에의 과도한 집착, 시간적 여유 없이 하는 정책 추진, 과도하게 목표에 맞추려고 하는 태도, 과도한 전문가 의존 등도 모두 지식을 축적하기 어렵게 만드는 요소들이다.

셋째, 외부지식의 수용 능력이 취약하기 때문이다. 내부의 지식 역량이 부족하다면 외부에서 지식을 흡수해야 하나 이는 외부 지식에 매우 수용적인 경우에 가능한 이야기다.

관료문화는 아직 권위적이다. 산하기관 직원들을 부하 부리듯 하는 관료들도 여전히 있다. 이는 결국 지식유통에 필요한 소통의 자세가 아니다. 더구나 세종시라는 갈라파고스에 갇힌 관료로서는 우물 안 개구리가 될 수 있다. 우물 안 개구리에게는 우물이 세상의 전부이다. 우리의 연고주의 문화를 깨뜨리는 데 혁혁한 공헌을 할 김영란법도 다른 한편으로는 관료들의 민간접촉 기피증을 유발하여 우물

안 개구리를 만드는 데에 일조를 할 것이다. 이러한 환경은 새롭고도, 전문적이고, 통찰력 있는 지식으로 정책과 제도의 품질을 높여야 할 관료들의 능력에 심각한 제약이 될 것이다.

④ 소통 능력의 취약

민주주의의 전제는 국민과의 소통이다. 정부가 명품정책을 만들려해도 국민과 소통해야 한다.

국민과 소통을 잘하기는 어렵다. 우리 정부 역시 그렇다. 권위주의 문화에 젖어 있으니 소통을 할 유연성이 나오지 않는다. 소통을 하려면 눈높이를 낮추고 이야기를 듣는 능력이 있어야 한다. 그런 능력을 교육받은 사람들이 별로 없다.

소통은 홍보가 아니다. 경청이 소통의 출발점이다. 정부 안에서의 경청 능력 또한 문제다. 정부 내 소통이 되려면 힘 있는 부처, 힘 있는 실세들이 섬김의 리더십을 가져야 한다. 그들이 독주하면 비(非)실세들은 입을 닫게 되고, 그러면 제기돼야 할 문제들은 잠복되기 마련이다. 소통을 잘해야 위기에 대비할 수도 있다. 누군가 위기의 징후를 언제든지 이야기할 수 있기 때문이다.

소통이란 또한 국민의 기대심리를 관리하는 것이다. 국민의 기대가 과잉이면 정부는 아무리 잘해봐야 본전이다. 기대를 과잉으로 만드는 말잔치는 자기 묘혈을 파는 일이다.

(7) 조악한 정부규제의 품질, 한국경제의 발목을 잡다

|

① 규제 공화국의 오명

정부가 할 일은 공공자원 및 서비스, 공공질서와 같은 공공재의 공급과 관리에서 나타난다.

정부는 이를 관리하기 위해 규제를 활용한다. 예를 들어 자연공원을 찾는 즐거움을 누구나 누릴 수 있지만 너무 많은 사람들이 찾아 공유지인 공원이 훼손되지 않게 하려면 입장을 봉쇄할 수도 있고 일정한 입장료를 받을 수도 있다.

규제를 만드는 것은 신중해야 한다. 규제를 잘못 만들면 국민에게 과중한 불편과 비용을 부담시켜 사회적 후생을 감소시킨다. 미국의 시어도어 루스벨트 대통령은 '최선의 법으로 우리 실생활을 더 나아지게 개선하는 것은 어렵지만, 나쁜 법으로 이를 피폐하게 만드는 것은 정말 쉽다'고 했다.

그동안 우리는 너무 쉽게 너무 많은 규제를 남발해왔다. 우리나라엔 법령이 약 4400개 정도 있는데, 이들에 상당한 규제 관련 조항이 포함되어 있을 뿐 아니라 지침, 예규 등으로 숨어 있는 규제도 상당하다. 그러기에 국민이 받을 규제 압력은 상상을 초월하는 수준이고 그 비용도 그러할 것이다.

OECD 분석에 의하면 우리 경제규제비용이 약48조 원에 달한다 하며, 상품시장 규제가 OECD 국가 중 네 번째로 엄격하다고 한다. 언론으로부터는 규제공화국이란 오명까지 듣고 있다.

규제가 남발된 첫째 이유는 우리의 입법문화, 관치문화 때문이다. 권위적 정부와 정치는 모든 것을 규제로 해결하려 든다. 국민이 얼마나 규제이행비용을 부담하든 간에 정부나 정치권으로서는 하기 쉽고 돈도 안 드니 문제만 생기면 규제의 칼을 꺼내 드는 것이다. 관료나 정치인들로서는 문제에 대한 대책을 제시했다면서 책임을 모면하는 것이다.

그러나 국민의 입장에서 보면 이것은 권한남용일 뿐이다. 국민은 현실에 적합지 않거나 규제의 준수에 상대적으로 너무 많은 비용이 드는 경우 그 규제를 준수하기 어렵다. 우리 사회에 규제 준수율이 그렇게 낮은 것은 규제에 그런 문제가 있기 때문이다.

둘째 이유는 규제로 인해 자기 이익을 챙길 수 있는 사람들이 있기 때문이다. 스탠퍼드대의 앤 크루거(A. Krueger) 교수와 뉴욕대의 윌리엄 보몰(W. Baumol) 교수는 정부규제가 종종 특정 집단의 지대 추구의 수단으로 작용한다고 지적한다. 정부가 어떤 사업으로 진입을 허가하면 허가받은 측은 대규모 지대 추구가 가능해지고, 그렇지 못한 측은 수혜를 받지 못하거나 손해를 입게 된다.

예를 들어 택시면허를 내주지 않으면 택시기사들만 경제 이익(지대)을 차지하게 되고 이는 결국 승객의 비용으로 택시기사의 이익을 늘리는 것이 된다. 우리나라에서 원격의료 같은 사업 기회가 봉쇄되고 있는 것도 이런 이익집단의 압력 때문이다.

제4차 산업혁명에 대한 대응의 중요성을 말하면서 정작 이를 가로막는 규제에 대해서는 뒷짐 지고 있는 것이 정치권이다. 이런 규제의 결과 기업은 혁신과 사업 기회로부터 멀어지게 된다.

셋째 이유는 우리의 법제 시스템이 규제의 포지티브 시스템을 취하고 있기 때문이다. 모든 것을 금지시켜놓고 일부만 허용하는 '허용사항 열거주의'인 것이다. '…만을 할 수 있다'는 '…만을 할 수 없다'는 것과 달리 규제 범위를 과도히 넓혀 자유를 제한하는 효과가 있다. 이는 우리의 규제 시스템을 근본적으로 실패하게 하는 원인이다.

② 규제의 조악한 품질

규제를 만들 때는 규제 형태를 어떻게 해야 하는지 신중해야 한다. IMF가 119개국 통계를 기반으로 연구한 바에 의하면 제도의 품질을 1% 개선하면 6년 후 1인당 GDP가 1.7% 오른다고 한다.

규제는 피규제가 아닌 규제자, 즉 관료나 정치인의 입장에서 편리한 대로 만들어지기 쉽다. 그러면 규제의 품질이 조악해져 피규제자의 이행비용이 과대해지고 시장의 거래비용이 커지게 된다.

우리의 법제는 일본 등 외국의 제도를 모방한 것이 많다. 제도나 정책을 만들 때 선진사례를 참고하는 것은 불가피하다 하겠으나, 우리의 현실과 부합하지 않는 경우가 많아 문제가 초래된다.

우리의 규제에는 그 발동요건이 구체적이지 못한 경우가 많다. 우리의 법제상 '…할 경우 규제할 수 있다'는 재량적 조항들이 유난히 많은데 이는 법집행의 특정 상황과 맥락을 고려하라는 재량권을 관료들에게 주는 것이고, 국민 입장에서는 관료가 자신이 편한 대로 규제를 해석할 수 있게 하여 그만큼 불확실성을 높이게 된다.

그 결과 관료의 책임 회피나 봐주기가 쉽게 가능할 수 있다. 우리의 규제에 민원이 많이 생기고 부정부패가 많이 꼬이게 되는 이유다.

규제는 또한 규제를 하더라도 가능한 한 시장친화적이어야 한다. 행동경제학에서 말하는 '넛지 효과'처럼 '옆구리를 슬쩍 찌르듯이' 하는 규제이어야 한다. 그러나 우리의 규제는 너무 직접적이고 강압적이다.

③ 규제 개혁의 실패

정부마다 그동안 규제 개혁을 외쳐왔지만 그 성과는 제대로 나타나지 않고 있다. 규제는 권한을 만들고, 그 권한이 관료의 일차적 존재이유이기 때문이다. 관료에게 규제의 이익은 가시적이나, 국민의 규제비용은 비가시적이다. 규제는 또한 전문적인 내용을 다루고 있어 그 분야 전문가들인 관료의 논리를 비전문가인 국민들이 이기기 어렵다.

규제는 또한 환경, 토지, 안전 등과 같은 사회적 목적의 덩어리 규제로 많이 존재하고 있어 어느 한 부분만 완화하기가 어렵다. 규제는 또한 미비된 정부 시스템을 보완하는 효과가 있어 완화나 폐지할 경우 사회적 저항이 클 수 있다. 환경규제를 일부 완화하려 해도 시민

사회의 반발이 큰 것은 그만큼 정부의 말을 믿을 수 없기 때문이다. 사회에 도덕적 해이가 크니 도덕이 할 일을 규제가 대신하고 있는 부분도 있다.

규제 개혁은 하루아침에 해결될 수 없는 사안이다. 관료들의 의식을 바꾸고, 사회적인 저항을 설득하고, 시스템을 고도화하고, 도덕심을 높이는 것이 어찌 쉬운 일인가. 그럼에도 지금의 규제 개혁 속도는 너무 늦다. 우리의 규제 개혁 시스템체제에 대한 개혁이 필요한 이유이다.

3) 정부 역량을 향상시킬 대안

|

(1) 정부 시스템 변혁의 방향

|

민주주의(democracy)가 잘되려면 국민의 참여(demos)도 있어야 하지만 국가의 의사결정 능력(kratos)도 있어야 한다. 참여만 있고 능력이 없다면 사회는 마치 배가 산으로 올라가는 꼴이 될 것이다.

국가의 의사결정을 책임지고 있는 1차 조직은 정부다. 정부가 역량이 있으려면 1) 전략적 경영 2) 인재 충원 3) 동기부여가 이루어져야 한다.

이 세 가지 핵심 중에 간과되기 쉬운 것이 전략적 경영이다. 정부 역량을 만들 리더는 무엇보다 전략가여야 한다. 어느 조직이나 미래를 향해

나아가는 데는 나아갈 목표와 그 목표를 성취할 수단, 그 수단을 실천하는 행동을 필요로 한다. 현대같이 단절적 변화가 큰 시대일수록 전략적 사고는 더 중요해진다.

수많은 조직들이 비전과 전략을 말하나 그것을 제대로 실천하는 조직을 보기는 어렵다. 비전과 전략은 이벤트가 아니다. 그것은 SMART, 즉 목표와 계획으로 구체화되고(specific), 오랜 기간 관리되고(managed), 실행 가능해야 하며(actionable), 상황에 적합한 동시에(relevant), 시의적절해야(timely) 한다. 수많은 기능을 조화시켜야 하는 큰 조직일수록 이 SMART가 안 돼 비전이 서랍 속에 묻혀 있다.

① 전략적 사고의 강화

지금 한국사회는 전략 부재의 시대에 살고 있다. 변화가 일어나는 상황에서 국가 차원의 전략적 사고 능력이 오히려 퇴화되고 있는 것이다. 국가 전체를 보고 장기적 관점에서 일관된 방향으로 정부정책들을 조정, 통합시켜나갈 힘이 없다. 그러니 모두 어디로 가고 있는지 모른다. 그 결과 나타나는 것이 대통령의 실패이고 정부의 실패이다.

대통령이 전략가가 되어야 하나 지금까지 경험으로는 대통령에게 그 역할을 기대하는 것이 어렵다. 오히려 대통령의 권한은 분산돼야 한다. 그렇지만 권한을 분산하면 정부를 아무것도 할 수 없는 시스템으로 악화시킬 수 있다.

누가 대통령이나 장관이 되든 국가를 경영해나갈 시스템은 쉽게 만들어지는 것이 아니다. 전임자가 했던 일은 차별화한다고 거들떠보지도 않고, 임기가 짧으니 반짝할 아이디어만 찾고 달성하기 쉬운 목표만 정하게 해서는 국가는 나락으로 떨어질 수밖에 없다.

② '국가전략원'의 설치

정부에 전략적 사고를 강화하는 한 가지 방안이 '국가전략원'을 설치하는 것이다. 미국의 백악관은 이런 전략적 기능과 참모를 두고 있을 뿐 아니라 이를 실행해나갈 OMB라는 기구까지 두고 있다. 그곳에서 예산을 심사하고 정부규제를 심사한다. 정부의 핵심 수단이 예산과 규제라 할 때 그 두 가지 칼을 같이 갖고 있는 것이다.

'국가전략원'은 장기적 전략 방향의 설정과 부처 간 정책조정 기능을 담당해야 한다. 경제뿐 아니라 대외전략, 사회 문제까지 담당할 수 있어야 하고 기재부의 정책조정 및 예산 기능, 국무조정실의 규제심사 기능까지 포괄하는 것을 검토할 필요가 있다.

이렇게 되면 대통령 권력의 분산과 배치될 수 있다. 기존 청와대나 국무총리실과 업무 중복도 발생할 수 있어 이에 대한 확실한 역할 분담과 독립성이 전제돼야 한다.

정부 내에 두는 것이 문제라면 장기 전략 업무만이라도 대통령이 직접 관리하는 외부 싱크탱크로 만드는 것을 검토해볼 수도 있다. 그러나 그것이 지금까지의 관변연구소처럼 관료들의 위세에 눌리거나 대통령 자문기구와 같이 가끔 만나 좋은 이야기 듣는 정도가 되어서는 의미가 없다.

③ 청와대의 운영

국가전략은 국가경영에 대해 전일적 시각을 가진 청와대가 할 수밖에 없다. 대통령이 원하는 전략의 큰 방향을 정하고 국가전략원이 대답할 수 없는 갈등의 조정을 해줘야 한다.

청와대의 역할은 기획자가 아닌 조정자여야 한다. 자신의 존재를 드러내면 기획자이고, 있으면서 없는 듯해야 조정자다.

청와대는 무엇보다 장관을 장관답게 만들어줘야 한다. 경제, 사회 등 기능별 수석과 장관의 관계가 재설정돼야 한다.

청와대의 운영에 있어서 또 하나의 문제는 선거참모와 정책참모를 구분하는 일이다. 대통령선거 승리 후 선거캠프의 가장 중요한 관심사는 과연 누가 청와대에 들어가느냐 하는 것인데, 문제는 선거참모와 정책참모의 역량이 다르다는 것이다. 국정 운영이 제대로 되려면 정책 역량을 가진 사람들이 청와대에 들어가고 그들이 국정 운영을 주도해야 한다. 그런데 선거캠프에서는 정책 역량을 가진 사람을 찾기 어렵기에 일반 공무원들의 충원을 받게 된다. 그래서 청와대는 직업 관료 출신인 '늘공'과 선거참모였다가 어쩌다 공무원이 된 '어공'으로 이루어진다. 문제는 청와대의 주도권이 항상 '어공'에 있다는 것이고, 그 주도권이 국정 파행으로 연결되기 쉽다는 점이다. 소위 '십상시 사건'의 논란은 이렇게 일어나는 것이다.

지금까지와 다른 청와대가 된다는 것은 쉽지 않은 일이다. 지난 수십 년 동안 해온 관성이 있어 청와대가 무엇하느냐는 원성도 있을 수 있고 그러다 보면 과거의 만기친람으로 다시 돌아가게 된다. 일단 한번 챙기기 시작하면 일은 청와대로 몰릴 것이고, 얼마 지나 관료들은 다시 청와대의 지시를 기다리게 될 것이다.

(2) 대통령 권력의 분권화

① 권한의 축소

민주주의의 핵심은 권력에 대한 통제다. 국가가 효율적으로 경영되려면 대통령에게 확실한 권한이 주어져야 하나, 한편 그 권력의 남용을 막기 위해 효과적 통제가 필요하다.

'권위적 자본주의' 모델은 이런 대통령 권력의 기능에 대한 긍정적 시각의 소산이다. '민주적 자본주의' 모델로의 변화는 이러한 대통령 권력에 대한 시각변화를 의미한다.

대통령제가 성공적으로 수행됐던 나라는 미국뿐이다. 프랑스의 정치학자이며 정치인이었던 알렉시 드 토크빌(A. Toqueville)은 1830년대 미국을 여행한 후 자유와 평등의 미국 민주주의를 찬양하면서 그 정치 시스템의 한 특징으로 강력한 의회와 허약한 대통령을 지적한 바 있다. 강력해 보이는 미국 대통령이 실제는 그리 강하지 못했다는 것이다.

대통령의 권한 축소는 이제 불가피한 선택이 되었다. 대통령 권한을 약화시키는 길은 세 가지다.

[1] 선거에서 철저히 민주적이고 또 그렇게 자신을 관리할 사람을 대통령으로 뽑는 것
[2] 대통령 권한을 대폭 약화시키는 것
[3] 대통령을 견제하는 시스템을 강화하는 것

[1]은 선거에 관한 문제로, 지금까지 경험으로는 그 실현을 담보하기 어려운 방안이고 [2]는 내각제나 이원집정부제(대통령 중심형, 총리 중심형) 개헌을 생각해야 하는 방안이고 [3]은 대통령의 임기를 단축하거나 대통령의 권력행사와 관련된 기관들(인사, 검찰, 조세, 정보 등)의 독립성을 강화하는 것이다.

이 방안들은 각기 장단점을 갖고 있어 한마디로 결론짓기는 어렵다. 각 대안의 우려되는 문제를 한 가지씩만 살펴본다면, 내각제는 기본적으로 정당들 간에 상호협력하는 협치 능력이 전제되지 않는 한 성공하기 어려운 제도다. 유럽 의회와 우리의 국회를 비교해보면 과연 우리 정치에 그런 능력이 있는지 의심스럽다. 또한 협치 능력은 마음 먹는다고 되는 것이 아니다. 오랜 기간 많은 정치갈등(정책갈등, 이념갈등, 포퓰리즘)을 극복해본 경험이 있어야 가능한 일이다.

이원집정부제는 내각제보다는 덜 하나 대통령과 총리 간의 갈등으로 국가경영이 표류할 가능성이 크다. 대통령 임기단축 방안은 4년 중임제를 의미하는 것으로, 첫 임기에는 재선을 위해 포퓰리즘 정책들을 양산할 위험성이 크다.

대통령 권력기관의 독립화(예를 들어 청와대 인사권 최소화 및 투명화, 검찰, 국세청, 정보기관의 독립 강화 등)는 대통령 권력의 핵심을 제약하는 것이어서 대통령 리더십이 제약된다는 문제가 있다.

결론적으로 대통령 권력의 분권화는 신중한 접근이 필요한 문제다. 그것은 대통령의 야당 설득 능력, 국회 의사결정의 적시성 확보, 시민사회의 진영논리 불식 등이 전제되지 않고서는 정부의 의사결정에도 '선진화법'을 만드는 꼴이 될 것이다. 정부마저 발목이 잡혀 꼼짝을 할 수 없다면 결국 국가는 멈춰 서게 될 것이다.

분권화에 앞서 대통령, 국회, 시민사회의 능력을 어떻게 할 것이냐에 모두 머리를 맞대야 하는 이유다.

② 권력기관의 독립화

정부의 거버넌스는 독립성, 책임성, 투명성, 성실성을 요구한다. 권력기관이란 검찰, 정보기관, 국세청, 공정위 등의 기관을 포함하며, 독립화란 대통령의 직접적 통제로부터의 독립을 의미한다.

이들 기관장들 인사에서 대통령의 영향력을 최소화하는 것이 중요하다. 특히 검찰의 독립성과 운영에 대한 정밀한 검토가 필요한 시점이다. 민주화 후 대통령 권력행사의 실질적 중심축이 정보기관에서 검찰로 옮겨 가면서 대통령의 검찰권 통제 문제가 지속적으로 정치적 논란의 중심이 되어왔다.

2003년 3월 노무현 대통령은 '대통령과 검사와의 대화'에서 "검찰에 간섭 안 하겠다"고 했지만 그것이 현실화되지는 못했다. 정치 권력이 자신의 정치에 검찰을 활용하려는 유혹은 여전하고 그 결과 '한국 대통령의 잔혹사'는 반복되고 있다. 결국 대통령도, 검찰도, 그 피해자가 된 것이다.

검찰총장을 포함한 검찰인사의 독립성은 그런 점에서 새로운 패러다임의 시금석이라 할 수 있다. 인사상의 독립과 함께 대통령의 검찰권 개입통로라 할 민정수석제를 폐지하는 것도 생각해볼 일이다. 뉴욕대의 샌포드 고든(S. C. Gordon) 교수와 예일대의 그레고리 후버(G. A. Huber) 교수는 검찰이 국민의 대리인이라면서, 미국 검찰의 국민에 대한 책임 문제를 제기한다.

우리도 그런 점에서 그동안 언론에서 제기해온 공직자비리수사처, 전관예우 문제, 기소재량권 문제, 수사절차의 투명성 문제 등에 대해 정밀검토를 다시 해서 검찰이 수사(修辭)로서가 아닌 진정한 국민의 대리인으로 재탄생되도록 해야 한다. 그래야 우리 사회에 남아 있는 일부 '재-정-관-언(財-政-官-言)'의 뿌리 깊은 유착구조도 단절될 것이다.

(3) 정부 기능과 규제의 축소

① 제대로 된 민영화

20세기 말부터 세계적으로 불어온 바람 중의 하나가 정부 개혁이고, 그중의 핵심은 민영화다. 민영화는 관료 조직의 타성과 공기업의 관료주의를 개혁하고자 하는 의도다. 그러나 대부분의 민영화는 실패로 나타나고 있다. 엉거주춤하게 민영화를 하기 때문이다. 민영화를 했다고 하는데 과거의 관료적 병폐가 그대로 진행되고 있다.

노조의 명시적 반대, 중간관리자층의 심정적 저항, 그리고 최고경영자의 임시방편적 대응이 겹치면서 배가 산으로 가는 것이다. 동구권의 개혁은 실패했는데, 중국의 개혁이 그나마 성공할 수 있었던 것은 문화혁명으로 기존의 중간관리자들을 사전에 제거했기 때문이라는 맨슈어 올슨의 분석이 그래서 설득력을 갖는다.

민영화는 소유와 관리 면에서 민간의 의사결정권, 시장유인체제의 작동이 확실해야 한다. 우리나라와 같이 경영자를 정치적으로 임명하고, 관료들이 암묵적으로 관리에 개입하고, 기존 규제는 존속되고, 노조와 비원칙적 타협 등이 계속된다면 민영화를 하지 말아야 한다.

② 규제 개혁의 실천

규제 개혁에 대한 논의는 풍성했으나 실제 이루어진 것이 별로 없다.

규제 개혁을 제대로 하려면 첫째, 정치권의 규제 개혁에 대한 각성이 있어야 한다. 현재 규제 개혁의 사각지대에 있는 국회입법에 대한 대책이 강구돼야 한다. '규제입법 심사위원회'를 만들어 규제를 강화하는 모든 법안들을 심사토록 하는 것도 하나의 방법일 것이다.

또 하나의 각성은 특정 시민단체 논리, 진영논리를 반영한 '입법 발목 잡기'가 지양돼야 한다는 것이다. 모든 사업 기회에는 이해관계가 있고, 모든 도전에는 위험이 따르는 법이다. 이익집단이나 압력집단의 목소리에 과도하게 경사돼서는 미래로의 발전은 불가능하다.

둘째, 정부의 규제 개혁 노력을 보다 전략화할 필요가 있다. 규제 시스템은 포지티브에서 네거티브 시스템으로 바꿔 원칙 허용, 예외규제를 확실히 하는 것이다. 규제 준수율이 낮은 규제를 우선 없애고, 규제영향평가를 제대로 하는 것이 중요하다. 규제영향평가만 제대로 돼도 규제 증가를 막아낼 수 있다.

기존 규제에 일정 유예기간을 둔 후 필요성이 입증되지 못한 규제는 모두 폐지하는 일몰제에 관한 특별법을 만들어 부처의 규제 개혁을 압박하는 것도 하나의 방법이다. 또한 '규제심판소'를 한시적으로 운영하여 기존 규제에 대한 존치 여부를 체계적으로 검토해보는 것도 필요할 것이다.

또한 규제는 법률뿐 아니라 각종 시행령, 지침, 내규, 업무협조 등의 '그림자 규제' 형태로도 많이 존재하는 바 규제심사위가 기관별로 해당 기관 전체의 규제를 들여다보는 노력이 필요하다.

셋째, 규제 숫자를 줄이는 것보다 중요한 게 규제 품질을 높이는 것이다. 관료의 편의를 고려한 규제를 국민 편의를 고려한 규제로, 명령금지적인 규제를 수익자 부담의 시장유인적인 규제로 바꿔야 한다. 규제 범위, 내용, 절차를 명확히 하여 부정부패의 소지를 줄여야 한다. 새로운 기술발전, 산업발전을 수용할 수 있는 규제를 만들어 나가는 것도 중요한 일이다.

넷째, 관료들의 의식을 바꾸는 노력을 해야 한다. 규제 개혁이란 말이 나온 지는 오래지만, 정부가 과연 얼마나 규제를 바꿀 각오를 갖고 있는지 모르겠다. 사고가 났을 때 규제로 면피하려는 생각만 하지 않아도 규제 증가를 줄일 수 있다. 관료의식은 쉽게 바꿀 수 없지만, 규제 개혁에 인센티브를 강화하고 문책 위주 감사를 지양하는 것으로도 규제를 집행하는 그들의 태도를 바꿀 수 있다.

피터 드러커가 지적한 우리의 장점인 기업가정신을 살리기 위해서도, 우리 경제는 자유의 공기를 마셔야 하며, 규제를 하더라도 명품 규제가 돼야 한다.

(4) 인재의 충원과 관리 시스템

① 인재 충원의 풀 확대

좋은 정부가 되기 위해서는 국가를 통치하는 '좋은 국민'으로 이루어진 교육받은 엘리트가 있어야 한다. 모든 조직에서 가장 핵심적인 일은 어떻게 좋은 인재를 뽑아 잘 활용할 것이냐 하는 것이다.

유비는 제갈공명이란 인재를 뽑아 활용할 줄 알았기에 천하의 1/3을 움켜쥘 수 있었다. 유비가 한 것은 의리와 대의명분을 강조한 것뿐이지만, 유비라는 그릇 안에서 제갈공명은 뛸 공간을 발견한 것이다. 뛰놀 공간이 있어야 인재가 자신의 목표와 전략을 실행해볼 수 있다. 유비는 자신이 어떻게 숨은 조력자이어야 하는지를 잘 알고 있었다.

인재를 모으는 것은 쉽지 않은 일이다. 한국의 정부는 그런 의미에서 행운아였다. 공직 진출을 영예로 알았던 전통문화 덕택으로 우리 정부는 크게 힘들이지 않고 인재들을 충원할 수 있었다. 그러나 이러한 상황은 변하였다. 정부의 지식 역량이 변화하는 사회를 따라가지 못하고 있다. 제4차 산업혁명 시대를 헤쳐 나갈 도전적 인재가 확보되고 있다고 생각되지도 않는다. 그리고 인사의 폐쇄성으로 인해 부정부패가 촉진된다는 분석도 있다.

우선 정부가 인재풀을 넓히는 데 각별한 노력을 해야 한다. 그런 점에서 민간 인사의 유입이 촉진되도록 인사의 개방성을 높일 실질적이고 종합적인 대책이 마련돼야 한다. 민간 인사가 가질 공심(公心)의 문제에 대한 대책도 있어야 한다.

한 가지 대안은 앞서 말했듯이 정부 연구기관들의 구조조정을 추진하면서 경쟁력 있는 유휴인력들을 정부로 흡수하는 것이다. 미국정부를 보면 각 영역에 분석가들이 활동하고 있는데, 고도 지식사회의 우리 정부에도 이런 정책 연구직들이 필요하다고 보인다.

② 인사의 정치화 방지

인사의 정치화는 우리 사회가 반드시 해결해야 할 과제다. 어떻게 정치화를 막을 것이냐가 관건이다.

우선 생각할 수 있는 대안은 인사권의 분권화를 확실히 하는 것이다. 부작용만 낳은 인사수석실을 없애고 과거처럼 각 수석실이 인사 추천의 역할을 하도록 하는 것이다. 집권적인 인사보다는 분권적인 인사가 인사 실패의 위험을 줄일 수 있다. 장관에게 자기 소관기관 인사권을 확실히 주고 그 조직이나 기관의 성과에 대해 해당 장관이 확실히 책임지도록 하는 것이다.

청와대는 이러한 장관의 인사가 공정하게 이루어지고 있는지 감시하는 역할을 하면 된다. 낙하산 인사가 방지되도록 인사 추천위원회의 책임소재를 명확히 하고 그 절차를 투명하게 해야 할 것이다.

현실적으로 정치권 인사의 공공기관 채용이 불가피하다면 우리도 차라리 엽관제를 도입할 필요가 있다. 일정 자리를 정치적 임명 자리로 지정해놓고, 그 임명절차를 명확히 하여 투명성이라도 확보하는 것이 국가경영이란 측면에서 보다 바람직한 대안이라 생각된다.

③ 인재의 활용과 관리

인재는 뽑는 것으로 끝나는 것이 아니다. 계속 발전하고 헌신할 수 있도록 동기부여가 일어나야 한다. 우선 인사를 일반 공직 코스와 전문 공직 코스로 나눌 필요가 있다. 전자는 고위공직자가 되어 많은 부하직원들을 통솔하는 것이라면, 후자는 특정 분야의 전문가로 정년퇴직을 하는 코스라 할 수 있다.

전자에는 순환보직이 중요하나(특히 부처 간) 후자는 특정 분야에서만 근무하는 것이 될 것이다. 이러한 구별이 필요한 것은 이에 따라 평가체제와 교육훈련 내용이 완전히 달라야 하기 때문이다.

둘째, 성과평가는 나열식이나 두리뭉실한 평가가 아닌, 매우 구체적이고 상황 관련적이며 평가자 개인의 의견이 개진되는 평가가 돼야 한다. 이런 것이 누적돼야 피평가자를 고위직에 임명할 때 정확한 평가가 가능하다. 또한 일반 공직 코스의 평가에는 부하들의 평판평가 비중이 높아야 할 것이다.

셋째, 교육에 더 많은 투자가 있어야 한다. 지식사회에서 정부 역량은 결국 지식 역량이다. 매우 고도화된 '시스템 지능'이 필요한 시대가 되었다. 관료들에게 지식의 진부화를 뛰어넘는 지식충전의 기회가 주어져야 한다.

문제는 교육의 내용이다. 교육이 특정 분야의 이론교육이 아니라 지식적용교육, 융합적 지식교육이 되어야 한다. 민주정부의 정책 결정과 운영에 대한 보다 실질적인 교육도 중요하다. 정책 결정의 합리성 제고, 시장친화적 규제의 검토 및 규제상 재량과 임의조항의 해석, 업무 관련 정보의 관리 및 공유, 부처 간 갈등의 조정, 시민사회와의 갈등 해결, 부하의 통솔, 상사의 부당한 명령에 대한 대응, 지인의 청탁에 대한 대응, 업무 관련 위험상황에의 대응 등을 교육의 내용으로 생각해볼 필요가 있다.

(5) 정부의 운영 소프트웨어 개혁

① 업무 프로세스의 표준화

우리 정부의 시스템 대응 능력은 지속적인 숙제이다. 세월호 사고에서 보인 것이 우리 정부의 민낯이다. 그로부터 2년 후 일어난 경주 지진 대응에서도 하나도 달라진 게 없다는 비판을 들어야 했다.

정부 시스템의 무기력을 탈피할 특별한 업무 표준화와 매뉴얼을 만드는 노력이 요구된다. 이는 사고가 나기 전에 미리 준비해야 하는 것이다. 예외적인 상황들이 가정되어야 하고, 권한과 책임에 대한 것이 명확히 규정돼야 한다.

모든 조직의 능력은 구성원의 역량이고 그 역량은 어떻게 그들에게 동기부여를 하느냐에 달려 있다. 경영진과 종업원이 공동번영의 길을 어떻게 찾을 것이냐는 것은 조직경영학의 오랜 과제이다.

민주 시대는 새로운 조직경영을 필요로 한다. 직원의 자기 완수성을 신뢰하여 그들의 자발적 에너지를 극대화시켜야 한다. 문제는 과거 권위주의 문화에서 지속되어온 관료사회의 타성을 어떻게 변화시킬 것이냐 하는 것이다. 관료의 의식 변화 없이 민주적 시스템으로 변화시키는 것은 시스템 실패로 연결될 수 있다.

변화하는 시대적 요구와 과거의 문화유산을 어떻게 조화시킬 것이냐는 관점에서 업무 프로세스, 조직문화, 인력충원, 인사관리, 교육훈련, 보수체계 등이 새롭게 검토돼야 한다.

② 도전정신의 고취

제4차 산업혁명은 고도의 실험정신을 필요로 한다. 염려하기보다 믿고 맡겨야 하고, 책임을 묻기보다 격려해야 한다. 도전정신은 변화와 개혁의 전제이다.

아메리칸대학의 조앤 넬슨 교수에 의하면 개혁은 정치인보다 관료에 의해 경제적 논리에 따라 추진될 때 더 지속성을 가진다고 한다. 공직자도 사기와 명예를 먹고사는 직업이다. 이유 없는 '공무원 때리기'도 그쳐야 하고, 이념과 코드로 줄 세우기 하는 것도 없어야 한다. 실제 콘텐츠보다 홍보에 열심인 것도 자제해야 한다.

도전정신을 위해 인사상 유인책을 마련하고, 나태와 부정부패만 아니라면 책임면제를 하여야 한다. 세종시 문제를 해소할 특별한 대책도 마련돼야 한다. 고위 관료들이 부하의 도전정신을 꺾는 일이 없도록 교육되어야 하며, '모난 돌이 정 맞는다'는 인식도 불식시켜야 한다. 공무원들이 논란이 될 만한 사안은 아예 손대지 않고 기피하는 변양호 신드롬을 불식시킬 대책도 마련돼야 한다. 예산, 평가, 감사 관련 소위 힘 있는 부처들의 갑질도 없어야 한다.

도전정신이 있으려면 공직자의 긍지 또한 높아야 한다. 자신에 대한 긍지 없이 위험하고 실질적인 일을 하기 어렵다. 긍지 위에서 실질이 만들어지고 '나라의 도(道)'가 세워지는 것이다. 긍지가 없는데 일이 제대로 되게 하려는 것은 물 먹기 싫은 소를 물가로 데리고 가는 것과 같은 이치다.

(6) 정부의 정책 능력 강화

① 감사원의 정책감사 지양

최근 감사원의 개편과 관련하여 국정농단의 방지를 위해 감사원을 독립기구로 강화하자는 의견이 있는 반면, 감사원을 국회로 이관하여 국회의 국정감사 기능과 일치시키자는 의견도 있다. 그러나 전자의 의견에는 최근의 국정농단이 감사원의 권한이 약해 일어난 것이 아니므로 번지수를 잘못 찾은 것이라는 비판이 있고, 후자의 의견에는 지금도 강력한 국회의 권한이 더 강화될 것이고 현재의 정치권 행태로 볼 때 지역 민원의 해결을 위해 감사 기능이 이용될 것이 아닌가 하는 우려가 제기되고 있다.

감사 기능의 본 목적이 정부가 제대로 작동하게 하자는 것이므로, 감사원의 개편도 과연 어떻게 해야 정부 관료들이 제대로 국리민복을 위해 일하게 할 수 있느냐 하는 고민 속에 출발해야 할 것이다. 정부는 관료들의 복지부동으로 지금 멈춰가고 있는 듯이 보인다. 문제는 그 거대 조직의 활력을 어떻게 살릴 것이냐 하는 것이다. 질타와 감시의 채찍을 휘두른다고 조직의 활력이 살아나는 것은 아니다. 오히려 더 빨리 빈사 상태에 빠지게 할 수 있다. 지금은 정부 조직의 활력을 위한 치료약이 필요한 시점이고, 그 점에서 감사 기능을 어떻게 할 것인가 하는 고민을 해야 한다.

한 가지 방안은 현재에도 감사원의 기능이 회계감사와 직무감찰로 되어 있으므로 이에 충실하게 감사원의 기능이 이루어지도록 업무조정을 확실히 하는 것이다. 즉 문제가 되는 정책감사는 국무총리실의 정책평가 기능과 합쳐 이뤄지도록 하고, 감사원은 순수 직무 감찰 업무에만 매진할 수 있도록 감사원의 실질적 역할 범위를 조정하는 것도 대안이 될 수 있을 것이다.

정부의 활력은 결국 장관, 총리, 대통령이 만들어갈 일이다. 정책이 잘못된다면 그들의 책임이어야 한다. 현대사회의 한 가지 특징은 정책이 갖는 복합적 성격이다. 정책이 과연 잘된 정책이냐를 어느 한 사람의 잣대로 보기에는 너무 복잡한 사회가 되어버렸다.

② 정책조정 능력 강화

정책조정을 촉진하려면 앞서 말한 국가전략원 설치 이외에도 정부 조직, 장관 역할, 문화풍토 등에 변화가 있어야 한다.

우선 정부 조직이 대(大)부처주의(부처통합)로 조직화돼야 하고, 장관의 주된 역할도 조정 및 통합에 두어져야 한다. 조직의 규모가 커지면 업무는 복잡해지고 권한은 애매모호해지고, 다양한 부서들 간 이해관계가 상충되기 쉽다. 그러므로 업무의 권한과 책임에도 보다 세밀한 검토가 필요하다. 모든 조직에는 옳은 일이라 하더라도 자신의 권한을 줄이거나 책임을 강화하는 일에는 한사코 반대하는 문화가 있으니, 이 저항도 극복되어야 한다.

③ 소통 능력의 강화

민주 시대, 융합 시대, 협업 시대에는 먼저 소통을 잘해야 하나 소통을 잘하는 관료는 드물다. 소통은 외부지식의 흡수통로이다. 소통은 다양한 연관 정책과 조율하는 통로이며 국민의 지지를 획득하는 통로이다.

21세기는 특히 민관 협치의 시대다. 민과 관의 생각과 문화는 본질적으로 다르다. 민의 사고가 변화와 혁신에 중점을 둔다면, 관은 관리와 통제에 중점을 둔다. 민에서는 '안 되는 일도 되게 하라'고 하지만 관에서는 '문제없게 하라'고 한다. 민은 실리를 추구하지만, 관은 자긍심을 먹고 산다. 그래서 민은 이익에 민감한 '을'이 될 수 있고, 관은 위계에 민감한 '갑'이기를 고집한다. 이렇게 다른 것이다.

협치를 하려면 이해와 소통이 전제돼야 한다. 소통을 잘하는 관료는 일에 모자람이나 과함이 없고 소리가 나지 않는다. 특히 인터넷 시대에 중요해진 것은 온라인 소통 능력이다. 과연 온라인에서 국민과의 진정한 소통이 무엇인지를 고민할 필요가 있다. 온라인 담론이 우수해지지 않고는 오프라인 담론도 우수해질 수 없다. 그러기에 정부가 오프라인에 안주하지 말고 온라인 속으로 들어가야 한다. 역량 있는 민주주의는 고품질의 담론을 요구한다. 그런 담론이 없으면 민주주의는 백가쟁명의 중우정치로 타락한다.

05

국민의 정신 혁명이
최후의 보루다

1) 과연 대한민국은 정상국가인가?

(1) 가장 부유하면서도 가장 비관적인 한국

① 자랑스러운 나라

지금의 한국은 큰 판의 바뀜 속에 있다. 젊은이들이, 기업들이, 과거에는 꿈조차 꿀 수 없었던 세계 최고의 자리에 올라서고 있다. 공부에서도, 연구에서도, 사업에서도, 운동에서도, 문화에서도 자랑스러운 수월성이 나타나고 있다.

세계 어디를 가든 우리 기업의 세련된 광고판을 보게 되고, 골목시장 상인들도 코리아를 알아보게 되었다. 처참하게 부서진 잔해더미의

사진으로 보았던 서울의 거리는 뉴욕만큼이나 화려한 곳이 되었다. 한국의 성장 모델은 이제 신흥국들의 교과서가 되었다. 올림픽, 월드컵, G20정상회의 등 숱한 국제행사의 개최국도 되었다. 역동적인 한국, 우리의 위상은 우리도 모르는 사이 이렇게 변했다.

② 비관적인 나라

그럼에도 불구하고 우리는 우리 미래에 대해 비관적이다. 왜 이다지도 비관적이어야 할까? 그것은 우리가 지금 사는 생태계의 건강성에 자신이 없기 때문이다.

생태계란 인간을 포함한 다양한 생물들이 서로 상호작용하며 함께 살아가는 시스템이다. 건강한 생태계란 헌것의 파괴와 새것의 창조, 같은 것의 경쟁과 다른 것의 협력, 파편적 분화와 전일적 융합이 서로서로 이어가며 활력을 만들어가는 시스템이다.

'비정상의 정상화', 박근혜 정부가 내걸었던 이 슬로건은 현재의 한국을 대변한다. 비록 슬로건이 따로 놀기는 하였지만. 비정상이란 무엇인가? 하나는 우리의 정신과 그 행태가 비정상이라는 이야기이고 다른 하나는 우리가 가진 사회구조적인 문제, 즉 사회 시스템이 비정상적으로 작동된다는 것을 말한다.

우리 주위에서 우리는 자신의 민낯을 보여주는 행태들을 쉽게 발견할 수 있다. 갓길 운전 같은 생활 문제뿐 아니라 최순실 국정농단 같은 국정 운영의 논란에까지 비정상의 문제는 실로 다양하다. 세계에

서 가장 풍요롭게 사는 강남에 살면서도 못산다고 느끼는 습관적 결
핍증, 불과 몇십 킬로미터 밖에 핵무기로 위협하는 집단과 마주하고
있으면서도 그 위협을 느끼지 못하는 위험 둔감증, 문제는 이것이
한둘의 사회 부적응자의 문제가 아니라 사회 전반에 팽배한 병리 현
상이라는 점이다.

③ 젊은 세대의 좌절

국가를 지속가능하게 할 에너지의 가장 중요한 원천은 젊은 세대다.
젊음이 역동적이어야 국가는 발전할 수 있다. 기성세대는 과거를 회
고하며 현재를 보지만, 젊은 세대는 현재를 보며 미래의 꿈을 꾼다.
'헬조선'이란 유행어는 이런 청년 세대에 중병이 들었음을 보여준
다. 이 자조적 유행어 속에는 청년들의 현실에 대한 반감, 미래에 대
한 좌절감이 녹아 있다.

과거의 청년 세대에는 경제의 압축성장으로 신분 상승 기회가 구조
적으로 열려 있었고, 일제의 파괴와 6.25동란으로 기득권질서가 붕
괴되어 상대적으로 누구에게나 그 기회가 개방되어 있었다. 그러나
우리 경제가 점차 발전하면서 '기회의 사다리' 문은 매우 좁아져버
렸다.

스펙경쟁을 강요하는 기존 교육과 채용 시스템에 순종했지만 그들
은 취업의 문 앞에서 좌절했고, 그 문을 넘더라도 비정규직으로 불
안한 나날을 보내야 했다. 더구나 40대에도 해고를 당하는 선배들

을 보며 그들의 불안감은 커져만 가고 있다. 이런 그들 옆에 '부모 잘 만난 것도 실력'이라는, 같은 젊은 세대의 자랑과 과시가 그들의 마음을 파고들면서 '금수저, 흙수저'라는 또 하나의 자조적 용어가 만들어졌다.

이런 젊은이들을 보고 기성세대들은 단군조선 이래 최고의 풍요 속에서 왜 불만이고, 좌절하느냐는 책망을 늘어놓는다. 과연 그들에게 이런 책망을 들을 만큼 문제가 있는 것인가?

어느 시대나 성공방정식은 따로 있다. 자신이 성공했다고 그것을 다음 세대까지 그렇게 하라는 것은 성공의 함정에 빠지라고 하는 것과 같다. 사회가 발전하려면 새로운 시대의 성공방정식이 필요하다. 그것은 새로운 세대가 그릴 수밖에 없다. 그들의 방식으로 그려야 하기 때문이다. 그것을 이해할 수 없다고 야단치려 해서는 안 된다. 기성세대는 참고 기다릴 줄 알아야 한다. 그들이 새로운 시대의 그림을 그리기를 주저한다면 그것은 기성세대의 책임이다.

스펙경쟁은 그들의 선택이 아니다. 이 사회가 투자는 하지 않고 암기식, 족집게식으로 그들을 가르쳤고 취업시험에서 사지선다형 대답을 그들에게 요구했기 때문이다.

비정규직을 만든 것도 기성세대이고, 40~50대에 조기은퇴해야 하는 사회를 만든 것도 기성세대다. 부정과 탈법으로 만든 권력과 부도 실력이라는 말을 가능하게 한 것도 기성세대다. 젊은 세대들은 이 사회를 원망하지 않는다. 그들은 다만 '미래의 나는 과연 어떻게 될 것인가', 그것을 고민하고 있을 따름이다.

문제는 그들에게 길을 안내해줄 기성세대가 없다는 것이다. 경륜이 있다는 말은 그만큼 지혜롭다는 말이다. 나이를 먹는다는 것은 하나의 지혜로운 도서관이 되는 과정이다. 훌륭한 도서관은 자신이 들려줄 말을 안다.

(2) 사회의 병리 현상들

사회에는 개인들을 지배하는 풍조가 있고, 이는 광범위한 사람들의 행태로 나타난다. 우리 사회에도 그런 사회적 풍조가 있고, 이는 알게 모르게 우리의 의식과 행동을 지배하고 있다. 과연 지금 한국사회에 나타나는 병리 현상들은 무엇인가?

① 이기심의 지배

이기심은 인간의 본성이다. 그러나 이기심이 과해지면 다른 사람이 피해를 받는 법이다. 논어에 이르기를 '욕심은 내도 탐하지 않아야 한다(欲而不貪)'라고 하였다. 이기심이 탐욕이 될 때 그 이기심은 남을 해치는 칼이 된다. 자본주의 발달이 물질에의 맹목적 추구로 나타나면 인간이 가진 정신은 쇠퇴한다. 그럴 수밖에 없는 것이 옛 성현들의 가르침이다.

『도덕경』은 "화려한 색을 추구할수록 인간의 눈은 멀게 되고, 맛있는 음식을 추구할수록 인간의 입은 상하게 되고, 얻기 힘든 물건에 마음을 **빼앗기면** 인간의 행동은 무자비해진다"고 한다.

과학기술, 경제, 사회, 정치, 모든 영역에서 가치와 명분은 뒤로 밀리고 물질과 이익이 앞자리를 차지하였다. 오랜 기간 물질적 결핍의 시대를 살아온 한국인이기에 물질적 성공신화는 물질에의 더 큰 기대로 이어졌고, 정치는 이 욕망을 부추기는 게임에 앞장을 섰다.

자신의 능력은 생각지 않고 높은 자리, 큰 부자, 큰 명예를 꿈꾸는 것이 우리의 모습이다. 지도층 또한 부와 권력을 한꺼번에 취하려는 습성을 갖게 되었다. 그들조차 염치와 양심을 내던졌다.

이기적 욕망이 강하면 강할수록 타인에게는 배타적이 되기 마련이다. 지금 한국사회는 남이 어떻게 되든 내게 불리한 건 조금도 못 참는 사회가 되었다. 수많은 님비 현상이 우리 주위에 벌어지고 있고, 세상이 어떻게 되든 내 자신, 내 자식에 조금이라도 손해일 것 같으면 못 참게 되었다.

욕망에 절제가 없으면 그 자신을 망치는 괴물이 된다. 미다스 왕은 자신의 손으로 만지는 모든 것을 황금으로 변하게 할 능력을 염원하였다. 디오니소스 신은 그 염원을 들어주었다. 그러나 미다스가 황금으로 변하게 한 것은 자신이 사랑하는 딸이었다.

② 미움과 시기심의 지배

한국사회는 가장 압축적으로 기대 상승의 혁명이 일어난 사회다. 그 어느 나라보다 압축적인 성장이 일어났고, 그 과정에서 수많은 사람들이 현격한 신분 상승을 경험하였다. 민주주의와 교육의 보편화는 이런 인간의 욕망에 불을 지폈다. 그러나 인간의 욕망이 커지면 기대가 커지고, 그 기대가 충족되지 못할 때 실망과 배반감도 그만큼 더 큰 법이다.

이런 부정적 감정이 들어오기 시작하면 미움과 시기심 또한 고개를 든다. 우리의 저변에는 '사촌이 땅을 사면 배가 아프다'는 말처럼 시기심이 뿌리 깊게 자리 잡고 있다. 시기심은 결속력을 저하시킨다. 스위스 국제경영개발원(IMD)의 '2016년 국제경쟁력지수'에 의하면 우리의 사회적 결속력은 2012년에 비해 절반 수준으로 떨어졌다고 한다.

이런 상황에 더욱 불을 지르는 것이 우리 사회에서 벌어지는 게임규칙의 위반사례들이다. 정경유착, 부정부패, 투기, 불신, 사기, 특혜배분 등은 흔히 보는 사례들이다. 불공정과 위반 앞에 국민들은 억울했고 남을 미워하게 되었다. 시기심이 커지는 사회가 무엇보다 경계할 것은 하향평준화의 열병이다. 잘나가는 것을 끌어내리려 하는 사회는 패망의 길로 갈 수밖에 없다. 우리 사회에 유독 악플과 투서가 많은 것을 경계해야 하는 이유이다.

③ 거짓과 위선의 만연

외국인 교수가 한국을 떠나며 후임 외국인 교수에게 한 말이 보도된

적이 있다. "한국인은 너무 친절하다. 그러나 그것이 그 사람의 인격이라고 판단하면 오해다. 권력이 있거나 유명한 사람에게는 지나칠 정도로 친절하지만, 자기보다 약하거나 힘없는 서민에게는 거만하기 짝이 없어 놀랄 때가 많다. …잘나가는 엘리트일수록 이 같은 이중인격을 지니고 있어 인간적으로 사귀고 싶지 않았다."

겉으로는 인의, 이타, 공정을 말하면서 속으로는 무시, 거만, 이기, 부정의 유혹을 떨쳐버리지 못했던 것이 바로 우리 모습이다. 겉으론 인사의 공평을 부르짖으며 속으론 코드인사, 연고인사의 망령에서 벗어나지 못한 것이 우리이고, 겉으론 법과 질서를 세우겠다 하면서도 속으론 편의와 실리에 따라 위장전입도 하고 정치적 사면도 해야 하는 것이 우리이고, 겉으론 미국을 욕하는 반미주의자이면서도 속으론 자식만은 미국에 조기유학을 보내야 하는 것이 우리이다. 겉으로는 독재에 그렇게 항거하는 민주주의 잠재력을 갖고 있으면서도 속으론 서로 발목을 잡는 과잉 민주주의의 덫에 걸려 한 발자국도 움직이지 못하는 것이 우리이다.

이중성이 크면 무엇이 정의이고 어디까지가 지켜야 할 선인가가 불분명해진다. 세상에 규율이 없어지는 것이다. 법을 순진한 사람만 지키고 약삭빠른 사람은 돌아가니, 법 지키라는 것이 민망하게 되었다. 이런 세상이니 믿지를 못하고, 그러니 약속하기도 어렵고, 규제도 없앨 수 없고, 힘도 합칠 수 없다.

④ 졸부적 과시욕

우리에겐 뿌리 깊은 졸부적 과시욕이 있다. 비겁함과 용감함은 동전의 양면이다. 잘난 척, 강한 척하는 마초병은 자아 빈곤에서 연유한다고 한다. 열등감의 도착증으로서 우월감이 나타난다. 남에게 "멋있게 보이기"를 바라니 자아는 늘 상처받기 마련이다. 서열주의가 강할수록 그 욕망도 늘어난다.

권력과 부를 탐하면 소위 '갑질'도 늘어난다. 권력과 부가 절제와 품격을 사라지게 하니 욕망의 배설만 남는 것이다. '갑질'은 어디에나 존재한다. 공직자, 대기업, 정치인, 교수, 상사, 그 모두에게 가능성이 있다. 한 항공사 오너의 딸은 승무원이 밉다고 떠나던 비행기를 멈춰 서게 했다. 한 백화점을 찾은 모녀는 안내 직원을 무릎 꿇게 하고, 한 아파트 입주자는 경비원의 뺨을 때렸고, 한 외교부장관은 자신의 딸을 외교부에 특채했다.

이 모두 개인의 일탈로 치부하기에는 우리 사회가 가진 구조적 병리 현상이 너무 깊다. 3만 달러를 바라보는 국민소득과 3000달러도 안 될 것 같은 국민의식이 부조화를 일으키는 것이다. 대답은 품격을 높이는 것이고 의식 혁명을 이루는 것이다. 사회의 품격은 가진 자가 얼마나 법과 도덕을 충실히 지키는가에 달려 있다. 가진 자가 남다른 절제와 배려를 보이면 못 가진 자도 따라가는 법이다.

2) 국가경영과 정신자본

|

(1) 국가발전과 정신자본

|

국가의 가장 중요한 관심은 생존이다. 특히 변화가 클수록 그 생존은 중요하다.

대한민국은 과연 어떻게 생존할 수 있을 것인가? 고대 그리스와 로마 제국의 번영 뒤에는 시민들에게 군인정신을 심어주는 단련장과 교사, 우수학생에 대한 배지 수여와 같은 포상제도가 있었다. 고대 그리스어로 두모스(thumos)란 말이 있는데 이는 용맹함을 나타내는 말로, 플라톤은 『국가론』에서 이를 '털을 곤두세운 개의 사나움'으로 표현했다.

이와 같이 강건한 사회에는 그 나름의 강건한 정신이 있다. 정신은 불가능해 보이는 것을 가능하게 만든다.

1960년대의 베트남 전쟁은 가장 이상한 전쟁 중의 하나였다. 세계 제일의 군사력을 자랑하는 미국이 곧 쓰러질 것 같은 월맹에 패한 것이다. 첨단 폭격기가 땅굴을 파고드는 게릴라들을 이겨내지 못했다. 공산주의를 막아야 하는 이념은 미국인들에게는 공허한 메아리였지만, 공산주의를 지켜야 하는 월맹인들에게 이념은 절박한 생존의 문제였다.

결국 이 정신력의 차이가 가공할 첨단무기의 위력을 이겨냈다. 그래서 40년이 흐른 지금 베트남인들은 당당히 미국을 친구로 삼을 수 있는 것이다.

애덤 스미스 또한 사회발전에서 정신의 중요성을 강조한다. 그는 '비겁함의 확산, 자존감의 결핍 등이 무지와 어리석음만큼 위험하다'고 한다. 일본의 모리시마 미치오 교수 역시 국가발전에서 정신의 중요성을 강조한다. 그는 '일본의 몰락' 가능성을 논하며 그 원인을 정신의 황폐화에서 찾는다.

중국 귀주대학의 도나 조하(D. Zohar) 교수는 정신과 경제의 관계를 강조하며 물질자본에 대립되는 정신자본을 강조한다. 정신자본이란 지식적 역량, 도덕적 역량, 관계적 역량, 변화 적응의 역량을 포함한다.

독일의 경제학자 빌헬름 뢰프케(W. Roepke) 교수는 근대경제의 생산성 증가, 물질적 풍요, 생활 수준 향상이 경제주의, 물질주의, 공리주의에 기반하고 있다면서 시장에서 거래하고 경쟁하기 이전에 도덕적, 관계적 능력(자기 규율, 정의감, 정직, 공정성, 기사도, 온건함, 공공정신, 인간 존엄의 존중, 윤리 규범 등)을 먼저 갖춰야 한다고 한다.

정신은 이 변화하는 시대에 자신의 원칙과 가치를 일관성 있게 만들어가는 바탕이다. 그것이 일관성 있게 지속될 때 그것은 문화이고, 규율이고, 행동양식이다.

필자는 2011년 한 논문에서 이러한 정신적 역량의 핵심 요소를 수월성, 도덕성, 협동성, 역동성으로 요약한 바 있다. 제4차 산업혁명 시대에는 지식정보가 일종의 공유자원으로 되어가고 있어서 특히 도덕성, 협동성, 변화 적응성이 점점 더 중요해지고 있다.

[그림 3] 정신자본의 4대 요소

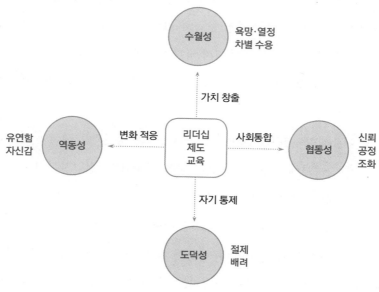

(2) 정신자본의 구성요소

|

① 수월성

부를 창조하는 기반이다. 수월성은 기본적으로 욕망과 이기심에 기
반한다. 애덤 스미스는 『도덕감정론』에서 모든 사람이 경쟁심을 가
지고 있으며, 그 기원이 타인의 탁월성에 대한 찬탄에 있다 하였다.
영국의 진화생물학자 클린턴 리처드 도킨스(R. Dawkins)는 인간에
게 또한 이기적 유전자가 있다 하였다. 그 유전자를 깨우는 일차적
수단은 성과에 따른 차별이다. 즉 성과에 대한 차별이 있으면 욕망

과 열정이 생기고 혁신이 이루어지는 것이다.

한국경제를 성장시킨 것은 이 수월성에 대한 욕망이었다. 전통적으로 선비사회였던 한국은 근대화 과정에서 지식의 수월성에 대한 욕망을 점화시킬 수 있었고, 욕망은 교육열로 나타났다. 교육이 신분상승의 중요한 수단이 되었고, 이 지식과 대외지향적 발전전략이 결합되어 세계의 기술과 시장에 통할 수 있는 길을 열었다.

그러나 문제는 불균형이다. 시장은 기본적으로 차별을 확대시키는 힘이 있다. 수출과 내수, 제조업과 서비스업, 대기업과 중소기업 간의 불균형이 심화되었다. 외환위기 이후 소득 격차, 빈부 격차까지 확대되면서 전반적인 경제의 양극화 문제가 우리 경제의 발목을 잡고 있는 형국이다.

② 도덕성

시장을 공정하게 하는 기반이다. 개인의 이기심이 지나치면 자유의 책임은 외면되고 게임규칙은 왜곡된다. 예일대의 로버트 실러(R. J. Schiller) 교수는 시장에는 '비이성적 과열'이 작용하여 시장을 과열과 침체의 위험 속으로 몰고 간다고 한다. 시장에는 절제의 힘이 필요하고 도덕이란 절제를 위한 내면적 '행동강령'이다.

막스 베버는 서구 자본주의에서 이 절제의 힘을 개인의 근면, 정직, 검약정신을 강조하는 캘비니즘에서 찾았다. 자본주의를 발달시킨 기독교인들은 돈에 대한 탐욕이 아닌 금욕주의를 지향했다. 그들에게 일은 소명, 즉 신에게서 부여받은 임무였다.

그러나 우리의 전통적 가치관은 부서졌고 근대시장에 적용될 가치관은 없었다. 물질주의가 인의(仁義)를 대체하며 도덕심은 약화되었다. 사회활동의 전제로 자신의 수양을 먼저 꼽았던 '수기치인(修己治人)'의 선비정신은 퇴색되고, 그 자리를 자신의 수양보다 사회활동을 먼저 하려는 기능적, 물질적 사고가 차지하게 되었다. 이는 결국 '물질적 성공, 정신적 실패', '경제적 성공, 사회적 실패'를 초래하고 있다.

③ 협동성

공동체를 형성하는 기반이다. 협력을 하려면 소통하고 신뢰할 수 있어야 한다. 하버드대의 로버트 퍼트넘(R. D. Putnam) 교수는 사회적 자본을 말하면서, 그 구성요소로 신뢰와 질서 등을 들고 있다. 신뢰가 없으면 거래비용이 높아져 시장도 사회도 발전하기 어렵다.

신뢰는 생각의 습관이다. 생각과 습관은 사회에서 타인들에게 전염된다. 한 사람이 신뢰하지 않으면 다른 사람도 신뢰하지 않는다. 그래서 신뢰가 없으면 협동이 이루어지기 어렵다.

한국사회는 신뢰가 낮은 사회다. 서울대 이영훈 교수 조사에 의하면 타인을 신뢰하는 비율이 1982년 38%에서 2010년에는 26%로 떨어졌고, 이는 OECD 국가 중 가장 낮은 수준이다.

국민대 최항섭 교수는 우리 사회의 특징을 법을 잘 지킬 것이라고 믿을 수 없는 사회, 공정경쟁이 이루어질 것이라고 믿을 수 없는 사회라고 요약한다. 게임규칙이 불공정하다고, 특권과 부정이 많다고 느끼는 사람이 많다. 법 지키는 사람이 손해라는 인식도 강하다. 그 결과 부와 소득의 불균형 문제도 이런 불공정한 질서의 결과라고 느낀다. 여기에 이념적 갈등까지 확산되니, 마찰과 갈등이 증가할 수밖에 없다. 불신, 불만, 불안의 3불 사회가 되어버린 것이다.

물론 어느 사회나 사회적 신뢰의 문제에 봉착해 있는 것이 현재의 세계적 상황이다. 그러나 한국의 사회적 신뢰가 OECD 국가 중 최하위를 기록하고 있다는 게 문제다.

④ 역동성

시스템을 동태적으로 변화시키는 힘이다. 다시 말해 생성과 소멸이 원활해야 한다. 새로운 인물, 시스템, 에너지가 자라나고 과거의 인물, 시스템, 에너지는 사라져야 한다.

생성과 소멸이 발전의 에너지를 만든다. 역동성이 높으려면 사고가 유연해야 한다. 경직되면 변화 적응에 필요한 자원의 이동을 제약하는 결과를 초래한다. 변화는 기회를 가져오고, 기회를 잡는 데는 미래를 긍정적으로 보고 도전하는 것이 필요하다.

한국은 그 어느 나라보다 역동적 국가이다. 짧은 기간에 새로운 산업을 만들어냈고, 획기적인 사회적 이동을 이루어냈다. 역동성은 어찌 보면 한국인에 녹아 있는 DNA이다. 혈연, 지연, 학연의 연고적 집단주의가 강한 사회이면서도 내부에 역동성을 간직한 역동적 집단주의의 성격을 갖고 있다. 이런 역동성의 DNA는 유연성으로 나타났다. 선진제도를 쉽게 받아들이고, 시장에서는 조기 수용자(early adopters)가 한국을 세계적인 시험시장으로 만들었다.

역동성은 또한 도전의식으로 나타났다. 수많은 기업가들이 세계시장의 기술장벽, 유통장벽, 문화장벽을 뛰어넘었다. 유연성은 또한 문제 해결 능력으로 나타났다. 그동안 그토록 외부 충격들이 많고, 내부적인 정치사회적 갈등이 많았음에도 불구하고 한국사회는 결국 그 문제들을 해결해냈다.

이처럼 역동적이기에 한국은 자신들에게 유리한 국제환경의 시기를 놓치지 않을 수 있었다. 한국의 경제개발이 10년 늦었어도, 중국의 경제 개방이 10년 빨랐어도 한국의 경제 모습은 지금과 상당히 다를 수 있었다. 그러나 우리의 이 장점이 경제가 발전하며 점점 약화되고 있다.

가진 것이 많아지면 경직되기 마련이다. 과거 우리 사회가 역동적인 것은 역설적이게도 가진 것이 없었기 때문이다. 경직적이라면 우리가 지금 가진 것이 너무 많다는 것을 의미한다.

(3) 한국경제의 정신자본의 발전방안

|

한국경제는 지금 새로운 성장동력을 필요로 하고 있다. 잠재성장률은

3% 밑으로 하락하고 있고, 일자리는 줄어들고 있으며, 경제성장동력은 급속히 약화되고 있다. 거기다 도덕의식은 약화되고, 신뢰는 저하되고, 마찰과 갈등은 증가하고 있다. 이런 구조로는 21세기의 창조적 지능정보 사회, 글로벌 생태계 시대를 열어나갈 수 없다.

과연 한국경제는 무엇을 해야 하는가? 『세계는 평평하다』(The World is Flat)를 썼던 뉴욕타임스의 토머스 프리드먼(T. Friedman)은 미래 미국 사회의 가장 중요한 성공요소로 교육 역량(공장 시대에서 서비스 시대의 변화에 맞춘 교육 변화), 제도 역량(외국인재를 수용하는 이민정책, 정부 지원의 기초연구, 모험투자의 유인체제), 사회적 인프라를 지적한다.

미국의 성공에는 교육과 제도가 중심에 있듯이, 우리 사회의 성공을 위

[정신자본의 실천 메커니즘]

핵심 요소	내용	기대성과	실천 메커니즘
수월성	욕망·이기심 발현, 차별적 보상의 수용	단기적 성장 촉진	교육 : 창의성 강화 제도 : 성과보상 유인 강화 리더십 : 전문지식인 역할 강화
역동성	유연한 사고, 자신감의 발현	변화에의 적응	교육 : 유연한 사고 강화 제도 : 변화와 개혁 촉진 리더십 : 변혁적 지도력
도덕성	이기적 욕망의 절제, 타인에 대한 배려 확산	갈등의 축소, 신뢰의 확충	교육 : 학교·종교의 도덕교육 제도 : 도덕적 행동 유인 강화 리더십 : 지도층의 자기희생
협동성	신뢰의 확충, 공정질서 구축 상생조화의 정신	장기적 성장 촉진	교육 : 공정질서, 민주적 책임 제도 : 법치주의, 갈등조정 역량 리더십 : 개방적·상생적 지도력

해서도 마찬가지라고 생각된다. 다만 우리의 경우 리더십이 무엇보다 중요하다는 점을 고려하여 인프라 구축을 제외하고 교육, 제도, 리더십, 3개 축을 중심으로 하여 앞서의 네 가지 정신요소들을 살펴볼 필요가 있다.

① 성장동력으로서의 수월성

● 교육 시스템의 개혁 : 과거의 시스템은 이미 한계에 도달했다. 이공계 학생 숫자는 세계 최고 수준이지만 과학기술에 대한 학생들의 관심도는 나날이 추락하고 있다. 창의성을 위해 교육내용, 교육방식에 있어 획기적인 개혁이 필요하다(제2장 참조). 지능정보 시대, 서비스 시대에 맞는 그런 창의적 교육이 필요하다. 특히 사회 문제 해결형 기술 진보를 위해 어떻게 인문학을 활용할 것인가에도 관심을 가질 필요가 있다.

● 사회제도의 개혁 : 창조적인 능력은 제도적 차원에서의 유인이 필요하다. 개인의 창조적 욕망을 고취하는 유인은 자유의 증진과 보상의 차별이다. 자유롭고 공정한 경쟁질서와 성과 촉진을 위한 차별적이면서도 공정한 보상이 중요하다. 정부가 심판자로서의 역할도 제대로 할 수 있어야 한다. 공정하고 합리적인 차별화로 창조적 지식자본을 만들어가는 제도가 우리에게는 필요하다.

● 지식인의 리더십 : 피터 드러커는 지식 기반 사회에서 지식근로자의 중요성을 역설하였다. 지식인들의 목소리가 커지는 것은 지식사회의 고도화를 위해 필수적인 일이다. 네트워크 시대, 융복합 시대인

21세기의 지식 전문가는 개방적, 소통적인 리더십을 가져야 한다. 현대 지식사회의 수월성은 개방과 공유에서 시작된다. 이른바 '집단지성'의 시대란 더욱 다양한 지식 전문가들의 협력이 중요한 시대이다.

② 인간적 자본주의를 향한 도덕성

● 도덕교육의 강화 : 인간에게 이기주의와 도덕적 본성이 공존한다고 한 에밀 뒤르켐(E. Durkheim)은 도덕적 개인주의의 실천대안으로서 배려문화의 확산, 박애정신의 생활화를 들었다.

절제와 배려는 자신에 대한 성찰이 그 출발점이다. 자신의 성찰을 유도할 교육이 필요하다. 그동안 잊혀져버린 도덕교육의 중요성이 회복돼야 한다. 학교도 중요하지만, 부모도 그래야 한다. 도덕적 자본주의의 핵심은 부에 대한 개인의 욕망을 억제하는 것이 아니라, 욕망이 발현되더라도 그 욕망을 성취하는 데 있어 올바른 사고와 행동을 요구하는 것이다. 즉 돈을 벌더라도 올바르게 벌고 쓰더라도 올바르게 쓰게 하는 데 있다.

● 도덕심을 고취하는 제도 : 사람이 절제와 배려가 있는 행동을 하게 하려면 명예심이 있어야 한다. 사회가 도덕적인 영웅들을 발굴하고 키워야 한다. 그들의 존재는 하나의 살아 있는 교과서가 될 수 있다. 욕망이 탐욕으로 흐르지 않게 하는 또 하나의 중요한 기제는 법치이다. 효과적인 법규범은 탐욕을 막는 매우 유익한 기제이다. 그러나 문제는 시간의 경과에 따라 그 규범의식이 약화된다는 것이고, 이

과정은 조지타운대학 조지 애컬로프(G. A. Akerlof) (소속)교수의 말처럼 비도덕적 행위에 복잡한 역동성을 부여한다. 그러므로 도덕심 고취를 위해서는 법규범에 실효성과 일관성이 확보돼야 한다. 범죄에 대한 처벌가능성이 낮다는 정보가 확산되면 도덕의식은 약화되는 것이다.

● 도덕심을 확산시키는 리더십 : 도덕심을 고취하는 데 있어 무엇보다 중요한 것은 지도층이다. 지도층의 언행은 국민들에게 하나의 살아 있는 교과서이다. 자본주의를 일군 미국의 힘은 부자들의 수에 있는 것이 아니라, 그들이 대부분 대규모 기부자라는 데 있다.

록펠러의 과학 분야에 대한 지원은 분자생물학과 유전학의 성장을 가능케 했고, 빌 게이츠는 전 세계 빈민국의 어린이들을 질병과 죽음으로부터 지켜내기 위해 애쓰고 있다. 물질적 탐욕으로 그 중요성이 잊혀진 인간이란 화두를 이제 다시 찾아야 할 때다. 자본주의에도 새로운 휴머니즘정신이 필요하다.

③ 시너지 창출을 위한 협동성

● 배려와 소통을 위한 교육 : 공동체의 가장 중요한 덕목은 다양성의 인정과 소통이다. 소통이 되려면 우선 상대에 대한 배려가 있어야 한다. 그러나 지금 한국에는 증오와 미움이 확대재생산되고 있다. 이념, 정파 등에서 특히 그렇다.

영국 에식스대의 로버트 구딘(R. Goodin) 교수는 '성찰적 민주주의

(reflective democracy)'를 주장하였다. 상대를 배려하는 내적성찰 없이는 민주주의가 잘 작동될 수 없다. 가정, 학교, 사회 모두가 배려의 정신을 교육시키는 현장이 돼야 한다.

21세기에는 또한 글로벌 공동체에 대한 인식이 필요하다. 이제는 인류가 공동으로 부담하여야 할 '공공재'에 대해 어떤 역할을 해야 할 것인가 하는 결심이 필요하다. 개도국이란 핑계로 지구의 공공재를 외면할 단계는 지나갔다.

● 공정한 경쟁질서 : 신뢰는 또한 공정성 없이는 확보되기 어렵다. 공정하려면 법치주의가 확립돼야 한다. 이익집단의 떼쓰기가 통해서도 안 되지만, 지도층이 법을 우습게 아는 사회가 돼서도 안 된다. 정치적 필요로 법집행이 흔들리는 일도 없어야 하고 사면권의 남용도 없어야 한다. 법규범의 민주성과 명확성이 동시에 확보돼야 한다. 규칙 제정의 민주성도 중요하지만, 규제 자체의 명확성이 확보되어 고품질의 규제가 이루어지도록 해야 한다. 정부의 갈등조정 능력을 높이는 것도 중요하다. 정부가 어떻게 하느냐에 따라 갈등의 비용이 결정되는 것이다. 좋은 거버넌스는 경제발전에 긴요한 것이다.

● 참여와 공유의 리더십 : 현대의 거버넌스는 협치와 분권을 지향하고 있다. 리더십의 스타일 또한 변하고 있다.

20세기 리더십이 부와 권력에서 나오는 것이라면, 21세기 리더십은 참여와 공유에서 나온다. 리더가 대중을 가르치는 것이 아니라, 일반 대중이 리더를 발견하고 따르며 그에게 지휘의 권한을 주는 것이다. 이러한 리더는 특히 비전 창출 능력이 뛰어나야 한다. 민주주의에서 비전이 중요한 것은 비전이 다양한 개인들을 묶어낼 수 있기 때문이다. 이념으로 갈라진 사회일수록, 문화적 다양성이 큰 사회일수록 공동체 내에 비전이 살아 있도록 해야 한다.

④ 새로운 변화를 위한 역동성

● 유연한 사고의 교육 : 21세기는 급진적인 변화가 빈번히 나타나는 시기로 예상되고 있다. 경제주체들에게 예상치 못한 극단적인 사태에 대응하는 능력이 필요하다. 젊은이들에게 유연한 사고와 도전정신을 고취시켜나갈 교육이 필요하다.

유연한 사고를 하려면 다름을 인정하고 새로움을 수용할 수 있어야 한다. 같음은 획일과 경쟁을 낳고, 다름은 차별과 보완을 낳는다. 창조와 혁신이란 다름의 새로운 조합이다. 우리 사회가 어떤 결정도 내릴 수 없는 사회가 되는 것도 이 '다름 불인정 병' 때문이다. 그런 의미에서 우리의 획일화된 교육체계를 획기적으로 뜯어고칠 필요가 있다.

● 혁신친화적인 제도 : 외부의 변화를 능동적으로 흡수할 개방성과 자신의 기존 질서를 능동적으로 바꾸어나갈 혁신성이 필요하다. 개방성을 유지해야 글로벌 네트워크와 호흡하고 경쟁할 수 있다. 그러나 개방체제에는 그에 걸맞은 내부 역량 또한 필요하다. 역량은 혁신을 통해 만들어진다.

● 자신감을 고취할 리더십 : 역동성은 국민들에게 자신감이 있을 때 발휘되기 쉽다. 자신감은 누가 만들어주는가? 그것은 기성세대가 젊은 세대에게 만들어주는 것이고, 지도층이 일반 대중에게 불어넣어주는 것이다.

그런 의미에서 기성세대의 양보와 지도층의 리더십이 중요하다. 국민들에 자신감을 불어넣는 것이야말로 지도층의 역할이다. 더구나 대부분의 경제적 어려움은 순수한 경제적 문제라기보다 정치경제적 성격이 강하다. 그러기에 더욱 더 리더의 역할이 중요한 것이다.

(4) 한국경제의 정신자본의 진화 방향

시스템은 진화가 필요하다. 진화란 개인 영역과 사회 영역, 자본주의와 민주주의의 새로운 균형과 조화를 의미한다. 물질적 부가 증가할수록 더욱 대비되는 정신적 빈곤으로는 경제의 지속적인 성장 잠재력을 만들어낼 수 없다. 이제 우리의 자본주의도 도덕성이 강조되는 '성찰적 자본주의'로 나가야 한다. 이는 [그림 4]와 같이 우리의 경제사회발전 프레임워크를 A에서 B로 변화시켜나가는 것이다. 즉 도덕성과 협동성의 강화이다.

우리가 근대화 과정에서 잃어버려온 휴머니즘의 복원이 필요하다. 새로운 휴머니즘을 통해 우리의 자본주의는 더욱 강해질 수 있다. 이는 하버드대의 조지프 나이(J. Nye)의 말처럼 소프트 파워가 강해지는 과정인 동시에, 냉혈적인 자본주의를 인간의 피가 흐르는 따뜻한 자본주의로 전

환시키는 과정이며, 저(低)품격의 자본주의를 고(高)품격의 자본주의로
진화시키는 과정이다.

시장에 배려와 공정의 선한 힘을 키우면 선한 시장이 될 것이요, 시장
에 탐욕과 탈법의 악한 힘을 키우면 악한 시장이 될 것이다. 과연 경제를
강하면서도 선하게 만들 우리의 지혜는 어떻게 결집되고 발휘돼야 하는
것인가? 이제 우리 사회가 이에 대한 대답을 찾아야 할 때다.

[그림 4] 정신자본의 4대 요소

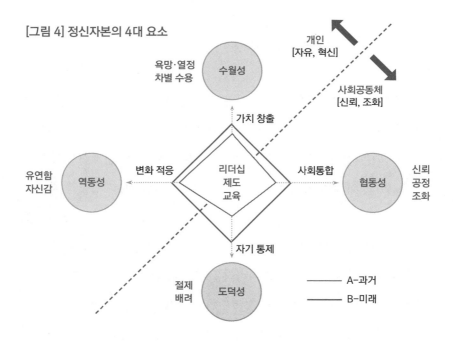

〈자료 : 이홍규(2011), "21세기 한국 정신자본의 발전 방향"〉

3) 교육을 다시 세우자

|

(1) 가정과 학교

|

정신은 교육을 통해 이루어진다. 플라톤은 교육을 단순히 지식을 전달하거나 주입하는 일이 아니라 영혼을 전향케 하는 기술이라 보았다. 이 플라톤의 혜안은 지금도 유효하다.

교육은 가정과 학교에서 이루어진다. 교육은 우선 가정에서 시작된다. 유대인의 교육은 인성개발로서 다른 사람과의 관계성에 중점을 둔다고 한다. 그들은 매주 금요일 온 가족의 저녁 식사에서 대화를 통해 자신의 정체성과 애국심에 관한 토론식 교육을 한다.

우리의 가정교육도 밥상머리교육이었다. 그런데 이것이 사라져버렸다. 학교교육이, 직장생활이, 가정교육의 시간을 앗아가버린 결과다. 부모는 가르치지 않더라도 행(行)함을 보임으로써 자식을 가르친다고 한다. 그러나 부모가 행을 알지 못하니 자식을 가르칠 수 없다. 부모의 물욕과 조급함이 자식에게 그대로 전이되고 있다. 심리학의 마시멜로 실험은 어릴 때의 자제력이 훗날 삶의 성공가능성을 높인다고 한다. 그러나 가정에서 수신(修身)을 이뤄야 하는 교육이 사라진 지 오래다. 그것이 현대 가정교육의 비극이다.

학교교육 또한 사람을 기르는 곳이 아니라 지식을 가르치는 학원으로 전락하였다. 공교육은 사교육에 자리를 내줬고, 교과서는 참고서에 자리를 내줬다. 생각할 시간은 암기할 시간에 자리를 내줬고, 문제의식은 문제풀이에 시간을 내줬다. 인성은 대학 가는 데 아무 도움이 되지 않았다. 미래를 위해 대수술이 필요한 시스템, 그것이 한국교육의 현주소다.

수술받아야 할 것은 바로 우리 자신이다. 우리의 교육이 수신에서 출발해야 한다. 그 시작은 고전 읽기다. 서구의 중등교육에서 대학 초년까지 지속되는 고전 읽기의 양을 생각해보라. 엔지니어링학교인 MIT에서 왜 글쓰기 강의가 중요시되는지를 생각해보라. 그런 축적이 있으니 그들은 사회의 문제가 무엇인지 알고, 연구의 개념화에 뛰어난 능력을 갖는다.

고전은 철학이 아니다. 고전은 모든 학문과 접목해야 하는 오늘의 실용학문이다. 과학기술의 수월성은 과학이 아니라 인간이 인간 자신에, 또는 이 사회에 제기하는 진정한 물음에서 나오는 것이다.

(2) 수기치인(修己治人)의 사회

|

수신(修身)은 자신이 생각할 수 있는 힘을 기르는 것이다. 나는 누구인가를 아는 노력이다. 인간으로서 나의 의미가 무엇이고, 타인과의 관계에 있어서 나란 존재가 무엇인가를 아는 것이다.

내가 존중되어야 남도 존중할 수 있다. 내가 결핍에 싸여 있으면 남을 옳게 바라볼 수가 없다. 부와 권력에 결핍이 크면 욕망이 크고, 그러면 모든 것이 왜곡될 수밖에 없다. 이 결핍감을 떨어낼 힘은 자신밖에 기를 수 없다.

지금 우리에게는 이런 힘이 없다. 생각할 힘이 있어야 독자적 생각이 가능하고 판단이 가능하다. 고전은 그 방법을 가르치고 있다. 유학의 기본원리인 충서(忠恕)는 바로 자신의 마음에 중심을 세우는 충(忠)과 타인의 마음과 같아져야 하는 서(恕)의 결합이다. 이는 부와 출세를 생각하기 전에 수기치인(修己治人), '내가 먼저 수양이 돼야 남을 다스릴 수 있다'는 생각을 해야 한다는 것이다. 내가 수양이 안 됐는데 남을 다스리려 드니 비극이 된다.

수신제가치국(修身齊家治國)은 지금도 살아 있는 명제다. 수신이 안 된 사람들이 나서면 사회가 사기와 위선의 사회일 수밖에 없다. 수신은 한마디로 도덕심의 회복이다. 도덕은 스스로 수신을 만들고, 법치는 힘으로 수신을 만드는 것이다.

도덕이란 진리인 도(道)를 덕(德)으로 실천하는 것이다. 덕은 인간을 움직이게 하는 힘이다. 인간의 행동은 덕을 근거로 해서 이루어지고 인간으로서 품위를 잃지 않게 하는 것도 덕이다.

맹자는 덕의 실천을 4단(四端)이라 하였다. 측은지심(惻隱之心)은 남의 불행을 가슴 아파하는 것이요, 수오지심(羞惡之心)은 남의 눈으로 자신의 부끄러움을 보는 것이요, 사양지심(辭讓之心)은 자신이 남에게 폐가 되는지를 살피는 것이요, 시비지심(是非之心)은 자신과 남의 마음에 틀린 점은 없는지를 살피는 것이다. 이 4단 속에 우리가 실천해야 할 염치와 양심, 절제와 배려, 중용과 시중이 있다.

① 염치와 양심

우리는 덕의 실천으로 염치와 양심을 생각한다. 이는 덕의 소극적 실천이다. 인간으로 가져야 할 최소한의 도덕심이다. 수오지심이 염치를 나타낸다면, 시비지심은 양심을 나타낸다.

염치와 양심은 우리의 본성 속에 살아 있는 마음이다. 우리가 찾고자만 한다면, 우리는 언제나 그것을 찾을 수 있다. 애덤 스미스는 양심과 정의를 자연법적 질서로 보았다. 그는 양심의 사회적 기능에 주목한다. 그는 양심이 자신의 이익에 몰입되어 남을 해치는 것을 방지한다고 한다. 이런 마음은 우리 자신을 자유롭게 하고 공정하게 행동하도록 하는 영혼의 거울이다. 그것은 수신(修身)의 거울이다.

② 절제와 배려

우리는 또한 덕의 실천으로 절제와 배려를 생각한다. 이는 덕의 적극적 실천이다. 이는 부와 출세의 욕망이 클 수밖에 없는 사회의 주류, '가진 자'가 가져야 할 최소한의 도덕심이다.

막스 베버(M. Weber)에 의하면 서구 자본주의에서 부의 축적은 인간이 신으로부터 구원을 받는 과정이다. 그러기에 그 사상은 부자들이 자신의 물질적 쾌락의 충족을 위해 부를 사용하는 것을 배격한다. 동양의 사상 또한 부의 사용에 절제와 배려를 요구한다.

사양지심이 절제를 나타낸다면, 측은지심은 배려를 나타낸다. 자신의 욕망이 어디를 향하고 있는지를 보고 그것이 남에게 폐가 되는지를 알아야 할 의무가 그들에게 있는 것이고, 그들의 부와 권력이 이 사회를 위해 어떻게 쓰여져야 하는지를 알아야 하는 것이다.

애덤 스미스가 말한 동감도 바로 이런 마음이다. 그는 자신의 새끼 손가락 하나를 잘라내더라도 여러 명의 다른 사람을 살릴 수 있다면 그렇게 하는 마음이 인간에게 있다고 보았다. 이 동감의 실천이 도 덕(道德)이다. 역지사지(易地思之)도 바로 그것이다.

도덕이 충만한 세상이란 바로 이런 공감 능력이 있는 세상이다. 제4 차 산업혁명이 요구하는 이기와 이타, 경쟁과 협력, 분화와 융합, 배 제와 신뢰의 조화는 이런 수신(修身)의 거울 없이는 이룰 수 없는 것 이다. 그 상반된 힘을 조화시킬 지혜가 만들어지지 않기 때문이다.

③ 중용과 시중

수신은 사물을 제대로 아는 지혜를 갖추는 것이고(格物致知), 생각 을 올바르고 성실하게 하는 것(誠意正心)이다.

지혜는 고정관념인 독선을 배격한다. 사회가 나와 너의 투쟁이 되 고, 이 투쟁에 골몰하면 '나(Ego)'가 강해져 독선이 생긴다. 독선이 되지 않으려면 이런 자신의 생각을 의심해야 한다. 그래서 우리는 이성의 꿈이 높아지는 것을 경계하고, 정의의 소리가 커가는 것을 두려워하고, 믿음의 환영이 뿌리내리는 것을 배격해야 하고, 사랑의 소리가 자신에게만 들려지는 것을 질책해야 한다.

데카르트는 그래서 세상의 진리에 대해 의심하는 사람이 될 수밖에 없었다. 너와 내가 만나는 것은 에고와 공감 중에 선택을 하는 것이다. 진리는 독선이란 극단에 있지 않고 중간에 있다. 중용이란 그래서 양 극단을 배격하는 논리이다. 사회의 진리는 그 맥락과 때가 맞을 때 진리가 될 수 있는 것이다.

균형이란 맥락에 달려 있으므로 만고불변의 위치란 존재하지 않는다. 맥락에 따라 달라져야 하는 것이다. 중용에서는 이를 시중(時中)이라 하였다. 세상의 근본 원리는 때와 상황에 맞는 지혜인 것이다. 시중은 그 맥락에서 어디가 올바른 위치인지를 찾는 진리 탐구의 노력을 전제로 한다. 중용에서는 이를 성(誠)이라 하였다.

진리의 길은 격물치지, 성의정심을 통해 찾아지는 것이다. 시중(時中)을 어떻게 찾을 것인가?

첫째, 그 맥락이 제기하는 질문의 정의부터 옳아야 한다. 즉 옳은 질문이 있어야 옳은 대답이 나올 수 있다.

둘째, 옳은 질문과 대답은 옳은 마음으로부터 나온다. 다시 말해 그만큼 정성이 있어야 하고, 그 마음에 치우침이 없어야 한다. 그래서 시중을 찾는 마음은 에고(자기)와 공감(타인)의 작용이다. '나'란 에고는 욕망의 감각으로 길들여지고 성공의 자만과 동행하고 있다. 에고가 승하면 옳은 중용이 찾아지기 어렵다. 공감은 나의 눈이 아니라 타인의 눈으로 바라보는 것이다.

에고와 공감은 모두 나와 타인의 관계 속에 정립되는 것이지만 그 바라보는 눈은 그렇게 다르다. 보수와 진보의 공감은 그렇게 필요한 것이다. 보수나 진보나 서로 공감하는 것을 찾으려 노력만 한다면 시중은 언제든지 찾아질 수 있다.

삶은 이 시중의 지혜를 배우는 과정이다. 우리 주위의 모든 것이 우리를 가르치고 있다. 필자의 절친은 구스타프 말러의 고향곡 2번 〈부활〉의 악보에 있는 말을 들려준다. '아무것도 헛된 것은 없어라. 우리가 사랑했던 것, 우리가 싸워냈던 것, 우리가 괴로움을 당했던 것, 그 아무것도 헛됨은 없어라.'

주요 참고문헌

1장

이홍규, "97년 체제의 의미 : 절반의 성공-새로운 리더십이 해법", 월간 Next, 2007.1

이홍규, "장백산에서 바라본 한국", 중앙시평, 중앙일보, 2010.8.25

Autor, D., D. Dorn, L. F. Katz, C. Patterson, J. V. Reenen(2017),
"Concentrating on the Fall of the Lab or Share", NBER Working Paper 23108, pp.1-11

Coase, R.(1960), "The Problems of Social Cost",
Journal of Law and Economics Vol.3, pp.1-44

Evans P. and J. E. Rauch(1999), "Bureaucracy and growth : Across-national analysis of the
effects of 'Weberian' state structures on economic growth"
American Sociological Review 64(5), pp.748-765

Fehr, E., K. M. Schmidt(1999), "A Theory of Fairness, Competition, and Cooperation",
The Quarterly Journal of Economics, pp.817-868

Handy, C.(1998), "정신의 빈곤 : 이기주의는 자본주의의 필요악인가", 21세기북스

Heilbroner R., W. Milberg(2012), "The Making of Economic Society"
"자본주의, 어디서 와서 어디로 가는가", 홍기빈 역, 미지북스, 2016

Hodgson, G. M.(2015), "Conceptualizing Capitalism : Institutions, Evolution, Future",
The University of Chicago Press

Johnson, S., J. McMillan, C. Woodruff(1999), "Contract Enforcement in Transition",
Discussion Paper 2081, Centre for Economic Policy Research

Jones, R. S.(2016), OECD, "OECD 가입 20주년 기념 특별좌담회 자료",
한국경제연구원, 2016.11.21

Landes, D. S.(2006), "Why Europe and the West? Why Not China?",
Journal of Economic perspective Vol.20(2), pp.3-22

Lewis, W. A.(1955), "Theory of Economic Growth", Routledge, 2013

Perez, C.(1999), "Technological Change and Opportunities for Development as a
Moving Target", United Nations Conference on Trade and Development

Nelson J. M.(1990), "Economic Crisis and Policy Choice : The Politics of Adjustment in Less
Developed Countries", Princeton University Press

Norris P.(2011), "Making Democratic Governance Work : The Consequences for Prosperity",
Faculty Research Working Paper, Harvard Kennedy School

Novak, M.(1982), "The Spirit of Democratic Capitalism", Simon

Olson, M.(2000), "Power and Prosperity : Outgrowing Communist and Capitalist
Dictatorship", "지배 권력과 경제 번영", 최광 역, 나남, 2010

Rodrik, D., A. Subramanian, F. Trebbi(2004), "Institutions rule : The primacy of in stitutions
over geography and integration in economic development",
Journal of Economic Growth 9(2), pp.131-165

Schumpeter, J. A.(1934), "The Theory of Economic Development : An Inquiry in to profits,
Capital, Interest, and the Business Cycle", Harvard Economic Studies

Schumpeter, J. A.(1950), "Capitalism, Socialism, and Democracy",
Harper Perennial Modern Thought

Smith, A.(1759), "The Theory of Moral Sentiments(with an Introduction by E. G. West)",
Liberty Classics, 1969

Smith, A.(1776), "An Inquiry into the Nature and Causes of the Wealth of Nations",
MetalLibri, 2007

Stigletz, J. E.(1989), "The Economic Role of the State", Oxford : Blackwell

Trigilia, C.(2002), "Economic Sociology : State, Market, and Society in Modern Capitalism", Blackwell

Central Planning Bureau, Scanning the Future : A Long-Term Scenario of the World Economy, 1990-2015, The Hague : Central Planning Bureau of the Netherlands

2장

양재진(2003), "노동시장 유연화와 한국복지국가의 선택 : 노동시장과 복지제도의 비정합성 극복을 위하여", 한국정치학회보 37집 3호, 한국정치학회, pp.403-428

이진영(2016), "OECD와 BRICS국가의 법적 해고비용 추정-2015년 횡단 자료 분석", 산업관계연구 제26권 4호, 한국고용노사관계학회, pp.57-79

이홍규(1999), "한국형 기업 지배구조", 산업연구원

Autor, D., D. Dorn, L. F. Katz, C. Patterson, J. V. Reenen(2017), "Concentrating on the Fall of the Labor Share", NBER Working Paper 23108, pp.1-11

Battiston, S., G. Caldarellie, R. M. May, T. Roukny, J. E. Stiglitz(2016), "The price of complexity in financial networks", Proceedings of the National Academy of the Sciences of the USA

Bhagwati, J.(1998), "The Stream of Windows : Unsettling Reflections on Trade, Immigration, and Democracy", MIT Press

Boddin, D.(2016), "The Role of Newly Industrialized Economies in Global Value Chains", IMF Working Paper WP/16/207

Boutang, Y. M.(2011), "What is Cognitive Capitalism?", Cognitive Capitalism, Polity Press, UK, pp.47-91

Brynjolfsson, E., A. McAfee(2014), "The Second Machine Age", "제2의 기계 시대", 이한음 역, 청림출판

Bjuggren, C.(2015), "The Effect of Employment Protection on Labor Productivity",
IFN Working Paper No. 1061, Research Institute of Industrial Economics

Chen, P., L. Karabarbounis, B. Neiman(2017), "The Global Rise of Corporate Saving",
NBER Working Paper 23133

Cunningham, J. P.(2015), "Capitalizing on Knowledge : Mapping Intersections
between Cognitive Capitlaism and Education", Critical Education Vol.6(17), pp.1–12

Davis, N.(2016), "What is the fourth industrial revolution?", WEF, 2016.1.19

Ezell, S. and B. Swanson(2017), "How Cloud Computing Enables Modern Manufacturing",
ITIF, AEI

Freeman, C., and C. Perez(1988). "Structural Crises of Adjustment,
Business Cycles and Investment Behaviour", In Technical Change and Economic Theory,
Dosi. G., C. Freeman, R. Nelson, G. Silverberg. and L.L.G. Soete (eds.), Frances Pinter

Hodgson, G. M.(2015), "Conceptualizing Capitalism : Institutions, Evolution, Future",
The University of Chicago Press

Kenney, M., J. Zysman(2015), "Choosing a Future in the Platform Economy :
The Implications and Consequences of Digital Platforms",
Kauffm an Foundation New Entrepreneurial Growth Conference,
Discussion paper, pp.16–18

Khanna, T., K. Palepu(2000), "Is Group Affiliation Profitable in Emerging Markets?
An Analysis of Diversified Indian Business Groups", Journal of Finance 55(2),
pp.867–891

Kiron, D., Doug Palmer, Anh Nguyen Phillips, Nina Kruschwitz(2012),
"What Managers Really Think about Social Business?",
MIT Strategic Management Review, Summer

Koren, Y.(2010), The Global Manufacturing Revolution :
Product–Process–Business Integration and Reconfigurable System, John Wiley

Liagouras G.(2005), "The Political Economy of Post-Industrial Capitalism", Thesis Eleven(Number 81), SAGE Journal, pp.20-35

Mortensen, D. T., C. A. Pissarides(1994), "Job creation and job destruction in the theory of unemployment", Review of Economic Studies 61(3), pp.397-415

Nonaka, I., H. Takeuchi(1995), "The Knowledge-Creating Company : How Japanese Companies create the Dynamics of Innovation", Oxford University Press

Rifkin, J.(2015), "The Zero Marginal Cost Society : The Internet of Things and the Rise of the Sharing Economy", "한계비용 제로 사회", 안진환 역, 민음사

Schooler, J. W., T. Y. Engstler-Schooler(1990), "Verbal overshadowing of visual memories : Somethings are better left unsaid", Cognitive Psychology, Vol.22(1), pp.36-71

Schumpeter, J. A.(1934), "The Theory of Economic Development ; An Inquiry in to profits, Capital, Interest, and the Business Cycle", Harvard Economic Studies

Schwab, C.(2016), "The Fourth Industrial Revolution, World Economic Forum", 송경진 역, 새로운 현재

Schwab, C. etc.(2016), "4차 산업혁명의 충격", 김진희 외 역, 흐름출판

Susskind, R., D. Susskind(2015), "The Future of the Professions : How the Technology transform the Work of Human Experts", "4차 산업혁명 시대, 전문직의 미래", 위대선 역, 와이즈베리, 2017

Tapscott, D., A. Tapscott(2016), "Blockchain Revolution", "블록체인 혁명", 박지훈 역, 을유문화사

Vaughan, R., J. Hawksworth, "The Sharing Economy : How will it disrupt your business?", PWC, 2014

WEF, Executive Summary, "The Future of Jobs : Employment, Skills, and Workforce Strategy for the Fourth Industrial Revolution", WEF, 2016.1

Wilkinson, R., K. Pickett(2011), "The Spirit level : Why Greater Equality Makes Societies Stronger", "평등이 답이다 : 왜 평등한 사회는 늘 바람직한가?", 전재웅 역, 이후

OECD National Accounts Database : OECD STI Database

OECD(2015), "한국 : 역동적이고 포용적이며 창조적인 경제를 위한 정책 우선순위", 'Better Policies' 시리즈, 2015.10

3장

김재훈, 이호준(2013), "공직부패 축소를 위한 공직임용제도의 개방성 확대", KDI, 정책포럼 제258호

남경희(2013), "플라톤", 아카넷

대통령개혁연구팀(박세일, 김병국, 이홍규 외)(2002), "대통령의 성공조건", 동아시아연구원 마키아벨리, 로마사논고, 한길사, 2003

모리시마 미치오(1982), "일본은 왜 성공하였는가", 이기준 역, 일조각

모리시마 미치오(1999), "왜 일본은 몰락하는가", 장달중 역, 일조각

박지향(2017), "정당의 생명력 : 영국보수당", 서울대학교출판문화원

월터 리프만(2012), "여론(Public Opinion)", 이충훈 역, 까치

이홍규, 김병국(2006), "경쟁국가 시대의 정부 역량", 경제를 살리는 민주주의(장훈편), EAI

이홍규, 임성호, 정진영, 강원택, 김병국(2007), "대통령직 인수의 성공조건 : 67일이 5년을 결정한다", 동아시아연구원

이홍규(2009), "정치적 쏠림 현상과 숙의 역량", 한국교수불자연합학회지 15(2), pp.7-41

이홍규, "소통의 세 가지 길", 중앙시평, 중앙일보, 2010.7.14

이홍규(2011), "21세기 한국 정신자본의 발전 방향", 서울컨센서스 : 21세기 신발전패러다임, 나남, pp.57-126

이성규(2015), "시장확대를 위한 정부의 역할 : 시장확대적 정부를 중심으로", 제도와 경제 제9권 제3호, pp.165-208

플라톤, "소크라테스의 변명", 강철웅 역, 이제이북스, 2014

최항섭(2007), "정보사회의 신뢰와 사회적 자본", KDI/KISDI 컨퍼런스 (사회적 자본 : 정부의 역할과 IT), 2007.9.5

황인학(2015), "제도와 경제성장 : 우리나라 제도경쟁력의 현황과 개선 과제", 한국경제연구원 정책연구 2015-08

Acemoglu, D., J. A. Robinson(2008), "The Role of Institutions in Growth and Development", Commission on Growth and Development, World Bank Working Paper 10

Acemoglu, D., G. Egorov, K. Sonin(2011), "A political Theory of Populism", NBER Working Paper 17306

Acemoglu, D., J. A. Robinson(2012), "Why Nations Fail : The Origins of Power, Prosperity, and Poverty", "국가는 왜 실패하는가", 시공사, 2012

Adam Smith(1759), The Theory of Moral Sentiments(with an Introduction by E. G. West), Liberty Classics, 1969

Adam Smith(1776), "An Inquiry in to the Nature and Causes of the Wealth of Nations", MetalLibri, 2007

Akerlof, G. A. and R. J. Shiller(2009), "Animal Spirits : How Human Psychology Drives the Economy, and Why It Matters for Gobal Capaitalism", "야성적 충동", 김태훈 역, 랜덤하우스

Alstyne, M. V., E. Brynjolfsson(2005), "Global Village or Cyber-Balkans? Modeling and Measuring the Integration of Electronic Communities", Management Science, Vol.51, No. 6, pp.851-868

Bauer, P. T.(1956), "Lewis' Theory of Economic Growth", Review,
The American Economic Review Vol.46(4), pp.632-641

Baumol, William J.(1990). 'Entrepreneurship : Productive, Unproductive and Destructive',
"Journal of Political Economy", 98, pp.893-92

Buckingham, M., A. Goodall(2015), "Reinventing Performance Management",
Harvard Business Review, April, pp.40-50

Castells, M.(2000), "The rise of the network society. The information age : economy,
society, and culture", Vol.1, Malden : Blackwell. 2nd Edition, "네트워크사회의 도래",
김묵한 외 역, 2003, 한울

Coyne, C.(2007), "Capitalism and democracy : friends or foes?", The Economist, 2007.8.27

Dahlberg, S., S. Holmberg(2014), "Democracy and Bureaucracy : How their
Quality matters for Popular Satisfaction", West European Politics 37(3)

Dryzek, J. S.(2007), "Democratization as Deliberative Capacity Building",
Political Science Seminar, RSSS, The Australian National University

Friedman, T.(2016), "What is the most urgent issue in America that needs
to be addressed?", Quora Digest, 2016.4.20

Goodin, R. E.(2003), "Reflective Democracy" Oxford University Press

Gós, C.(2015), "Institutions and Growth : a GMM/IV Panel VAR Approach",
IMF Working Paper WP/15/174

Gordon, S. C., G. A, Huber(2009), "The Political Economy of Prosecution",
Annual Review of Law and Science Vol.5, pp.135-156

Gorodnichenko, Y., G. Roland(2012), "Understanding the Individualism -Collectivism
Cleavage and its Effects : Lessons from Cultural Psychology", Institutions and Comparative
Economic Development(M. Aokieds), International Economic Association, pp.213-236

Greenfeld, L.(2001), "The Spirit of Capitalism : Nationalism and Economic Growth", Harvard University Press

Hardin, G.(1968), "The Tragedy of the Commons", Science, New Series, Vol.162, No.3859, pp.1243-1248

Hayek, F. A.(1973), "The Road to Serfdom", "예종의 길(상)", 정도영 역, 삼성문화재단

Hayek, F. V.(1979), "Law, Legislation and Liberty", Vol.3, The Political Order of a Free Society, The University of Chicago Press

Heilbroner, R., W. Milberg(2012), "The Making of Economic Society", "자본주의, 어디서 와서 어디로 가는가", 홍기빈 역, 미지북스, 2016

Hodgson, G. M.(2015), "Conceptualizing Capitalism", The University of Chicago Press

Johnson, S., J. McMillan, C. Woodruff(1999). "Contract Enforcement in Transition", Discussion Paper 2081. London : Centre for Economic Policy Research

Johnson, S., J. McMillan, C. Woodruff(2002). 'Courts and Relational Contracts', Journal of Law, Economics and Organization, 18(1), pp.221-77

Jost, John T., Jack G laser, Arie W. Kruglanski, Frank J. Sulloway(2003), "Political Conservativism as Motivated Social Cognition", Psychology Bulletin 129(3), pp.339 - 375

Kahneman, D.(2011), "Thinking Fast and Slow", "생각에 관한 생각", 2012, 김영사

Kaltwasser, C. R.(2012), "The ambivalance of populism : threat and corrective for democracy", Democratization, Vol.19(2), pp.184-208

Kaznacheev. P.(2017), "Curse or Blessing? : How Institutions Determine Success in Resource-Rich Economies", Policy Analysis 808, CATO Institute

Krosnick, J. A.,(2012) "The Psychology of Voting", https://pprg.stanford.edu/wp-content/uploads/10-The-psychology-of-voting.pdf

Krueger, A. O.(1974). 'The Political Economy of Rent-Seeking Society', The American Economic Review, 64(3), pp.291-303

Leadbeater, C.(2009), "WE THINK : Mass Innovation, not Mass Production", 우리는 나보다 똑똑하다 : 집단지성이란 무엇인가, 이순희 역, 21세기북스

Levy, B. and F. Fukuyama(2010), "Development Strategies : Integrating Governance and Growth", World Bank Policy research Working Paper 5196

McGuire, M. C., M. J. Olson(1996), "The Economics of Autocracy and Majority Rule : The Invisible Hand and the Use of Force", Journal of Economic Literature Vol.34(1), pp.72-96

Nelson, J. M.(1990), "Economic Crisis and Policy Choice : The Politics of Adjustment in the Third World", (eds), Princeton University Press

Nilsson, M., L. J. Nilsson, R. Hildingssonc, J. Stripplec, P. O. Eikelandd(2011), "The missing link : Bringing in stitutions and politics into energy future studies", Futures, Vol.43(10), pp.1117-1128

Norris, P.(2011), "Making Democratic-Governance Work : The Consequences for Prosperity", Faculty Research Working Paper, Harvard Kennedy School

Novak, M.(1982), "The Spirit of Democratic Capitalism", Simon

Olson, M.(1965), "The Logic of Collective Action : Public Goods and the Theory of Groups", Harvard Economic Studies 124

Olson, M.(1996), "Big Bills left on the sidewalk : Why Some nations are rich, and Others poor", Journal of Economic Perspectives Vol.10(3)

Olson, M.(2000), "Power and Prosperity : Outgrowing Communist and Capitalist Dictatorship", "지배 권력과 경제 번영", 최광 역, 나남, 2010, p.106

Ostrom, E.(1990), "Governing the Commons", "공유의 비극을 넘어", 윤홍근·안도경 역, 랜덤하우스, 2010, pp.332-344

Pereira, C., V. Teles(2011), "Political In stitutions, Economic Growth, and Democracy : The Substitute Effect", Brookings, Wednesday, January 19

Putnam, R. D.(1993), "Making Democracy Work : Civic Traditions in Modern Italy", Princeton University Press

Ramanna, K.(2015), "Thin Political Markets : The soft underbelly of capitalism", California Management Review Vol.57(2), pp.5-13

Reich, R. B.(2009), "How Capitalism is Killing Democracy", Foregin Policy, Oct. 12

Röpke, W.(1960), A Humane Economy : The Social Frame work of the Free Market, Henry Regnery company

Roepke, Wilhelm(1996), The Moral Foundation of Civil Society : with a new introduction by William F. Cambell, Transaction Publishers

Sah, R. K .(1991), "Social Osmosis and Patterns of Crime", Journal of Political Economy 88(6), pp.1272-1295

Sanchez, A. C., Rasmussen, M., Rohn, O.(2015), "Economic Resilience : What role for policies?", OECD Economic department Working Papers 1251, OECD

Schiller, R. J.(2000), Irrational Exuberance, Princeton University Press

Schumpeter, J. A.(1950), Capitalism, Socialism, and Democracy, Harper Perennial Modern Thought

Sen, A. K.(1977), "Rational Fools : A Critique of the Behavioral Foundations of Economic Theory", Philosophy & Public Affairs, Vol.6, No. 4, pp.317-344

Shenkman, R., "Just how stupid are we? Facing the Truth About the American Voter", "우리는 왜 어리석은 투표를 하는가 : 욕망과 무지로 일그러진 선거의 맨얼굴", 강순이 역, 인물과사상사, 2015

Shirky, Clay(2008), "Here Comes Everybody", "끌리고 쏠리고 들끓다", 송연석 역, 갤리온

Simon, H. A.(1955). "A Behavioral Model of Rational Choice", Quarterly Journal of Economics 69(1)

Simon, H. A.(1995), "Rationality in Political Behavior", Political Psychology 16, 1995, pp.45-63

Smiles,, S., J. S. Mill, "자조론·자유론", 남용구·이상구 역, 을유문화사, 1994

Spiller, Pablo T., Mariano Tommasi(2003), "The Institutional Foundations of Public Policy : A Transactions Approach with Application to Argentina", Journal of Law, Economics, and Organization 19(2), pp.281-306

Stone, S., Kate M. Johnson, E. Beall, P. Meindl, B. Smith, and J. Graham(2014), "Politicalp sychology", WIREs Cognitive Science, wires.wiley.com/cogsci

Sull, D. R. Homkes, C. Sull(2015), "Why strategy execution unravels-and what to do about it", Harvard Business Review, March

Lohmann, S.(2003), "Representative Government and Special Interest Politics", Journal of Theoretical Politics 15(3), pp.302-303

Tocqueville, A.(1835), "미국의 민주주의", 박지동 역, 1983

Thomas A, Kochan(2015), "leaders' choice", MIT Sloan Management Review Fall, pp.69-73

Wallis, J. J.(2010), "Lessons from the political economy of the New Deal", Oxford Review of Economic Policy, Vol.26(3), pp.442-462